北京法官审判业务丛书

蔡慧永·著

有限责任公司股权转让效力研究

U0781802

人民法院出版社

图书在版编目（CIP）数据

有限责任公司股权转让效力研究 / 蔡慧永著. 北
京：人民法院出版社，2020.3
　（北京法官审判业务丛书）
　ISBN 9787510927959

Ⅰ.①有… Ⅱ.①蔡… Ⅲ.①股份有限公司—股权转
让—公司法—研究—中国 Ⅳ.①D922.291.914

中国版本图书馆CIP数据核字（2020）第036135号

有限责任公司股权转让效力研究

蔡慧永　著

策划编辑	韦钦平	
责任编辑	巩　雪	
执行编辑	张　艺	
出版发行	人民法院出版社	
地　　址	北京市东城区东交民巷27号（100745）	
电　　话	（010）67550667（责任编辑）　67550558（发行部查询） 65223677（读者服务部）	
客 服 QQ	2092078039	
网　　址	http://www.courtbook.com.cn	
E－mail	courtpress@sohu.com	
印　　刷	保定市中画美凯印刷有限公司	
经　　销	新华书店	
开　　本	787毫米×1092毫米　1/16	
字　　数	230千字	
印　　张	15.25	
版　　次	2020年3月第1版　2020年3月第1次印刷	
书　　号	ISBN 9787510927959	
定　　价	48.00元	

《北京法官审判业务丛书》编委会

总　序

　　时代呼唤人才，人才成就伟业。进入新时代，北京市法院更加重视人才在法院各项工作中的全局性、基础性和先导性作用，着眼于打造全国法院的审判业务、审判研究、改革创新和人才聚集"四大高地"，研究制定了《新时代推动首都法院高质量发展人才支撑行动计划（2018 年—2022 年）》，系统化推进首都法院审判人才建设，努力为实现首都法院高质量可持续发展提供战略支撑。

　　为进一步将人才队伍建设落在实处，经北京市高级人民法院党组研究，决定结合领军型人才、专家型人才、复合型管理人才、优秀青年人才、优秀审判团队和特色人才高地"六个层面"的人才队伍体系建设，鼓励各类人才积极加强审判业务研究、改革创新研究，并将优秀的研究成果汇集成《北京法官审判业务丛书》，以期进一步指导和推动审判业务和改革创新工作，促进更多的审判人才脱颖而出。

　　对于领军型人才，包括全国审判业务专家、北京市有突出贡献的科学技术管理人才等，研究重点为首都法院重大任务、重大改革或重要基础性问题的推进或突破。对于专家型人才，包括北京市审判业务专家、北京市法院司法实务研究专家、北京市法院信息技术专家等，研究重点为审判或执行工作规律的探索等方面。对于既懂专业又懂管理的复合型管理人才，包括全市三级法院的院级和庭室层面管理人才，研究重点在审判或执行管理、司法行政管理或队伍建设等方面。对于优秀青年人才，主要包括北京市司法业务技能比赛标兵（含法官、法官助理和书记员）、各院的院级审判业务专家、国家法官学院北京分院兼职教师等优秀青年人才和专家型后备人才，研究重点为审判或执行方法经验、应用法学研究等方面。对于优秀人才团队，包括优秀审判团队和执行团队等，研究重点在团队建设规律探索、经验做法交流等方面。对于特色人才高地，突出知识产权、涉外商事、金融、互联网审判等特色，研究重点在探索特色审判规律、发挥人才高地的辐射带动作用等方面。

丛书的编辑和出版工作，始终坚持中国特色社会主义法治方向，严格遵循北京市高级人民法院党组提出的"最高标准、最严要求、最好效果"，成熟一本，出版一本。编入丛书的书籍，都是作者们多年审判工作的积淀，也是首都法院司法实务的精华，既强调实践性，更突出思想性，而不局限于解释论的视角，目的在于历经岁月更迭仍不失指导价值。

智者顺势而谋，人才应时而兴。希望更多的法院人受丛书的启发，身体力行审判事业和司法改革实践，妙笔生花记录审判经验和探索感悟，孜孜不倦求精进，留得华章启后人，以更多更好的作品，为中国的应用法学研究和法治建设贡献智慧和力量。

北京市高级人民法院

二〇一九年十一月

前　言

　　有限责任公司股权转让的法律效力是公司法中的重要理论和实践问题。我国《公司法》《最高人民法院关于适用〈中华人民共和国公司法〉若干问题的规定（三）》《最高人民法院关于适用〈中华人民共和国公司法〉若干问题的规定（四）》对有限责任公司股权转让的相关问题进行了相对系统全面的规定，旨在调整日益增加的公司股权转让纠纷。但这些规则缺乏对有限责任公司股权转让的交易模式和法律效力的系统性构建，并未彻底解决当前股权转让中诸类问题的制度根源，进而导致股权转让交易的法律效力仍面临较大的不确定性。

　　虽然合同在公司股权转让中发挥着核心作用，但公司的性质和股权的性质决定了其转让模式不同于传统的物权，合同和单纯的变更登记并不能够产生股权变动的效果，因为股权转让并非纯粹财产性权利的让与，还涉及股东身份资格的变更。公司法规范不同于合同规范，股权转让的法律规则并非纯粹的任意性规则，而具有某种强制性，这决定了有限责任公司股权转让并非单纯的合同问题。随着我国公司实践和金融市场的发展，股权转让合同呈现出日益复杂多样的特征，如国有企业股权转让的前置审批、私募基金中的股权回购以及股权转让担保借贷等，兼之股东优先购买权的"穿透"、股东隐名出资等问题。因此，股权转让合同的效力受到行政审批、其他股东优先购买权、名义股东和实际出资人法律关系及无权处分等情形的影响，股权转让合同并非自其成立时起就能产生当事人所期望的法律效果。

　　鉴于股权系股东对于公司之相对权利这一性质，应当确立公司介入股权转让的制度端口或曰构建公司在股权转让中的中心地位，以公司为载体协调和平衡转让股东与公司内部其他股东之间、原股东与新受让人之间的法律关系。建立股权转让对公司而非股东的通知制度、公司同意转让制度和新型的股东名册制度是建立新型股权转让模式的基石。公司在股权转让中的中心地位体现在：（1）明确公司在股权转让中的通知受领义务和对其他股东的通知义务。（2）重建同意权制度，将股权转让的同意权重新赋予公司，而非其他股东。公司股东大会应当通过决议的方式作出是否同意股权转让的决定，其他股东是否行使优先购买权可以在此期间向公司和拟转让股东作出意思表示。（3）股东名册与公司章程一样，均为公司重要的法律文件，应由公司专门负责，并且仅向被登记为股东的人及其代理人开放，以记录公司的股权变动情况。重建我国的股东名册制度，将其规定为与公司章程并列的公司文件。由此，股东的优先购买权将取决于公司自股东处获取通知，并以公司股东大会形式体现的各股东同意权的统一行使，此举将提高股权转让的效率和法律上的确定性，为股权转让纠纷提供一个系统化的解决方案。

在此基础上，可以重新构建既符合实践需求也符合理论逻辑的股权转让模式，明晰股权转让的法律效力，增强交易的安全性。应当将股东名册变更作为买受人取得股东资格的时间节点，自此时起买受人可以对公司行使其股东权利；应当将工商登记变更作为股东获得对抗第三人效力的时间节点。确立公司在股权转让中的中心地位，进而确认股东名册在股权转让中的重要地位，使其在股东之间产生股权交付和变动的法律效力，将大大降低股权被无权处分的可能，从而彻底消除股权的善意取得。在公司介入股权转让交易的情况下，能有效发挥股东名册的制度作用，最大程度上减少股权转让纠纷的发生，并切实维护交易安全。

目 录

引　言

一、选题背景及意义

（一）研究背景

随着全球范围内公司法改革浪潮的兴起，世界主要国家和地区公司法均在为公司设立提供更加宽松的法律和市场环境，公司数量因此迅速增加。[①] 我国自 2005 年《公司法》改革以来，对市场主体的准入放松了管制，使以公司为主的市场主体数量大幅增加；而政府推行的"放管服"改革则又进一步便利了公司主体设立的流程，降低了公司主体设立的成本，全社会创业热情高涨、公司数量持续增加。公司数量增加客观上提高了公司股权转让的发生频率，有利于实现生产要素资本化，实现生产要素和财富流转更加有效的配置。作为一种财产权，股权天生具有自由流动性，这种流动性生动地体现在上市公司股票中，股东可以自由地在证券交易所进行股票买卖，除非涉及重大的二级市场收购（如宝能收购万科股票），这种正常的股票买卖通常不会导致公司控制权的转移和管理层（尤其是董事会成员）的更换；有限责任公司的股权虽然在流动性上不及上市公司，但也经常成为各类公司并购、私募基金投资的对象，并且因为其股权转让受到的公共监管较少，其市场交易频率并不低。

---

① 参见［德］克里斯托夫·太贺曼：《有限责任公司的现代化——德国公司法文本竞争的嬗变》，载《社会科学战线》2012 年第 7 期，第 226 页。

股权转让的原因是多方面的，既有基于出售、质押等法律行为引起的股权转让，旨在实现股东退出企业经营、兑现经营投资收益或进行担保融资的目的；亦有因继承、离婚财产分割导致的股权转让，从而实现共有财产的分割，结束当事人之间的财产共有关系。随着我国经济体系复杂程度的提高，股权转让交易的复杂性也日益增加，从而出现了一些新形态的股权转让交易，因股权让与担保交易或曰明股实债交易，因投融资活动而引发的股权回购或曰"对赌"等，致使股权转让交易纠纷审理的难度加大。如相对于其他企业组织形式而言，公司股东的退出机制更具优势，[①]原因即在于其相对便捷安全的股权转让机制。本书将着重研究由法律行为引起的股权转让，以反映市场在配置生产要素方面所面临的法律困境。同时，相比上市公司股票较为规范的场内交易模式，有限责任公司股权转让交易主要通过场外的非标准化合同实现，因而实践中大多数公司股权转让纠纷集中在有限责任公司股权的买卖双方之间。因此，本书以有限责任公司股权转让的法律效力作为主要研究对象，并通过探讨股权转让模式、构建各交易法律效力的衔接体系，寻求减少和解决有限责任公司的股权转让纠纷的制度路径。

1. 公司股权转让纠纷案件数量居高不下

有限责任公司股权的转让往往会导致公司控制权和管理层的变化，因为获得有限责任公司股权意味着其通常要参与公司的经营管理，并因此需要任命董事会成员执行其经营管理策略。为了维持公司经营的稳定及其较强的人合性，各国公司法均允许公司章程对其转让进行诸多限制，要么提交股东会或者股东大会同意，要么要求其在向外部股东转让之前先向既有股东进行报价，此即股东优先购买权。但同时，这些限制也对股权转让实践造成了一系列法律制度障碍，对股权转让合同的法律效力产生了消极影响，在相关配套制度不完善的法律环境下，导致股权转让纠纷的产生且数量日益增加。

---

① 参见王军：《中国公司法》，高等教育出版社 2015 年版，第 5 页。

我国《公司法》自 21 世纪初以来的一系列改革，优化了公司设立、经营的法律环境，加快了我国市场经济资本化的步伐，通过股权流转所带动的各类生产要素的重新配置愈加频繁，但由此引发的纠纷也日益增加，股权转让纠纷已经成为法院和仲裁机构处理的公司纠纷中最主要的一种纠纷类型。根据中国裁判文书网的案由统计，截至 2020 年 1 月 8 日，"与公司有关的纠纷" 206 375 件，其中"股权转让纠纷" 91 316 件，直接占比达到 44.24%；此外全国法院系统受理了"股东资格确认纠纷" 21 154 件，并且部分"股东资格确认纠纷""股东出资纠纷""公司决议纠纷""损害公司债权人利益纠纷"也涉及公司股权转让，由此可见，其实际占比超过 50%。以上海市浦东区人民法院为例，该院商事庭在 2012~2018 年共受理股权转让纠纷 300 件，占同期受理的公司类纠纷案件总数的 65.08%。① 从《公司法》颁布，到《最高人民法院关于适用〈中华人民共和国公司法〉若干问题的规定（三）》[以下简称《公司法司法解释（三）》] 和《最高人民法院关于适用〈中华人民共和国公司法〉若干问题的规定（四）》[以下简称《公司法司法解释（四）》] 的出台，我国立法者和司法机关一直在尝试完善股权转让的法律规则，以减少此类纠纷的数量。然而，这些规则的颁布并未从根本上清除股权转让纠纷的制度土壤，此类纠纷仍旧呈现出快速增长的趋势。与此同时，关于股权转让纠纷中出现的一系列问题，法学界亦展开了多年持续深入的研究，然而，学术理论上仍存在诸多争议，这反过来对股权转让纠纷的解决产生了不利影响，致使股权转让问题愈加令人困惑。

2. 国内外公司股权转让纠纷及研究的鲜明对比

一个有趣的现象是，国内外商法学界对公司股权转让研究的热度与股权纠纷的数量形成鲜明的对比。在我国，对于有限责任公司股权转让法律效力

---

① 参见上海市黄浦区人民法院：《2012—2018 年股权转让纠纷审判白皮书》，载上海市高级人民法院网，最后访问时间：2019 年 2 月 10 日。

的研究一直是热门的研究话题。为了对国内外关于有限责任公司股权转让法律效力的学术研究和司法实践有一个全面的了解，笔者通过"同方知网数据库"（CNKI）、北大法宝、裁判文书网以及 Westlaw 等国内外数据库进行了文件检索、搜集和整理，笔者将搜集到的关于股权模式的资料整理如下：

表 1 文献检索数量统计

序号	关键词	文献总数（篇）	数据库
1	股权转让	490	同方知网、北大法宝
2	有限责任公司	402	同方知网、北大法宝
3	股权转让和有限责任公司	16	博士论文
4	Share Transfer, Stock Transfer	39	Westlaw, HeinOnline, Kluwer Law Online Journals

通过搜索可见，以"股权转让"为关键词进行搜索约有 490 篇文献，以"有限责任公司"为关键词进行搜索约有 402 篇文献。但是以"股权转让和有限责任公司"为关键词搜索的博士论文仅有 16 篇文献。由此可见，我国学者对于股权转让模式和有限责任公司的问题研究均不在少数，但是博士文献中对于有限责任公司的股权转让法律效力问题的研究却不多见。与此同时，通过分析所搜集到的英文文献发现，国外对有限责任公司股权转让的研究较少，大多集中在 1990 年前，以 20 世纪 30 年代和 60 年代最为集中，2000 年以后的研究文献相对比较少，这也反映出该问题在国外研究的热度并没有国内大，一个可能的解释是，这些国家股权转让纠纷发生频率较低。由此，我们更需要关注这些国家的股权转让法律制度设计，从制度上避免此类纠纷的发生。值得注意的是，美国法学会对股权转让问题一直保持关注，其关于股权转让的报告多年来不断修订，并时刻关注实践中出现的新问题。① 同时，英国著名公司法专家 Paul L.Davies 教授也一直坚持对公司股权转让制度的研究，在其

---

① See Mark S. Rhodes, Transfer of Stock, Seventh Edition, April 2017 Update.

《现代公司法原理》一书中辟专章对该问题进行了深入分析。[①]

　　截至 2018 年 12 月，笔者查阅相关中文期刊类文献 60 余篇，其中博士论文 10 篇；中文著作方面，笔者以《股权转让案例精读》[②]《股权转让纠纷：司法观点与办案规范》[③]《公司法学》[④] 和《有限责任公司股权转让限制制度研究》[⑤] 等一系列基础专业书籍作为本书的学术参考文献；此外，笔者还查阅了部分在国内外有重大影响的案例、研究报告，国内外法典和法律法规等，作为本书写作的重要依据。通过对既有文献进行搜集和整理发现，虽然国内对有限责任公司股权转让问题研究较多，但对股权转让的法律效力及其模式的构建问题仍缺乏系统深入的研究，而股权转让模式实际上是股权转让效力的综合体现和集成，系统地规定了有限责任公司股权转让在各个环节的法律效力，是值得进一步进行深入挖掘的研究选题。

3. 有限责任公司股权转让模式及效力缺乏系统构建与整合

　　由于有限责任公司股东内部较强的人合性，以及公司治理稳定性的要求，《公司法》规定了较为多元和复杂的股权转让和公示方式，并明确了股权转让的内部通知、同意程序与其他股东的优先购买权规则，这些规定在不同层面、不同环节影响了有限责任公司股权转让合同的效力，并决定了股权能否依当事人的意思和期望发生变动。如《公司法》第 31 条、第 32 条确立了确定股东资格的方式，即以"出资"作为确认股东资格的基本方式，股东"可以"依股东名册行使股东权利；第 32 条第 3 款确立了有限责任公司股东工商登记的对抗效力和股权转让的登记对抗主义，股东的姓名或者名称及其出

[①]　See Paul L. Davies and Sarah Worthington, Principles of Modern Company Law, 10th edition, Sweet & Maxwell, 2016, p.893.
[②]　参见北京仲裁委员会、北京国际仲裁中心编：《股权转让案例精读》，商务印书馆 2017 年版。
[③]　参见人民法院出版社法信编辑部编：《股权转让纠纷：司法观点与办案规范》，人民法院出版社 2017 年版。
[④]　参见赵旭东：《公司法学》（第四版），高等教育出版社 2015 年版。
[⑤]　参见陈彦晶：《有限责任公司股权转让限制制度研究》，法律出版社 2017 年版。

资额发生变更的，应当办理变更登记，未经登记或者变更登记的，不得对抗第三人。但是，上述规则并未明确股权变动的时间节点和效力，并在理论上和实践上产生了如下困惑和问题：（1）股权转让协议是否能产生股权变动的效力？若能，其如何协调与其他股东同意权和优先购买权的关系？（2）若不能，受让人何时成为公司的股东？为成为公司股东，受让人和转让人需履行何种手续？（3）需经过行政审批的股权转让合同但尚未经过审批或者审批没有通过，其效力如何？出资瑕疵对股权转让合同的效力有何影响？其他股东优先购买权的行使对合同效力有何种影响？（4）股东决定转让其股权时，转让股东应当向谁发出股权转让的通知？向其他股东还是向公司？受让人应当请求何人（转让方股东还是公司）变更股东名册和工商登记？这涉及的一个根本问题是公司是否应当在股权转让中发挥作用以及发挥何种作用？有限责任公司股权转让是否应当遵守一定的程序和形式要求，还是仅凭当事人约定进行？（5）若公司的股东名册和工商登记没有同时变更，比如，受让人已经被记载于股东名册，但尚未向工商管理部门申请变更登记，受让人能否取得股东资格并行使股东权利？[①]

这些问题纷繁复杂，致使简单的有限责任公司股权转让可能演变成旷日持久的股权转让纠纷，阻碍了生产要素在市场上的有效配置，也打击了投资者的投资热情和信心。根据笔者的理论思考和实务观察，以上种种困惑和问题，实源自《公司法》及后续相关司法解释缺乏对有限责任公司股权转让制度的系统统筹和整体设计，单纯从合同法角度设计股权转让制度，而没有虑及公司法的组织法特征，也缺乏对股权转让各个交易环节法律效力的明确规定，致使有限责任公司股权转让交易陷入法律的泥潭。

实际上，近年来，公司法学界并不乏关于有限责任公司股权转让法律效力的学术研究文章，然而，这些研究均是分散地从股权转让的特定方面，如

---

① 参见徐浩：《公司法股权转让与股东资格取得关系探讨——以（2009）皖民二终字第0011号判决为素材》，载《北方法学》2013年第2期，第55页。

股权转让合同的法律效力、优先购买权如何行使及其对股权转让合同效力的影响、工商登记的效力等侧面分析有限责任公司股权转让中存在的法律问题及其解决方案，而没有从有限责任公司股权转让实践中的交易过程出发，系统地分析现行《公司法》所确立的股权转让模式，从而在整体上界定股权转让的程序，确定股权转让合同效力、优先购买权的行使及其效力，进而最终确定股权转让在当事人之间以及对第三人的效力等问题，缺乏对有限责任公司股权转让的整体构建。与《物权法》中物权变动的意思主义和形式主义的划分类似，公司法学界亦将股权转让分为意思主义和形式主义两种模式，但学界对《公司法》关于股权转让的规则到底是奉行意思主义还是形式主义并无一致见解，此外，如下文所述，尚有学者提出了股权转让的"修正主义模式"。《公司法》第32条仅仅规定了股权转让的对抗要件，并未明确规定股权转让的生效要件，尤其是股权自何时变动至买受人名下，其何时取得股东资格。由是之故，理论界和司法实务界普遍地认为《公司法》采用了股权转让意思主义模式，但此种过度放任的意思主义股权转让模式在实践中引发了大量股权转让纠纷，影响了有限责任公司股权交易市场的交易安全和效率。

实际上，有限责任公司股权转让的根本问题在于如何构建和协调股权转让中的各类要素、确认各个阶段交易的法律效力，并最终在法律上系统构建其转让模式。这决定了有限责任公司股权是否实现了转让、何时转让至买受人、受让人何时成为公司股东及其股东身份的对抗力范围。[①] 然而，当前有限责任公司股权转让的主要问题恰恰在于股权转让模式的不确定性和股权公示制度的模糊性。股权转让模式的不确定性导致股权转让过程中的股权取得节点和相关手续等变得模糊不清。按照现行《公司法》的规定，股权的公示制度主要是通过公司股东名册和工商管理部门的登记，工商登记赋予出资人以对抗外部第三人的权利，而公司股东名册赋予出资人以对抗公司的权利。

---

① 参见董洪辰：《论有限公司股权变动模式的选择——立足司法实践中"中国式"问题》，载《长江大学学报（社会科学版）》2013年第2期，第59页。

股权转让合同生效之后、股东名册变更之前，受让方能否取得股权和股东资格？股权与股东资格之间有何区别？如若出让方将股权"一股二卖"，如何处理两个买受人之间的关系？名义股东未经实际出资人同意出售股权，买受人能否取得股权？

这些问题的出现表明司法实践中奉行的股权转让意思主义模式存在着较大缺陷；即使是股权转让的形式主义理论，也没有对股权转让的上述时间节点进行澄清。法律规则的不清晰，可能会导致股权转让纠纷的大量产生。从这个角度来看，其恰恰凸显了公司法不同于合同的制度价值，即公司法是作为公司合同的模本、公司合同的漏洞补充机制而存在的。[①] 从整体上重新设计和构建股权转让模式的实践意义在于，其可以有效弥补公司合同理论影响下股权转让模式过度自由化的缺陷，确认股权转让交易在不同场景下的法律效力（如批准、股东行使优先购买权等），统一法院就股权转让纠纷的裁判尺度和判决结果，给当事人和相关利益主体形成合理的交易预期。

因此，科学合理的股权转让模式，一方面，可以消除股权转让过程中不法之徒利用法律空白和漏洞给股权转让市场带来的不良影响，为法院审理此类案件提供明确的法律依据，使得股权转让过程中转让人、受让人、外部第三人以及公司的合法利益都能得到有效保障；另一方面，合理、合法的法律制度可以促进有限责任公司股权自由流动和资本运转，提高交易安全性和交易效率。

（二）理论和实践意义

对有限责任公司股权转让法律效力和转让模式的研究，笔者认为具有以下理论和实践意义。

---

① 参见罗培新：《公司法的合同路径与公司法规则的正当性》，载《法学研究》2004 年第 2 期，第 79 页。

1. 理论意义

（1）通过梳理股权转让模式，厘清股权转让的法理基础

相对于上市公司而言，有限责任公司具有其特殊性。上市公司或者股份制公司的特点是资合性，资本的集合是上市公司和股份制公司存在的基础。而有限责任公司的特点是其在具备资合性的同时兼具更强的人合性，其成立和运营更多依赖股东之间的信任基础，通过股东之间的信任合作，从而形成和经营公司业务。因此，对于有限责任公司而言，其相对于公众公司的封闭性和人合性要求维持股东之间相对稳定的关系，通过限制股东对于其名下股份的自由转让，避免公司股权的频繁转让，保持公司治理结构稳定和经营的效率。由于有限责任公司的人合性和相对封闭性，各国公司法均允许对有限责任公司股东的股份转让进行适当程度的限制，并允许通过公司章程进行对外转让限制，以体现公司（股东）自治的权利。但是，这种限制应该限定在一定程度内，否则，此种限制即缺乏正当性和法律效力。

对有限责任公司股权转让模式的全面梳理，可以系统地构建股权转让及其法律和章程限制之间的关系，进而系统地确定不同阶段股权转让合同及其变更的法律效力，厘清当事人之间的权利义务并界定其界限；在理论层面厘清股权转让模式中意思表示与公示之间法律关系的基础上，通过对股权转让合同的成立、生效和履行的认定，股东名册的变更和工商登记的变更以及三者之间效力关系的认定的探讨，为我国立法完善具体的股权转让模式法律规范的制度设计提供参考。

（2）通过研究股权转让合同的效力，正确处理合同和公司在股权转让过程中的地位和效力

在股权转让模式中，股权转让合同的法律效力居于核心地位，其中，对于股权转让合同的效力与股权实际变动之间的关系，目前学术界亦是众说纷纭。同时，由于公司股权的复合性及其与公司治理的密切关系，股权变动应当有公司介入的空间。但在当前的司法实践中，对股权转让合同法律效力的

判断充满混乱，没有实现裁判统一，引发了较大的法律不确定性。

股权转让合同本质上属于《合同法》规制下的买卖合同的一种，受让人通过支付对价而获取目标公司股权，其本质上属于一种股权的买卖行为，但《公司法》没有规定股权转让合同的生效要件。依照我国《合同法》第44条的规定，股权转让合同原则上自合同成立时即生效，除非其系法律规定应当经过主管行政机关的审批，即在我国《合同法》和《公司法》项下规定的股权转让合同应当以成立生效主义为原则，以批准或登记生效主义为例外。① 原则上股权转让合同双方意思表示一致，该合同即成立生效。除此之外，股权转让合同的效力还可能受到公司章程、其他股东优先购买权的限制，从而影响交易的确定性。

在现行《公司法》的制度框架下，公司介入股权变动具有正当性，如其第73条规定，转让股权后，公司应向新股东签发出资证明书，并相应修改公司章程和股东名册中有关股东及其出资额的记载。此处的"转让股权后"，到底是指股权转让合同生效之后还是股权实际变动至买受人之后，尚有疑问。因为根据《公司法》第32条第2款的规定，受让人通常只能在股东名册修改后才能向公司主张权利，由此可见，股权转让合同的生效时间独立于股权变动的时间。股权转让合同仅仅为原股东创设了将所持有股权转让给受让人的合同义务，也为公司创设了变更股东名册和工商登记的义务，但并不能直接导致发生股权变动的法律效果。如果当事人之前的股权转让合同生效以后，出让人和公司拒绝协助受让人办理股权过户等手续，法院亦无法直接判令拟转让股权直接归属于受让人，只能判处出让人履行其协助办理过户手续的义务，而受让人亦可追究出让人的违约责任。

---

① 参见刘俊海：《论有限责任公司股权转让合同的效力》，载《法学家》2007年第6期，第74~82页。

（3）通过研究股权转让合同的效力，明确合同履行对股权权利变动的影响和效力

股权转让协议生效并非当事人之目的，其最终目的指向股权向买受人的实际变动和交割。股权转让行为涉及意思表示和公示两个方面，意思表示主要体现为转让股东和买受人之间签订的股权转让合同，公示的方式包括变更股东名册或者工商登记等。在此需要讨论的问题是：合同的履行与股东资格的取得存在何种联系？如果发生了"一物二卖"的情形，转让人先后与两个受让人签订合同，必然会对其中一人无法履行合同，则此时股权应当归属于谁？尤其是如何防止股权善意取得情形的发生，从而减少对真正权利人的损害。

在某些特殊类型的企业中，其股权转让除了需要签订合同外，还存在一些前置或后置条件的要求。此类合同在成立以后，一方往往负担着一些义务，如申请行政机关审批、申请上级机关审批等，待相应审批完成后，合同才会处于生效状态，股权能在实质意义上进行转移。这主要包括以下几种情形：一是国有企业股权转让必须满足内部决策或评估、报批等程序；二是三资企业中，外商股权的转让须报请外商投资主管部门批准。这些企业在转让股份时，需要得到相应的行政机关审批同意，而能够报请申请的人只能是转让方，如果转让方拒绝履行报批义务，对于股权转让行为有何影响，当事人应当如何救济？

除此之外，其他股东对股权转让的同意权、优先购买权的行使也对股权转让合同的履行具有重要影响，而这两种权利的行使又涉及对其他股东的信息告知义务，即通知，但通知如何做出、向谁做出、其效力如何？更复杂的问题是，上述权利的行使与股权变动之间的先后顺序或曰程序如何构建？这都是股权转让合同履行必须要考虑的问题。

由此可见，股权转让合同的履行是比股权转让合同效力更加复杂的问题，直接涉及买受人能否取得目标公司股权。股权转让模式的研究，将为该问题的解决提供系统的理论解决方案。

2. 实践意义

（1）为转让者和受让者的股权转让行为提供规范指引

通过系统构建有限责任公司股权转让的法律模式，确立股权转让应当遵循的程序性规则，明确当事人双方的权利义务，明确股权转让合同的法律效力、受让人何时取得股权、取得股东资格等问题，使投资者对于所收购股权的性质（普通股权还是受到政府监管的特殊股权）、自身的权利和义务有清楚的认识，明确预期交易过程中需要承担的义务和风险，对股权转让行为做出一个合理的预期及评估。同时，使转让者清楚自身应当承担的责任、在股权转让行为中应当履行的职责，如对公司的通知义务、给予其他股东行使优先购买权的合理期间和信息，以免对交易造成不必要的法律干扰，为股权转让行为提供有效规范和正确引导。更重要的是，通过明确公司在股权转让中的法律地位，使其切实承担其维护股东利益的义务，尽量避免纠纷发生。从当前的股权转让实践来看，纠纷产生的原因之一是公司法没有为股东转让股权确立明确的程序性规范，过于强调股东的意思自治，致使当事人对股权转让交易的程序（如通知其他股东、征求过半数股东同意、配合其他股东行使优先购买权）不甚遵守，甚至发生恶意侵害其他股东和公司利益的情形。国内外公司法律制度的经验表明，虽然法律制度自身能够排除法律不确定性的制度根源，但其实践效果仍需辅之以完善的程序和配套制度。因此，这些实践中发生的问题的解决，一定程度上取决于具体规则层面上的制度完善，但从笔者的司法实践经验来看，整体程序的设计和完善对纠纷的预防作用被学界研究忽略了。

（2）为股权转让纠纷提供解决思路和判断标准

我国《公司法》对股权转让模式缺乏系统的规定，其对股权转让中各类权利的行使以及对股权转让的影响没有统筹考虑。在出现纠纷时，各地法院对于股权转让合同的法律效力、行政审批的效力和影响、优先购买权的性质和效力、受让人何时取得股权采取了不同的处理措施和判断思路，致使裁判标准无法统一，进一步增加了股权转让交易的法律不确定性，增加了股东的交易成本，难以满足社会经济生活中形态各异的股权投资行为的需求。对此，通过本书的研究，为法院审理股权转让纠纷提供一个整体的制度框架，将公司法的整体制度体系落实于具体的公司纠纷裁判，而这一整体体系，既有请求权规范与辅助性规范直接间接的调整，也有请求权裁判与反对性规范正反两面的审视，还有上位原则与具体规范的纵向协调，在解释具体纠纷、保护民事主体权利的同时，凸显公司法的体系功能和权威；① 在此基础上，应当推动法院系统出台相关的裁判指引或司法解释，为实践中股权转让纠纷合理有效解决提供明确的法律依据，避免同案不同判的尴尬局面，从而有效地维护司法公正与法律权威。

二、有限责任公司股权转让模式及法律效力的基本研究框架

对于不动产等有形财产，传统物权法发展出了精细缜密的物权变动理论对其加以规范，以实现财产有序流转。当前，物权变动理论的发展已经较为成熟。对于有限责任公司的股权变动，其是否能够适用物权变动理论进行规范，仍需进一步论证。虽然我国并未正式承认物权行为理论，在学术界也存在巨大争议，即使在民法典编纂接近尾声的时刻，学界对物权行为尤其是处分行为存在与否及制度设计争论不休。但不可否认的是，在物权变动过程中，意思要素和形式要素是不可缺少的两个要素，意思要素即交易双方当事人之间的合意，形式要素即物权的公示。与之类似，股权转让中也将买受人能否享有股东资格取决于两个类似的要素，股权转让合同和股权的实际交割或交付。

---

① 　参见陈克：《股权转让纠纷审理中的体系思维》，载公众号"法律出版社"，2019 年 7 月 10 日。

（一）股权变动模式的基本理论

与对物权变动模式的争议一样，学界对于股权转让模式也存在较大争议，基于对股权性质、公司法规范性质、股东自治与公共管制的不同认识，理论上出现了债权形式主义、意思主义和修正主义模式三种较具代表性的学说，并为不同国家公司法理论所采纳，对我国公司法立法和司法也产生了重要影响。

1. 债权形式主义

股权转让债权形式主义将有限责任公司股权转让合同生效和股权的实际转让或权属变更相区分，即股权转让合同生效并不意味买受人可径直取得股权和股东资格，股权转让生效不仅需要当事人之间达成有效的合意，还需要协调与其他股东之间的关系，如经过其他股东同意且放弃其优先购买权，同时应当履行法律规定的股权变动手续，如股东名册的变更或者工商登记的变更。安建先生认为，股东名册在处理各股东关系上具有确定的效力，即记载于股东名册的股东，才可以依股东名册的记载主张行使股东权利。[①] 孙彬、王燕军主张，股权转让登记是有限责任公司股权变动的生效要件，而非股权转让合同的生效要件，也非股权变动的对抗要件。[②] 例如，上海市高级人民法院认为，"经其他股东同意签订的股权转让合同生效后，公司应当办理有关股东登记的变更手续，受让人得以股东身份向公司行使权利"。[③] 显然，此处的"办理有关股东登记的变更手续"指的是公司股权工商登记的变更，工商登记变更之时买受人即取得股东资格。

虽然这些学者之间见解不一，但均认为股权转让合同本身不会当然导致

[①]　参见安建主编：《中华人民共和国公司法释义》，法律出版社 2005 年版，第 60 页。
[②]　参见孙彬、王燕军主编：《公司法》，中国检察出版社 2006 年版，第 78 页。
[③]　参见《上海市高级人民法院关于审理涉及公司诉讼案件若干问题的处理意见（一）》（沪高法〔003〕216 号），处理股权转让纠纷的相关问题第 2 条。

股权变动的结果，而是必须履行特定的程序和形式方能使股权变更至买受人名下，至于形式为何，则相互之间意见又有所不同。相比于意思主义，债权形式主义更有利于保护交易安全。①

2. 意思主义

在股权转让意思主义的法律框架下，股权转让合同生效即直接导致当事人之间股权变动生效，无须特定程序和形式进行公示。刘俊海教授认为，股权转让合同生效后，受让人即成为公司的股东，公司不向该股东签发出资证明书、不相应地修改公司章程和股东名册中有关股东及其出资额的记载可能会致使新股东在公司中的权利不能正常行使，但这并不影响受让人的公司股东身份。②李建伟教授认为，《公司法》第 32 条第 2 款规定记载于股东名册的股东，"可以"依股东名册主张行使股东权利。依照该条的文义解释，股东名册并非必要的行权依据。③张彬博士认为，股权转让生效应以股权交付完成为界点。公司对股东名册进行变更登记时，股权转让已经完成，变更登记只不过是对股权转让行为的确认。股东名册仅具有权利确认的功能，它并非权利认定的文件。④张双根教授认为，基于股权变动的基础合同关系即可取得股权，变更股东名册或工商登记不过是取得股权的程序，系公司协助股东完成股权变动之义务。⑤据此，股权变动生效的基础仅需要股权转让合同生效即可，不需要其他公示行为，由于当事人之间的生效合同即可以表明当事人之间的合意，因此，在意思主义框架下，当事人之间的股权转让合同生效，即发生股权转让的法律效果。

---

① 参见朱庆:《股权变动模式的再梳理》，载《法学杂志》2009 年第 12 期，第 128 页。
② 参见刘俊海:《现代公司法》，法律出版社 2011 年版，第 102 页。
③ 参见李建伟:《有限责任公司股权变动模式研究——以公司受通知与认可的程序构建为中心》，载《暨南学报（哲学社会科学版）》2012 年第 12 期。
④ 参见张彬:《有限责任公司股权转让效力研究》，吉林大学 2010 年博士学位论文，第 45 页。
⑤ 参见张双根:《论有限责任公司股东资格的认定》，载《法学论坛》2014 年第 5 期，第 69 页。

3. 修正主义模式

在债权形式主义和意思主义之外，有学者提出了修正主义模式。修正主义模式融合了债权形式主义和意思主义的不同因素，其承认股权转让合同生效即发生股权归属变动的法律效果，但是，这种股权变动的效力仅仅存在于合同当事人之间，对合同以外的第三人没有对抗效力，如公司、其他股东和公司债权人等。如果受让人想进入公司，行使股东权利，取得对抗公司的权利，则需要获得其他股东过半数同意并变更公司股东名册；如果受让人想要取得对抗第三人的权利，则需要进行工商登记的变更。[①]

简而言之，修正主义模式中股权变动包括以下三个阶段：首先，转让人与受让人之间股权转让合同生效。拟转让股权由出售方转移至买受人，但是这种股权变动的效力仅仅发生在转让人和受让人之间。其次，转让股权的股东应当通知公司并认可股权转让。转让人与受让人之间合同生效后，转让人即负有通知公司变更股东名册的义务。因为在股权转让合同签订的过程中，公司并没有参与其中，公司并不明确受让人是谁以及受让人是否有资格加入公司。股东权利绝大部分的行使对象是公司，因此，需要通过通知的方式告知公司，再由公司对股东名册进行变更。最后，通过变更股东名册和工商登记实现股权的最终和实际交割。公司在接到通知后，认为受让人有资格成为股东，应当为其办理变更股东名册和工商登记。进行股东名册和工商登记变更之后，受让人取得股东资格，分别享有对抗公司和外部第三人的权利。

在修正主义模式下，理论界和实务界又对何种情况得成为股权实际发生变动的时点存在争议。有观点认为，买受人自其将股权转让事项通知公司之时取得股东资格。例如，山东省高级人民法院认为，"股权转让合同生效后，受让人的股东资格自转让人或受让人将股权转让事实通知公司之日取得。但

---

① 参见李建伟：《有限责任公司股权变动模式研究——以公司受通知与认可的程序构建为中心》，载《暨南学报（哲学社会科学版）》2012 年第 12 期，第 22 页及以下。

股权转让合同对股权的转让有特殊约定，或者股权转让合同无效、被撤销或解除的除外"。[①]而另有观点认为，买受人自股东名册变更、将其登记为股东之时取得股东资格。例如，江苏省高级人民法院认为，"股权转让人、受让人以及公司之间因股东资格发生争议的，应根据股东名册的变更登记认定股东资格"。[②]有学者认为，应当明确将股东名册变更作为股权变动时点的判定标准，公司通过变更股东名册确认受让人的股东身份。但实践中经常出现公司故意不予变更股东名册，从而导致股权受让人权益受损的情况。因此，股权转让时，只要股权受让人请求公司变更股东名册即成为股东，可以行使股东权。[③]

（二）关于股权转让过程中公司所处地位问题的文献综述

股权的性质决定了公司在股权转让中应当具有一定的法律地位，并进行适度介入，从而辅助股东完成交易、确保交易安全。在修正主义模式下，我们看到了公司介入股权转让的制度可能性和可行性，即转让股权的股东应当通知公司并获得公司的认可。至于此种认可是形式性的还是实质性的，当有进一步思考和分析的余地。但从前述分析来看，股权转让的修正主义模式可以与公司在股权转让中的地位相衔接，从而进一步完善当前的股权转让程序，预防和减少纠纷。

根据《公司法》规定，公司在股权转让中主要承担三项义务：一是向公司登记机关提出变更公司章程载明的股东名称及其出资额的申请；二是人民法院在依照强制执行程序转让相关股东的股权时，由公司受领人民法院发出的协助执行通知；三是基于股权转让的事实，收回原股东的出资证明书并向

---

① 参见《山东省高级人民法院关于审理公司纠纷案件若干问题的意见（试行）》（鲁高法发〔07〕3号）第35条第1款。

② 参见《江苏省高级人民法院关于审理适用公司法案件若干问题的意见（试行）》（2003年6月3日江苏省高级人民法院审判委员会第21次会议通过）第30条第1款。

③ 参见徐浩：《公司法股权转让与股东资格取得关系探讨》，载《北方法学》2013年第2期，第58页。

受让方签发新的出资证明书。此外，针对外商投资企业和金融企业的股权转让，外商投资企业法和金融监管法规还规定了公司的许可报批义务，即公司向审批机关提交申报文件并获得监管部门审核批准的义务。[①]

叶林教授认为，公司在股权转让中的地位，原本湮没在公司法的一般规定中。随着《公司法》修改及司法解释的陆续出台，公司在股权转让中的地位逐渐显现出来，主要体现在四个方面：第一，现有法条主要规定了公司的程序义务，而没有规定公司的实体义务；第二，现有法条主要规定了公司的义务，而没有规定公司在股权转让交易中的权利；第三，现有法条在义务人的确定上态度模糊，尤其是未处理好公司义务和股东义务的关系；第四，法条与规定未形成完整的体系，容易造成法律规范的配置错误。[②] 王琴女士认为，在股权转让的性质上，公司法学术界存在理解偏差，立法机关不够重视公司的独特地位，从而加剧了人民法院处理股权转让纠纷的难度，诱发了股权转让是否适用善意取得规则的实务讨论。[③] 由此可见，公司在股权转让中的法律地位问题，应当是未来研究股权转让不可忽略的核心问题之一。

（三）股权转让模式、法律效力研究的四个维度

1. 股权转让的法律效力及模式

股权转让的模式决定了股权转让在各个交易环节的法律效力，债权形式主义和意思主义对于股权转让模式而言均各有利弊。但是，现有理论体系下的债权形式主义和意思主义都不能很好地规范股权转让交易并解决相关纠纷，难以平衡转让人、受让人、外部第三人以及公司四方之间的利益。

对于债权形式主义，第一，根据《公司法》第32条的规定，股东可以依

---

① 参见《中外合资经营企业法实施条例》第20条第1款、《商业银行法》第24条、《证券法》第129条第1款和《保险法》第84条。

② 参见叶林：《公司在股权转让中的法律地位》，载《当代法学》2013年第2期，第66~68页。

③ 参见王琴：《有限责任公司股权善意取得探析》，载《法制与社会》2012年第4期。

股东名册主张股东权利，根据文义解释的方法，股东名册应当是股东向公司行使权利的一种凭证，但与股东资格的取得并没有直接关系，股东名册仅仅作为一种推定方式，在没有相反证据证明的情况下，可以推定股东名册上股东具有股东资格；第二，我国《公司法》并没有规定公司在股权转让过程中的权利和地位，而债权形式主义要求公司在此过程中承担更改股东名册的义务，但却没有赋予公司合理的地位以及相应的权利，如果公司拒绝变更股东名册和工商登记，则使买受人无法行使股东权利，不符合公司股权自由转让的原则。

对于意思主义，虽然从理论上其更符合公司法原则以及现行法律的要求，但在实际操作过程中，却困难重重。意思主义模式下的股权转让仅仅要求具有双方当事人的合意，股权转让合同生效即完成股权转让行为，受让人取得股东资格，但公司和外部第三人此时并不知道受让人已经成为新的股东且转让人已经失去股东资格，出让人可以对同一股份进行多次转让，从而危及交易安全和买受人的利益。同时，有限责任公司的突出特点是人合性，现代公司法也普遍赋予了公司章程限制股权随意转让的权利。在意思主义框架下，公司完全不参与股权转让过程，股东资格的取得也与公司不存在关联，这就导致一些体现人合性的权利诸如优先购买权等难以实现，危及公司经营管理稳定。归根结底，公司法属于商法领域规制下的部门法，公司经营的稳定和交易安全应当是其主要考虑的原则。

2. 有限责任公司股权确权问题

隐名出资人并不能直接享有公司股东资格，其所有决策只能通过名义股东进行，而名义股东可以直接行使股东权利，包括股权转让，如果名义股东转让股权的行为违背了隐名出资人的意愿，则需要明确股权转让合同的效力以及双方之间的责任。根据《公司法司法解释（三）》第25条规定，名义股东对登记于其名下的股权进行处分并因此与实际出资人发生纠纷的，人民法院可以参照《物权法》第106条关于善意取得的相关规定进行处理。《物权法》第106条关于无权处分善意取得的规定，可以用于处理名义股东与隐名出资人关于股权处分的纠纷，即分别依据名义股东凭股东资格处分股权的规定调整股权处分的问题，依隐名出资人和名义股东之间的协议调整双方的关系，此种理念也与我们前文所分析的两种相分离的法律关系相对应，即公司层面以名义股东资格处理为准，实际出资人投资权益尊重其与名义股东之间的投资合同安排。但根据本书后面的论述，受制于股权的特殊性质及其特殊的转让流程和要求，尤其是当确立了公司在股权转让中的独立地位并辅以公司高管的相关义务之后，在公司股权转让中实施股权善意取得制度的空间并不大。

3. 股权转让过程中公司的地位

肯定公司在公司法律关系中的独立法律地位，重构股权转让交易中的公司同意权制度，公司在股权转让交易中的缺位导致的诸多问题将迎刃而解。在欧美等国之所以股权转让纠纷较少发生，并且没有成为理论界和实务界的研究重点，原因就在于其对股权转让施加了较多程式性规定，尤其是对公司施加了一系列义务和责任，这些规定表面上虽然增加了对股权转让的程序性限制，但却在实践中切实防止了股权转让纠纷的发生。

公司同意权制度下，公司作为一方主体，通过积极参与股权转让交易中的各个阶段，可以享有对股权转让交易一定程度的控制权，包括对股权转让交易的知情权、审查权、同意权、信息披露义务等。公司在股转交易中的知情权是指公司有权获取与所要决议的股权转让事宜有关的一切信息，包括转让股东、拟转让股权的数量、受让人、转让条件等。与之相对应，公司对股权转让的知情权意味着转让股东对公司的通知义务，转让股东应当将股权转让交易的相关信息通知公司而非通知单个股东，保证公司在做出决议前对股转事宜有充分、完整的了解。在公司获知交易信息的基础上，赋予公司以审查权。所谓审查权，实质是权利义务的统一，公司有权利更有义务对股转交易做实质审查。审查义务模式下，对于因公司未尽合理充分的审查义务而导致公司、股东或外部第三人在股转交易中遭受损失的，公司应当承担相应的责任。经公司审查的结果是：在股权外转不违反法律及公司章程规定，且其他股东放弃优先购买权时，应当做出同意股权外转的决议；在股权外转违反法律或公司章程规定时，公司有权拒绝股权外转。

4. 股权转让的时间节点

在受让人股权取得节点的问题上，笔者认为，我国现存的法律对于股权的取得和股东资格的取得规定较为模糊，且关于股权转让合同生效、通知公司、变更股东名册和变更工商登记几种行为对股权转让和股东资格取得的效力影响规定也较为模糊，难以达到法律需要的效果。因此，有必要重构我国的股东名册制度，辅之以公司及公司高管的相应义务，建立以股东名册变更为中心的股权转让模式，笔者在后文中将进行详细论述。

总之，国内的学者对于有限责任公司股权转让模式的研究，多侧重于纯粹的理论方面，很少结合实际的司法裁判加以实证分析，从而提出切实可行的转让模式。伴随着我国经济发展，有限责任公司的股权转让纠纷增长迅速，通过我国当前关于有限责任公司股权转让纠纷司法裁判的实证分析，笔者认为，在股权转让过程中，《公司法》应当对股权转让施加更多规范，完善交易程序、重构股权转让模式，从而保障交易安全。

三、研究思路与结构安排

（一）研究问题

如上所述，我国商法学界对有限责任公司股权转让的相关法律制度进行了大量充分的基础理论研究，《公司法》及相关司法解释也制定了诸多股权转让的规则，但为何没有扭转股权转让纠纷的多发态势且纠纷日益增加，殊值深思。就此而言，本书拟从两个角度确定研究的主要问题：

其一，系统研究关于公司和股权的基础理论，分析我国《公司法》及相关司法解释的立法思路和价值取向，从根源上深挖股权转让制度存在的深层次问题。就此而言，股权转让制度的问题源于传统财产法的注重实质原则与现代商法的外观主义原则冲突，相关制度的民法要素与商法要素充满博弈，兼之《公司法》对于股东名册和工商登记的法律效力规定不明，致使司法实践中纠纷不断。更根本的原因在于，《公司法》对公司性质的认识对股权转让规则的深刻潜在影响没有被系统反思，致使合同法的理念被过度用于设计股权转让规则，而忽略了公司的组织特征，进而使奉行合同自由理念的股权转让规则影响了公司组织结构和经营管理的稳定，并使股权转让交易的法律效力处于诸多不确定因素的影响下，权利变动过程荆棘丛生，并催生了诸多股权转让纠纷。

其二，虽然我国《公司法》及相关司法解释已经对股权转让制度作出了比较多的制度规范，但各制度之间缺乏协调，致使有限责任公司股权转让制度的规定仍然比较模糊、混乱，对同一制度的认识难趋一致，从而使股权转让的法律效力处于混乱和不确定状态。《公司法》第71~73条没有关于股权转让的程序性规定，尤其是没有规定股权变动的法律效力，如（1）股权何时发生变动；（2）股权变动何时在交易双方之间产生效力；（3）股权变动何时对公司产生效力；（4）股权变动何时取得对抗第三人的效力暨股权善意取得的问题等。第73条规定的"注销原股东的出资证明书，向新股东签发出资证明书，并相应修改公司章程和股东名册中有关股东及其出资额的记载"仅仅被视为股权转让完成后的程序性措施，殊不知这些措施在整个股权转让交易中对于股权的交割具有至关重要的影响。而上述规则的缺失致使股权转让缺乏明确的交易规范，相关行为的法律效力缺乏明确规定，从而滋生了大量股权转让纠纷。因此，现行《公司法》及相关司法解释必须对股权转让各个环节的法律效力作出系统性的规定，对其转让模式进行彻底重构，方能彻底解决我国司法实践中大量存在的股权转让纠纷。

因此，本书的研究主题是集中讨论有限责任公司股权转让的法律效力，并尝试在此基础上对股权转让的交易模式进行系统的构建以及相关制度的协调，搭建完整、清晰的股权转让制度框架。

（二）研究思路

围绕本书的研究主题，本书拟从公司股权转让的私法整体体系出发，结合司法实践，系统研究以下五个方面的主要内容：

1. 公司股权转让的基础理论研究，集中探讨公司和股权的法律性质及其与股权转让的关系

通过讨论公司法的性质，明确公司法规范特别是股权转让规范的法律性质，即其并非纯粹的任意性法律规范，应当具有一定程度的强制性，从而有助于确立股权转让模式的正当性基础，也即公司法有必要对股权转让予以必要的规范，而非纯粹放任公司股权自主决定，从而维护公司股权转让的交易秩序和交易安全；研究公司和股权的性质，也是出于此目的。

2. 有限责任公司股权转让模式和法律效力的基础理论

作为股权转让法律效力的理论框架和基础，我国学界对于股权转让模式仍存在不同的理解和观点，这是对当前股权转让效力认识混乱的根源，本书拟结合当前的研究成果与我国股权转让实践，对股权转让模式的基础理论和我国《公司法》的现行规定进行系统的梳理和反思。通过系统梳理股权转让模式，全面分析股权转让交易法律效力的各个环节、程序和因素，结合当前实践中存在的纠纷案件，分析纠纷的制度成因，综合统筹提出系统性的制度改革方案。

3. 有限责任公司股权转让合同法律效力的限制性因素及其影响

股权转让合同系股权转让模式中的核心问题，构成了有限责任公司股权转让相关法律问题的基础。本书拟主要探讨各种程序和权利限制下股权转让

合同的法律效力问题，如批准、其他股东的同意权和优先购买权等，明晰其对股权变动的实际影响，核心问题是股权转让合同生效能否直接产生股权变动的法律效果，以及各类限制性因素对合同效力的具体影响。

4. 有限责任公司股权的变动及其法律效力

从股权转让交易的实践来看，股权变动是一个客观存在的交易过程，也牵涉股东的权利变动能否以及如何发生，因而其从本质上可以与股权转让合同相区分。本部分重点讨论股权何时过渡至受让人，买受人何时可以行使其股东权利，从而明确股权转让的法律效力。

5. 我国有限责任公司股权转让法律效力、模式的构建与相关制度的协调

股权转让模式的核心内容并非单纯处理股权转让合同与股权变动的关系，更重要的是与相关制度做好协调，如公司在股权转让中的地位问题，股权转让的通知如何发出、向谁发出，股权转让的同意权由谁行使、如何行使从而满足股权自由转让和维护公司人合性以及交易安全的需要，如何行使其他股东的优先购买权，等等。

（三）本书的结构

本书正文共分为八个部分。

文章开篇为引言，主要介绍本书的研究背景、研究现状、研究的主要问题、思路和论文结构。

正文第一章介绍有限责任公司股权转让的基本理论。作为本书讨论的对象，有限责任公司股权转让深刻地影响了有限责任公司的经营管理，其根本原因在于公司和股权的特殊法律性质。本部分从公司的性质、公司法的性质、股权的性质等多角度展开对公司股权的基本论述，对有限责任公司的人合性特征进行了深入分析，又结合有限责任公司的特点分析了其股权转让的实践

特征和原则。

第二章主要研究了有限责任公司的股权转让合同效力问题。首先，从宏观上对于有限责任公司股权转让合同的效力进行了概括性的分析，并提出了相应具体需要研究的问题。其次，重点讨论了行政审批这一特别生效事由对于股权转让合同效力的影响以及公司章程在对股权转让作出限制的情况下，股权转让合同效力如何认定。最后，分析了几种目前商业实践中存在的特殊股权转让合同的形式及其效力，如与对赌有关的协议、股权让与担保等。

第三章则是对股权转让中的股权变动效力问题进行了综合性的分析。首先，对目前学界存在的几种股权变动的理论模式进行了概述和评析，主要包括对"债权形式主义""意思主义"和"修正主义"三种理论学说的讨论。其次，系统分析了目前我国现行的股权转让变动模式的缺陷，并提出了创新性的完善建议，即强化公司本身在股权转让过程中的中心地位。最后，对股权转让权利变动的学理性问题展开论述，对股权的确认方式以及权利变动的始点和阶段进行了详细的分析，创新性地提出了股权转让较为合理的总体流程，包括五个具体的步骤。

第四章至第六章研究了有限责任公司股权转让中的几个特殊问题，分别为股东优先购买权问题、存在隐名股东情况下的股权转让问题以及股权的善意取得问题。第四章讨论了股东优先购买权的性质，介绍了与优先购买权相关的同意权制度，又针对股东行使优先购买权对于股权转让合同效力的影响以及国有股权转让中涉及优先购买权的特别问题展开了论述。第五章则先对隐名持股问题进行了学理上的阐述，随后针对隐名投资人转让投资权益和显名股东转让股权的效力问题分别进行了探讨。第六章则先对股权的善意取得问题进行简要的介绍，随后重点讨论了有限责任公司股权善意取得的适用情形以及目前该制度存在的缺陷。

最后为本书结论。

四、研究方法

股权转让涉及一系列复杂的立法、司法实践和金融市场问题，故而本书综合采用以下几种研究方法以更好地对该问题进行深入研究。

（一）文献研究法

文献研究是论文写作的必经之路，也是形成和启发写作思路的方法，本书的产生也不例外。笔者通过展开对有限责任公司股权转让方面的大量文献搜集、查阅工作，对所得文献材料进行分析、归纳、概括，完善进行研究所需的相关内容，从而全面了解有限责任公司股权转让模式基本框架和目前所处的研究阶段，在此基础上准确详实地阐述本书的立场观点。文章中多处引用或借鉴笔者所读文献的内容或案例，或用来佐证笔者的观点，或用来进行观点的对比分析，从而使文章条理清晰，有理有据。

（二）实证分析法

一部法律的精神主要体现在其应用上，司法实务领域能否正确恰当运用某项制度是鉴别某项制度是否合理完善的试金石。本书通过归纳司法实务领域的案例，明确股权转让模式在实际运用过程中存在的问题和困惑，在分析归纳的基础上，总结股权转让模式制度存在的疑难点，分析实践中存在的各类不同观点及其成因。在案例分析中，笔者结合案例情况、争议焦点、法院判决阐述了自己的分析，以案例佐证自己的观点，并期望对法律实务的继续发展提供建议。本书的一个特点是对股权转让的相关司法解释、各级法院的判决和实务专家的观点进行了全面分析，从而达到论述的全面性和说服力。

（三）比较研究法

他山之石，可以攻玉。国外的公司制度发展历史悠久，积累了丰富的制度经验和实践智慧；相比而言，我国公司法律制度肇始于 20 世纪 90 年代初，虽然经过多次立法修改和制定了多部司法解释，但多为临时应急、缺乏综合统筹，尤其是缺乏对司法实务经验的系统总结。因此，综合审视欧美发达国家公司法律制度的经验和法治背景土壤，充分学习其关于有限责任公司股权转让方面的实践经验和理论研究成果，可以为我国研究提供丰富的经验。因此，本书详细查阅了美、英、德、日等国关于有限责任公司股权转让模式的相关研究成果，介绍了国内外学者关于有限责任公司股权转让模式的不同的观点，并深入了解了这些国家关于公司股权设立和转让的实践操作，明确了其股权转让制度设计背后的一系列因素。在明晰制度背景的基础上，结合我国目前对有限责任公司股权转让模式的规定，提出切实可行的完善我国有限责任公司股权转让模式的制度建议。

第一章 有限责任公司股权转让的概念和制度基础

有限责任公司股权转让，从本质上讲是股东将其对公司之股权转移给受让人（本书主要涉及公司股东之外的第三人），由受让人继受取得股权而成为公司新股东的法律行为。[①] 然而，有限责任公司股权的转让受到公司章程和公司法的一系列限制，而这些限制本身又与公司和股权的法律性质存在密切联系。换言之，股权的内涵与外延决定了转让的标的，股权的层次化结构决定了股权转让交易的范围以及嗣后的纠纷审理范围，而公司及公司法规范的法律性质又影响了裁判者的先验判断。因此，有必要对上述基础理论问题进行深入研究，从而明确有限责任公司股权转让的要素和模式。

一、公司的性质与有限责任公司股权转让

（一）公司的基本性质

19 世纪中叶之后，现代公司制度的适用日益广泛，受古典自由主义思潮的影响，公司更多地被视为合同的延伸。我国立法将公司界定为独立的法人实体，《公司法》规定，公司是企业法人，有独立的法人财产，享有法人财产权。但理论上关于公司的性质一直存在拟制说、实体说和公司合同说的分歧，这种分歧也反映在公司立法的具体内容中：在债权人保护的角度上，公司被视为股东的责任财产，以实现债权人之债务；而在与股东的关系上，公司则

---

① 参见施天涛：《公司法论》，法律出版社 2006 年版，第 254 页。

被赋予相对独立的人格，独立承担其权利义务。[1]

1. 法人拟制理论

法人拟制说为萨维尼首倡，耶林继之。萨维尼认为，"真正的人格"只能由有形的伦理人所享有，法人并不具备"意志能力"和"行为能力"。法人系纯粹的拟制物或曰人为创造的组织，仅仅系因国家意志而在观念上使"人"和"财产"组成的团体享有某种具体人格。换言之，如果没有体现这种国家意志的法律，便没有"法人"的产生和存在。法人拟制说的产生，是以康德为代表的理性主义哲学理论向彼时处于扩张时期、蓬勃向上发展的资本主义经济现实妥协的产物，也体现了当时欧洲国家对法人设立采取特许制的社会现实。

法人拟制说突出了法律在法主体资格获得方面的核心作用，彰显了权利主体的法律构造本性这一表征法律相对独立性的深刻法学命题。[2]虽然法人拟制说提出时间较早，在某些方面存在理论局限，如其忽略了团体的事实性存在这一基础，仅从技术层面对法人的主体性做出了解读，但英美及德日等国公司法仍在很多方面保持了对该理论的继受，用于解释公司的主体性。如英国公司法迄今仍然坚持认为公司的法律人格是一种拟制人格而非自然伦理人格，[3]而德国民法典承认董事会对法人的代表权，[4]日本民法典仍有"董事得就法人的事物代表法人"的一般规定。[5]

---

① 参见邓峰：《作为社团的法人：重构公司理论的一个框架》，载《中外法学》2004 年第 6 期，第 742~743 页。
② 参见蔡立东：《公司本质论纲——公司法理论体系逻辑起点解读》，载《法制与社会发展》2004 年第 1 期，第 58 页。
③ See Paul L. Davies and Sarah Worthington, Principles of Modern Company Law, 10th edition, Sweet & Maxwell, 2016, p.29.
④ 参见《德国民法典》第 26 条。
⑤ 参见《日本民法典》第 52 条。

2. 法人实体理论

依大陆法系公司法理论的一般界定，现代公司均为社团法人，是一个事实上存在、法律上确认认可的实体，具备独立的法人人格。"人格"一词最初是罗马法在划分人的身份时使用的概念：罗马法中，一个人只有同时具备自由人、家父和市民三重身份才能成为罗马共同体的正式成员，成为罗马市民法上的权利义务主体。早期罗马法中并无法人的概念，至共和国末期，罗马法才开始陆续承认国家、地方政府、教堂、寺院和慈善团体享有独立人格。随着罗马经济的发展，尤其是航海经商的需要，罗马法学家开始比照对国家和地方政府团体人格的承认，抽象出私人经济生活中的团体人格，将团体成员和团体自身相区别，即团体成员的变更不影响团体的存续，团体的债务和权利区别于其成员的债务和权利。罗马法学家对团体人格的抽象及与其成员人格区分的理论是罗马法的一大创造，为公司人格理论埋下火种。[①] 中世纪后期，公司团体大规模复兴，并得到制定法的肯定，公司人格依法律而存在，呈现出越来越多的法人特征。注释法学派在解释罗马法时将其团体人格理论解释为"法人"，并被 1794 年《普鲁士普通邦法》首次正式采纳，之后的《德国民法典》继承了这一概念，并形成了系统的独立法人人格制度。

以热尼（Geny）为代表的一些学者认为，体现人格存在的要素，应该是独立意志的存在，公司的意志并非组成该团体的自然人个人意志相加的综合，[②] 作为一个事实上存在的团体性独立实体，其应当通过自身的机构形成独立于其成员的独立意志，其自身机构（如董事会）与法人之间不再是代理关系，其行为即视为法人之行为，其行为效果直接归属于法人自身。因此，法人具有区别于其组成成员（如股东）的独立人格，并能够独立承担法律行为之后果，法人实在说提出了法人之所以具有独立人格的现实基础。

---

① 参见庞春祥：《公司人格源流特征考析》，载《学术交流》2011 年第 10 期，第 75 页。
② 参见［法］伊夫·居荣：《法国商法》，罗结珍、赵海峰译，法律出版社 2004 年版，第 136 页。

事实上，无论是"法人拟制说"还是"法人实在说"，其在本质上并无太大差别，其共同点在于均承认了公司在法律规定范围内的独立主体资格，差别在于这种独立主体资格的基础。其对公司股权转让之所以重要，原因在于公司股权转让并不单纯取决于股东之间的合意；作为独立的法律主体，公司应当对影响其存续或经营的股权转让交易具有施加影响力的可能和空间。

3. 公司契约理论

"公司契约理论"，亦称"合同集束理论"，其认为公司系一系列契约的联结或契约群，参与这个契约群的主体包括股东、董事、雇员、供应商等。私人秩序被认为是安排这些主体之间关系的最优方式，公司由此被解构为由各参与人之间明示和默示的契约所组成的一个契约网（A Nexus of Contracts）。[1] 在这一前提下，公司被视为法律的虚拟物，发挥着联结与公司有关的各项合约的功能。[2] 公司的经营存续以尊重股东的契约自由、保护股东的合理预期为目的。[3] 契约论者从公司内部制度安排的角度出发，主张公司法律关系的实质是公司股东之间（包括控股股东与少数股东、普通股东与优先股东、既有股东与后加入股东）、股东与公司债权人之间、股东与公司员工之间合同关系的集合，公司的实质就是存在于公司利益相关者之间的复杂的权利义务安排，这种权利义务安排是由一系列契约联结的，其形式与内容构成了公司制度。[4] 在公司合同理论框架下，公司法实际上就是一个开放式的标准合同，它补充着公司合同的缺漏，同时也不断地为公司合同所补充。[5] 针对独立法人说，契

---

[1]　参见李诗鸿：《公司契约理论新发展及其缺陷的反思》，载《华东政法大学学报》2014年第5期，第83页。

[2]　参见郑彧：《股东优先购买权"穿透效力"的适用与限制》，载《中国法学》2015年第5期，第250页。

[3]　参见侯东德：《封闭公司股权转让限制的契约解释》，载《西南民族大学学报》2009年第8期，第162页。

[4]　参见蔡立东：《公司本质论纲——公司法理论体系逻辑起点解读》，载《法制与社会发展》2004年第1期，第62页。

[5]　参见罗培新：《公司法强制性与任意性边界之厘定：一个法理分析框架》，载《中国法学》2004年第4期，第76页。

约论强调私人公司或企业只是一种形式的法律虚构物，反对公司是一个"实体"的理论，他们认为将公司视为一个"实体"会使得法律拟制的观念变得混乱。在公司发展史上，先有公司事实上的存在，然后才有作为法人的公司，法人、人格与有限责任三者合为一体，构成了公司法人人格制度或公司法人有限责任制度，公司演变为法人的立法动因乃是从法律上确认和实现相关利益主体之间合理的利益均衡。[1]

公司契约理论的积极意义在于其提出了公司法规则存在的合理性问题，更从根本上影响到了我国《公司法》中强制性规范和任意性规范的界定与讨论，进而深深地影响了我国《公司法》的改革进程，尤其是 2005 年《公司法》修订使我国公司法由管制型向市场导向型全面转轨。[2]一种有影响力的观点认为，只涉及股东和公司利益的规范应主要是任意性规范，而涉及第三人（如债权人、公司员工等）利益的规范应当是强制性规范。由是之故，2005 年《公司法》之修改，充分彰显了公司自治的私法精神，给予了参与公司设立和经营之各方极大的自治空间，拓展了任意性规范的适用范围。而股权转让的规范应为任意性而非强制性规范。[3]对于股权转让，原则上应当由股东自行决定，除非公司章程或法律另有规定。值得注意的是，股权之转让，确系股东之合同自由，但股权转让合同达成之后，被转让股权如何由出售方转移至买受人、公司在股权转让中应当尽何种义务或曰担任何种角色，则是一个值得慎重思考的问题，不能单纯依靠合同自由来进行解释，而应该由公司法来进行规定，从而确保交易之安全。

---

[1] 参见张旻昊：《公司本质属性的动态分析》，载《山东大学学报（哲学社会科学版）》2004 年第 4 期，第 134 页。

[2] 参见罗培新：《公司法的合同路径与公司法规则的正当性》，载《法学研究》2004 年第 2 期，第 72~74 页。

[3] 参见赵旭东：《有限责任公司的改造与重塑——中国公司法修改建议》，载《政法论坛》2003 年第 3 期，第 25 页、第 27 页。

（二）公司性质与股权转让之关联

如上所述，学界对于公司本质的各种学说存在诸多差异，但对公司性质的讨论并非本书的重点。之所以对其进行论述，其目的在于揭示公司作为一个有机的组织体，对其股权进行转让并非股东之间单纯的私人交易。有限责任公司股权转让并非单纯取决于股东个人意志，还必须要考虑公司组织自身所体现的复杂的利益关系和因此而产生的团体意志。对公司意志的强调并非忽视股权转让中股东个人意志的基础性地位，而是重在体现和尊重法律的公共意志，彰显商事组织法所应具备的公法属性，从而维护公司作为最终的社会生产组织体的合法存在和延续，确保投资者保护等组织性秩序。就此而言，股东意志根植于公司意志又受限于公司意志，[①] 这与民法中民事法律行为要接受公序良俗、强制性法律规则和诚信原则所代表的法秩序的调整和规范并无二致。

对公司性质争论的核心在于如何定位公司在公司法律关系中的地位：公司是股东的财产还是一个独立的实体，公司在公司法律关系中应当作为客体还是主体，抑或公司是私人的融资工具还是独立的"市民"，这是公司法规则的不同选择以及公司性质争论的全部。本书认为，现代公司是商业环境中不同利益和价值的综合载体，现代公司法的价值取向并非单纯指向股东利益、体现股东价值，而应当兼顾不同主体的利益诉求，董事仅对公司负有勤勉和忠诚义务，其在对公司股东负责的同时，亦应兼顾公司和公司债权人的利益。公司对其财产拥有完全的所有权并具备独立的责任能力，公司的内部使其能够做出自己独立的意思表示，从而使其成为区别于其股东的法律上的独立实体。[②] 从公司制度出现的历史以及公司在当前商事交易中的独特地位来看，恰

---

① 参见冯果、段丙华：《公司法中的契约自由——以股权处分抑制条款为视角》，载《中国社会科学》2017 年第 4 期，第 124 页。

② 参见邓峰：《作为社团的法人：重构公司理论的一个框架》，载《中外法学》2004 年第 6 期，第 747~748 页。

当的做法是将公司定位为独立的法律主体,赋予其法人人格,并与作为成员的股东个人的人格相区别。

同时,无论公司是一种契约群还是一个法人实体,其对于公司股权转让的启发性意义在于,股权转让行为不是一种单纯的商事交易,股东所转让的并非像不动产那样的有形物品,其所转让的客体深度存在并依存于公司组织这一结构关系,①其既要处理好转让股东与其他股东之间的关系,亦需就股东与公司之间的关系进行重新构建,因为公司股权的转让导致了公司股权结构和公司治理结构的变化。同时,如上所述,股权转让并非仅系股东之间的交易,而是涉及买受人等大量第三人安全的交易,其规范框架既不能单纯依赖当事人之合同自治,亦不能寄希望于公司章程,毕竟公司之外的第三人并非公司章程的约束对象,应当由公司法予以系统规定,为交易当事人提供一个稳定的预期和制度保障。此外,如下文所述,股权转让并非单独转移纯粹的财产权,而是包含了一系列复杂的财产和人身法律关系的综合。

二、《公司法》的性质与有限责任公司股权转让

公司法的性质是股权转让法律效力及其模式构建的法律基础,其将从根本上决定股权转让交易在各个环节的法律效力。目前,股权转让法律效力不确定的主要原因在于,该行为涉及的部门法较多,包括公司法、民法、合同法以及婚姻法等,但是优先适用哪一部门法却没有明确的结论。关于对股权转让法律效力债权形式主义和意思主义的争论,某种程度上也源自其单纯地只优先适用公司法和民法,一个侧重保护交易的安全性,保护外观形式的公示公信的效力,而另一个则是侧重保护当事人之间的合意,却忽略了股权转让不仅仅会影响股权交易合同的双方当事人,更会影响整个公司的运营与

---

① 汪青松:《财产权规则与外观法理的冲突与协调》,载《东北师大学报(哲学社会科学版)》2014年第2期,第10页。

管理，这深刻地体现了民法思维和商法思维之间的根本差异。此外，我国自2005 年修订《公司法》以来，理论界和实务界均倾向于尊重以合同自由体现的公司自治，公司章程的规范空间被大大扩张，公司治理的诸多事项被授权给公司股东通过公司章程来进行自治安排，公司法的合同解释已被学界所普遍接受，这种新的公司法立法和司法理念深刻地影响了对有限责任公司股权转让规范的理解以及相关纠纷的解决，但这恰恰是当前股权转让纠纷日益增长的根本制度成因。

（一）公司法的契约法和组织法属性

公司法具有契约法和组织法的混合特征，因此是行为法和组织法的结合体。商事组织法多为强制性规范，而商事行为法多为任意性规范。从契约法的角度来看，公司是一种能"产生法人"的合同，但其特殊之处在于其系一种"组织性合同"而非"交易性合同"，当事人具有共同而非对立的利益，即所有股东共同经营、共负盈亏。[①]一般来说，公司具有"经济组织"和"商事主体"的特征。公司不仅是进行经济运营的"经济组织"，同时，也具备"社会组织"的特征，可以通过章程自主解决其内部纠纷。大陆法系对公司特征的描述一般为法人性、社团性、营利性等。[②]而在英美法系则一般将其描述为永续存在、法人实体、自由转让股份等。[③]公司作为商事组织，通过商业组织的组织形式使得投资人持有的大量资金可以汇集到公司，并通过组织机构和组织管理使得拥有众多股东和员工的公司体有效运转，极大地促进了经济发展。作为一个社会性和商事性兼备的组织体，公司具备法律人格的独立性的特征。[④]那么，公司法则需要平衡公司的法律人格的独立性与股东派生性之

---

① 参见［法］伊夫·居荣：《法国商法》，罗结珍、赵海峰译，法律出版社 2004 年版，第 91 页。
② 参见江平、方流芳：《新编公司法教程》，法律出版社 1994 年版，第 25 页。
③ 参见施天涛：《公司法论》，法律出版社 2006 年版，第 8 页。
④ 参见邓辉：《公司法的政治功能——基于公司法律特征的政治分析》，载《政法论丛》2015 年第 5 期，第 4 页。

间的关系，不能过分强调其源自股东出资的"派生性"，使公司陷入股东滥用权力控制公司的泥淖中；也不能过于强调其独立性，从而漠视甚至侵害股东的合法权利。因此，有限责任公司股权转让规则作为一种行为法规则，但因为其同时会影响公司组织结构的稳定，因此，其应当在坚持其任意性的同时，遵守某些强制性规范，进而确保公司的稳定。

在理解公司法的性质方面，自治性与强制性是一个重要侧面。作为商法规范的重要组成部分，公司法系私法规范和公法规范的融合，其公法色彩不仅体现在国家意志的干预，更体现在为了保护交易安全而对交易的某些方面或环节制定了某些强制性规范，从而避免当事人之间的任意作为、扰乱交易秩序，如《公司法》关于公司出资形式和出资责任的规定、关于公司治理结构的规定、关于董事和监事等高级管理人员的忠诚和勤勉义务的规定等。[①] 在2005 年之前关于我国《公司法》修改的学术讨论中，有学者认为公司法需要对公司内外法律关系进行全面调整，但调整策略应有不同，即调整公司内部关系的规范应主要是任意性规范，而调整公司外部关系的规范应主要是强制性规范；就此而言，涉及股东和公司利益的规范通常不牵涉第三人，因此应当主要是任意性规范。[②] 在这种指导思想的影响下，彼时的学界认为 1993 年《公司法》对有限责任公司股权转让的限制作了强制性规定，一定程度上损害了有限责任公司股权的流动性，导致了财产的退化，也不利于资源的优化配置，不能以损害股东的自由流通性和市场价值为代价维持股东之间保持信赖合作和预期的权力平衡。兼之彼时我国仍处于计划体制向市场经济体制转轨、国有企业进行现代公司化改造的时期，整个社会经济系统具有破除管制型立法的强烈呼声。1993 年《公司法》因为具有较多"必须""应当""严禁"等类的措辞，被认为管制色彩过浓。[③]

---

① 参见赵旭东：《商法学》，高等教育出版社 2015 年版，第 6 页。
② 参见赵旭东等：《有限责任公司的改造与重塑——中国公司法修改建议》，载《政法论坛》2003 年第 3 期，第 24~25 页。
③ 参见罗培新：《公司法的合同路径与公司法规则的正当性》，载《法学研究》2004 年第 2 期，第 72 页。

（二）公司法中的有限责任公司股权转让规则

在前述改革背景下，2005 年《公司法》修改过程中赋予企业更多自由和自治权的呼声极高，兼之彼时加入 WTO 的要求，这次《公司法》修改进行了深刻的公司自由化改革。在这一过程中，学者建议将股权转让的规范应由强制性规范修改为任意性条款，[①]并且明确允许公司章程可以另行约定对股权转让的限制。这次修改从根本上改变了有限责任公司股权转让的法律规范的性质，即调整有限公司的法律规范从禁止性规范和强行性规范转变为任意性与授权性规范，旨在赋予公司股东自由决定股权转让的制度空间。经过 2005 年的修改，我国《公司法》充分体现了市场自由的价值趋向，充分尊重了各方参与人的自由自治空间，扩张了任意性规范的适用范围而同时缩减了强制性规范的适用范围。公司法的任意性法律规范属于赋权性规范，它不仅允许民事主体在法律许可范围内根据自己的自由意志作出行为，也允许民事主体根据自己的意志在法律规定的范围之外创设相关行为规范。

《公司法》对有限责任公司股权转让设置了一系列复杂的条款和限制，旨在协调股东个人意志与公司团体意志、平衡股东个人权利与公司团体性权利之间的关系。具体到《公司法》第 71 条，从整体而言，其实际上是由一系列自治性与强制性规则共同规范和调整的，但其赋权性规范的色彩浓厚，如其"授予章程调整股权转让"的第 4 款主要体现为任意性规范，允许股东就股权转让创设不同于公司法的新行为规范，从而使其具备了排除该条前 3 款的优先适用的特别作用。[②]但亦有学者清晰地指出，这种表面上体现为任意性规范的规则，实质上也是一种股权转让的抑制条款，即"法律授权抑制条款"，其并不直接设定对于股权处分的限制，也不直接对股权转让行为作出法

---

①　参见赵旭东：《新〈公司法〉的突破与创新》，载《国家检察官学院学报》2007 年第 1 期，第 153 页。

②　参见蒋华胜：《有限责任公司股权转让法律制度研究——基于我国〈公司法〉第 71 条规范之解释》，载《政治与法律》2017 年第 10 期，第 78 页。

律评价，而是授权市场主体在特定形式下作出约定，甚至可以作出高于法律规定的限制，尊重全体股东做出的公司意志，并在司法实践中获得了法院的认可。[①]

在股东章程没有特别规定的情况下，《公司法》第71条前3款又体现了不同的法律强制效力：（1）第71条第1款为授权性规范，允许股东内部之间进行全部或部分的股权转让，体现了其原则上不对股东内部之间股权转让进行干预和限制的态度，因为这种股东内部之间的转让原则上并不会影响到公司经营的稳定，除非在公司控制权争夺的情形下。在公司控制权争夺的情形下，其主要体现为公司大股东和小股东之间的内部冲突，公司法在很大程度上已经为小股东权益保护设置了诸多法律规范，因此，涉及控制权争夺的股权转让行为及其效力应当受到相应规范的约束和调整。当然，现行《公司法》规范对争夺公司控制权的情形也已经做出了部分回应，尤其是在"宝万之争"发生之后。（2）第71条第2款规定的"其他股东同意权"在性质上属于强制性规范，即股权转让必须经过公司其他股东过半数同意方能进行，否则无效，有学者认为其属于推定适用的任意性规定，笔者不敢苟同；诚然，公司章程可规定比该条第2款更为严格或更为宽松的标准，以适应公司股东对股权流转的自身需求。但只要公司章程不予规定，第2款即必须强制适用。（3）第71条第3款规定的"其他股东优先购买权"从性质上也体现了对有限责任公司股权转让的限制，但此种限制是否构成强制性规范或禁止性规范，学界和实务界尚存较大争议，[②] 既有的研究也并未对此做出清晰的理论界定，而是仅

---

① 参见冯果、段丙华：《公司法中的契约自由——以股权处分抑制条款为视角》，载《中国社会科学》2017年第3期，第126页。

② 如在"段伟强与被上诉人詹伟刚、董淑霞、董淑莉及邱阳股权转让纠纷案"中，二审法院吉林市中级人民法院即认为，《公司法》第71条没有规定违反此条款的转让合同无效，规定"公司章程对股权转让另有规定的，从其规定"，由此可见该条款不属于效力性的强制性规范，不能就此认定股权转让合同无效。参见吉林市中级人民法院（2015）吉中民三终字第137号民事判决书。

仅将其表述为"限制股权处分的前置性权利"，[①] 并因此导致了对侵害其他股东优先购买权的股权转让行为效力的争议。实际上，涉及公司股权转让的规则是任意性和强制性兼具的规则，如股东与受让人之间的股权转让协议、股东与其他股东之间的同意权和优先购买权问题、受让人成为股东所要遵循的一系列程序性规则等，既包括基于当事人自治产生的协议、公司章程，也涉及公司法规定的强制性规则。有限责任公司股权转让并非纯粹的对一种财产性法律关系的处分，而是涉及公司内外部关系的平衡和公司的平稳运作，[②] 有限责任公司股权转让对公司组织体的影响，表明了对股权转让进行一定程度限制的正当性和必要性。这种限制，既可以是对股权处分行为自身的限制，也可以是对交易程序性的限制，旨在使买受人获得公司及其他股东的信任和认可，并最终成为公司组织体的一员。避免纠纷产生的关键在于公司的自治性规则，而处理纠纷的利器则是法律的效力强制性规则。股权转让纠纷的解决从始至终都应遵循这个原则运作，以公司法的效力强制性规则为出发点，[③] 从而使裁判机关及时有效地裁决相关纠纷，避免诉讼程序的延宕。

公司法的基本作用是确立并维护公司法律制度，使公司这一最重要的商主体获得全方位的法律调整，是规范公司的组织、经营、解散、清算及其他对内对外法律关系的一种商事法律。[④] 公司法的价值并非其所体现的公司合同的标准条款和公司合同的漏洞补充条款，[⑤] 而在于其维持公司内外法律秩序的稳定有序，并非单纯地追求交易效率。我国《公司法》实践中大量发生的有限责任公司股权转让纠纷表明，当前将有限责任公司股权转让规则作为任意

---

① 参见冯果、段丙华：《公司法中的契约自由——以股权处分抑制条款为视角》，载《中国社会科学》2017 年第 3 期，第 125 页。

② 参见冯果、段丙华：《公司法中的契约自由——以股权处分抑制条款为视角》，载《中国社会科学》2017 年第 3 期，第 118 页。

③ 参见钟刚：《有限责任公司股权转让的强制性规则分析》，载《江西社会科学》2011 年第 2 期，第 173 页。

④ 参见刘清波编著：《商事法》，台湾地区商务印书馆 1995 年版，第 37 页。

⑤ 参见罗培新：《公司法的合同路径与公司法规则的正当性》，载《法学研究》2004 年第 2 期，第 81 页。

性规范是欠妥当的，一厢情愿地尊重契约自由和股东个人自治并不能从根本上消除大量发生的股权转让纠纷，也无助于股权转让市场的有序发展。因此，《公司法》关于有限责任公司股权转让的相关规范必须要重视对公司组织体的维护和股权转让市场秩序的维护。

在此基础上，应当深刻反思股权转让规则的强制性和任意性问题，至少应当考虑对股权转让的程序和转让效力等问题作出明确规定，从而给当事人明确的预期，也便于裁判者统一裁判尺度。结合公司法特征我们可以看出，在公司股权转让的过程中，不仅仅需要考虑民法中的意思自治、便利交易等原则，更需要考虑商法中交易安全、公平正义、诚实信用等原则。正如王涌教授所说，公司法作为组织法不同于民法（合同法），用民法的思维来处理公司法是值得商榷的。公司的对外形式包括两个部分，即合同关系和组织关系，以公司对外增资为例，若公司所做出的增资决议被确认无效或者撤销的，公司与第三人签订的增资协议依据合同法和物权法原理被认定为继续有效，公司增资行为作为公司的组织行为，其效力来自决议本身，因此不能就此认定公司增资行为有效。公司法对外的双重性质即决定了公司经营中的问题，不能单纯地只适用合同法或者公司法，在股权转让行为中，既包含了当事人的股权转让合同关系，又包含了新成员进入的公司组织关系。在有限责任公司股权转让中，其既要受到民法中合同法财产流转规则的规范，确立股权转让的基本法律规则，尤其是股权转让合同的法律效力问题；同时，股权转让必须要受到一系列公司法规则的调整，以应对公司股权转让对公司的组织结构和公司治理所带来的潜在影响，保证公司经营运转正常，最典型的当属公司股权转让中其他股东的同意权和优先购买权。

三、股权的性质与有限责任公司股权转让

在传统公司法理论下，研究有限责任公司股权转让的效力及对股权转让的各种法律限制的前提是界定有限责任公司股权的法律性质，因为股权系该

转让交易的标的，标的之性质决定了不同转让交易的法律构造的差异。股权作为公司制度的核心，对股权的定性直接决定着投资者（股东）与公司之间的法律关系，影响股东资格的取得、公司股权转让的法律效力及其法律适用。

（一）股权性质之辩

从公司成立的实践来看，股东对公司的出资是股权产生的依据，公司财产源于股东对公司的出资，从而产生了股权与出资的对价关系；同时，股东之间人的结合构建了公司的组织属性，决定了公司的治理结构，也隐含着股权变动对公司治理的影响；股权因此具有双重的人格属性和财产属性，故而公司股权的确认或曰公司股东资格的取得，应当以某种形式获得公司的认可。公司法理论对于有限责任公司股权的法律性质历来争论不已，并形成了所有权说、债权说、社员权说、独立民事权利说等多种不同观点。股权的形成路径决定了股权的性质，进而决定了股权转让模式的构建。因此，对公司股权性质的讨论，必须结合股权的形成路径。

1. 所有权说

所有权说是在股权性质争论中一度占据主导地位的观点，其落脚点是股东对公司财产的最终支配，而支配的手段包括行使自益权和共益权。[1] 持此说者主张股权就是物权中的所有权，认为在公司中并存着两个所有权，即股东对公司财产享有所有权，公司法人也对该财产享有所有权，称为所有权的二重结构。[2] 投资者对其财产享有的所有权，在对公司出资后也不应被剥夺，所谓的出资行为只是投资者将对该资产的管理使用权让渡给公司，形成了公司在出资财产上的第二重所有权。在我国国有企业产权改革以及公司两权分离

---

① 参见蔡元庆：《股权二分论下的有限责任公司股权转让》，载《北方法学》2014 年第 1 期，第 51 页。
② 参见王利明：《论股份制企业所有权的二重结构——与郭锋同志商榷》，载《中国法学》1989 年第 1 期。

改革中，这种观点一度十分盛行，将股权直接归为投资人对公司财产的所有权，并曾一度在国家所有权基础上进行所谓的所有权和经营权的分离改革。有所有权说支持者从股权的绝对性、支配性入手，认为其与物权相同。如郭富青教授认为，股权本身即具有绝对权的效力，股东基于股权拥有排除包括公司在内的一切其他主体侵害其股权利益的权能。[①] 此种绝对权效力就排除对股权的损害而言，确与物权的绝对性特征比较相近。[②] 江平教授等认为，股权具有部分的支配权内容，如通过行使表决权支配公司的重大事务。但此种支配性不同于所有权的支配性，股权的支配性不允许股东直接支配公司财产，而只能按照法定程序，通过行使股权以决定公司重大事务；同时，股权的具体权能又与所有权大相径庭，因而股权绝非所有权。[③] 股权物权说无法解决股东与公司同时对公司财产拥有所有权而产生的"一物二主"问题。[④]

但是，随着现代企业制度的构建，股权的所有权性质说已经丧失了其合理性，现代企业制度要求严格区分出资、股权、公司三者之间的关系。股东出资完成后，作为出资的财产或财产性权利即转移公司所有，股东即时失权，并取得对公司股权作为对价。公司本身具备独立的法人资格，直接享有对公司事务及财产的完整权利，股东不得直接支配公司财产或决定公司事务；所谓股东通过行使表决权而对其他股东及债权人产生的支配性都是通过公司制度来实现的，必须通过法定的程序，并在公司层面上形成决议，该支配性更准确地说是公司对公司股东及债权人的支配性。股权并非公司本身，只是对公司享有的财产和身份性权利的集合，与对公司的所有权相去甚远。股权既非股东对其出资财产的所有权，也非对作为出资对象的公司的所有权。将股权视为所有权，将在逻辑上导致对公司法人所有权的削弱，使公司无法享有

---

① 参见郭富青：《论股权善意取得的依据与法律适用》，载《甘肃政法学院学报》2013 年第 4 期，第 9 页。
② 参见谢在全：《民法物权论》（上册），中国政法大学出版社 2011 年版，第 19~22 页。
③ 参见江平等：《论股权》，载《中国法学》1994 年第 1 期，第 76 页。
④ 参见罗培新：《抑制股权转让代理成本的法律构造》，载《中国社会科学》2013 年第 7 期，第 130 页。

财产上的完整权利，并受制于所谓的股东所有权，难以成为真正自主经营、自负盈亏的独立法人；在理论上形成与"一物一权"规则的悖理，尤其在我国缺乏普通法与衡平法区分的情况下，引入英美公司信托制度中的"双重所有权"构造，缺乏法理基础。

值得注意的是，我国现行《公司法》及其司法解释并未彻底摆脱对股权的"物权化"解读，反而以此进行了相应的制度构造，如《公司法司法解释（三）》第 25 条的股权无权处分、第 27 条的"一股二卖"均规定应当参照《物权法》第 106 条的规定处理，从而在事实上将股权等同于物权。此种解释路径忽略了股权身份权与财产权的复合属性，忽视了股东资格与股权、认可与取得的先后序位；在这种思维模式下，出资与股权份额绝对等同，名义股东不能享有股权尤其是股权的处分权，这表明传统公司法法定资本制对股权性质的理解仍然影响深远。另外一个例子是股权的夫妻共有，实践中不少法院认为共有股权处分需要征得全体共同共有人同意，故而未经配偶同意的股权转让行为无效。但是，股权权属认定与实际出资并无直接关联，在未获得公司或其他股东同意之前，实际出资人并不能取得公司股东身份，因此我国公司股东身份的确认主要采取形式标准，婚姻期间的共同财产并不必然等同于夫妻股权共有。

股权所有权说未能完整反映股权的权能和内容，更未能准确揭示股东与公司之间的关系。所有权说将股权错误定义为股东对公司财产的权利，才会出现股东所有与公司所有之间的冲突。从股权的具体内容来看，股权系股东对公司的权利，其权利行使对象直接指向公司而非公司财产。股权与公司所有权分化后，股权的权限范围、行使方式和程序均由法律和公司章程界定，并且直接指向公司而非公司的具体财产，公司对其财产则享有完全的所有权，股权与公司所有权遂形成高度清晰的产权边界。[①]

---

① 　参见江平等：《论股权》，载《中国法学》1994 年第 1 期，第 80 页。

2. 债权说

与所有权说相比，股权债权说立足于股东与公司之关系，认为股权的内容和实现均落实于对公司之法律关系上，即股东只能向公司主张行使其股权，而股权内容能否实现则依赖于公司的履行，离开公司的股权实质毫无意义。股权之内容与实现须落实于股东对公司之法律关系的特点，意味着股权概念所体现的法律关系，属于特定当事人间的"特别关系"，其结构类似于债权关系之构造。股东行使其股权，只能向特定相对人即公司来主张；股权内容能否实现以及在多大程度上实现，也取决于公司对相应义务的履行。因此，股权属于相对权，在性质上不同于物权等绝对权，[①] 而是更接近于债权，德国法上通说对股权也采"相对性法律关系"说。[②]

需要明确的一点是，股权仅仅是结构上类似于债权而同属相对性权利范畴，非等同于债权，股权与债权之间仍然存在实质上的差异。在权利内容上，股权较债权要丰富许多，包括对公司的分红请求权、表决权和剩余财产分配权三项主要内容，作为股权相对人的公司因其人合性而在实体和程序上均对股东行权加以限制。此外，股权本身具备财产权和身份权的双重属性，尤其在人合性较强的有限责任公司中，股权的社员权属性在权利的取得、行使及转让中表现得更为明显，而债权则属于纯粹的财产性权利，因而在权利转让中，债权转让多采自由主义，而股权转让则多受限制。有学者主张"股权转让合同生效后，出让人、受让人和公司之间的关系极其类似债权让与合同生效后原债权人、继受债权人和债务人之间的关系"，[③] 但毕竟股权是完全不同于债权的一种权利类型，在债权让与中，债权人作为第三人并无独立的权利主

---

① 参见张双根：《股权善意取得之质疑——基于解释论的分析》，载《法学家》2016 年第 1 期，第 136 页。
② 参见张双根：《德国法上股权善意取得制度之评析》，载《环球法律评论》2014 年第 2 期，第 165 页。
③ 参见李建伟：《有限责任公司股权变动模式研究——以公司受通知与认可的程序构建为中心》，载《暨南学报》2012 年第 12 期，第 23 页。

张，对债权转让无任何实质性控制权，只是被动地受通知而受债权让与的约束，但在股权转让中，除受通知而受约束外，公司作为独立主体在股权转让交易中享有独立的实质性权利，足以影响股权让与的生效。

股权债权说仅从权利结构上对股权与债权做一外部特征的比较而将股权归为债权，忽略了股权的实质内容和作为相对人的公司在股权中的特殊地位，混淆了公司股东与债权人、股权投资与债权投资、股权分红与债权利息之间的差别；也不能解释为何股东劣后于公司其他债权人受到清偿，而只能在债权人受偿之后行使剩余财产分配权。从我国来看，其并未接受股权的债权说这一观点，一个典型的例证是《公司法司法解释（三）》第 19 条规定，公司或其他股东要求股东履行出资义务或者返还抽逃出资时，被告股东以出资义务或者返还出资义务超过诉讼时效期间为由进行抗辩的，人民法院不予支持。但值得肯定的是债权说确认了股权的相对权属性，将股权从对公司财产的权利引向对公司的权利，初步构建起股东—公司—公司资产之间法律关系的基本逻辑。实际上，债权说看似将股权解释为债权凭证、以利润分配请求权为内容的财产权，但该说并不否认股东享有参与公司经营管理的共益权，只是将共益权解释为基于团体资格当然享有的权利。[①] 实际上，股和债之间的界限区分并非绝对，随着金融创新融资实践的发展，二者之间的界限在某些交易（如明股实债）和某些类型的股份（如优先股等无表决权股）方面呈现出更强的债的特性。股权与债权之间的关联异常密切，呈现出一种水乳交融的关系。[②] 这一点必须予以注意。

3. 社员权说

社员权说是 19 世纪后半叶德国学者 Prenaud 在分析股份有限公司时所率

---

① 参见蔡元庆：《股权二分论下的有限责任公司股权转让》，载《北方法学》2014 年第 1 期，第 51 页。

② 参见李安安：《股债融合论：公司法贯通式改革的一个解释框架》，载《环球法律评论》2019 年第 4 期，第 38 页。

先提出。所谓社员权，一般是指投资创办或加入某种社团法人，因其认缴公司资本的一部分而成为该社团法人的成员，并在该法人内部取得相应份额的社员权利、义务的总称。[①] 社员权是权利人基于其社员资格而享有的权利，社员资格之取得不以出资为要件，权利之享有完全基于社员身份，且社团有开除社员之权利。[②] 股权社员权说立足于公司的社团法人属性，认为股东因为出资而享有成员资格，并基于该资格而享有社员权，其中社员资格是第一位的，而股东权利则是第二位的，股权以社员资格为首要因素和基础，并衍生出其他财产性权能。[③] 但社员权并非一种"单一的权利"，因对股权的共益权（为实现全体利益而给予社员的权利）和自益权（为满足个人利益所赋予社员的权利）的划分使得这两种性质上存在差异的权利不能构成"单一的权利"。[④]

社员权说正确地指出了股东与公司治理的关系，通过社员权（主要是投票权）的行使实现对公司的有效治理和运营。但是，该说并未能进一步指出股权是公司法人所有权整体的有机组成部分。基于股权为社员权的法律定性，认为股权取得的逻辑是股东资格衍生其他股东权利，将股权引入身份权的范畴，但为解释作为身份权的股权何以流转、继承，并考虑到公司的资合性特征和股权的财产权属性，又将股权定义为兼具身份属性和财产属性的社员权。但这种解释一方面破坏了社员权本身的体系完整，混乱了社员权的法律性质，另一方面过分强调股权的身份权属性和股东资格，削弱了公司的资合性和股东的出资义务，也未能反映股权的财产权本质。

4. 独立民事权利说

实际上，通过前述分析，我们清晰地认识到股权兼具人身权与财产权两

---

① 参见江平等：《论股权》，载《中国法学》1994 年第 1 期，第 72 页；漆多俊：《论股权》，载《现代法学》1993 年第 4 期，第 13 页。
② 参见侯东德：《论股东权的本质与股东导向公司治理模式——以公司契约理论为视角》，载《管理世界》2008 年第 9 期，第 180 页。
③ 参见程晓峰：《关于股权性质的法律思考》，载《山东法学》1998 年第 6 期，第 7 页。
④ 参见江平等：《论股权》，载《中国法学》1994 年第 1 期，第 73 页。

种权利属性。两种权利属性对于股权的行使和转让均具有重要意义。公司是以股东出资为基础而设立、以营利分红为基本目的；股份的转让，尤其是基于股东个人意思自治的转让，决定了公司的设立和经营具有鲜明的财产属性。与此同时，股东对公司的经营管理并非由股东个人独自执行，而是由全体股东一起完成，或曰由构成公司治理结构的各类组织完成，如公司股东会、董事会和监事会等，股东只能作为成员之一与其他股东一起共同作出决策，从而形成公司意志，股东权利之成员权属性非常明显。这种成员权属性意味着股权之成立、行使与实现，均必须落于"成员"之语境中，即其必须体现在股东对公司的法律关系之中。[①] 同时，公司股权的双重属性实质上是公司法律制度变迁的结果，其财产属性和人身属性在不同的历史阶段、不同类型的股权或股份上有不同的体现，如早期的公司股权财产属性更强，殖民时期的东印度公司按每次航行进行筹款和分钱，股权体现在对某个项目按份额贡献所获得的回报上，股权只具备财产权的功能；进化到社会化大生产时期，产生了所有权与经营权的分离，才开始逐渐产生股东的投票权、知情权、任免董事权、优先购买权等一系列股东权利，从而使其可以积极参与公司治理、保护自己的合法权益；而随着公司主体性的增强，尤其是管理层对公司影响力的增加，出现了夹层融资、类别股（如优先股）等特别股，股东可以优先参与分配盈余甚至获得固定回报，同时又丧失了表决权，可见市场驱动下对股份细分又引发股东权利内容层次上的差异。

公司股权兼具人身属性和财产属性，意味着在股权转让时，法律规则的构建必须综合考虑其人身属性和财产属性的处置，非单纯的财产性权利的流转，而亦涉及具有强烈人合性的社员权的转移。财产权的流转，自当由合同法和财产法规则予以规范；而人身权的流转，则非公司法不能予以彻底解决，最典型的莫如对有限责任公司股权转让中的优先购买权、股权的继承等所体

---

① 参见张双根：《股权善意取得之质疑——基于解释论的分析》，载《法学家》2016 年第 1 期。

现的公司的人合性要素的处理。对于股权的人身属性和财产属性的具体处置方式而言，需要考虑对两者应一体处置还是可以适当允许两者的分离。如果坚持一体处置的思路，如某些学者所言，人身权将被与财产权捆绑、变成财产权的附庸，对股东人身权的行使会简单地被认为是实现财产权利的手段，实质上将股权重新变成单一性的财产权利。[①] 实际上，对股权人身权和财产权的分别处置，在实践中已经存在。《公司法司法解释（三）》第 24 条在处理隐名出资人与名义股东关系时，该条第 1 款承认了隐名出资人的投资权益，而该条第 3 款在认定股东资格时，规定需"经公司其他股东半数以上同意"，否则人民法院不予支持。公司法对公司股权继承的处理也遵循了同样的思路。这意味着：自然人股东死亡后，除非公司章程有相关规定，公司可以自主决定继承人能否取得股东资格；而股权的财产权部分，属于《继承法》规范的被继承人的遗产范围，公司不能排除这种财产权的转让。故而，股东资格与股份所蕴含的财产权在继承的情况下可以实现一定程度的相互分离。

因此，处理有限责任公司股权转让，不能将股权视为一种"单一性权利"，而是在坚持股权整体转让的前提下，允许股权的人身权和财产权适度分离，并分别对两个层面的权利移转分别予以规范，即股东的财产性权利和人身性权利应当分别服从不同的法律规则调整机制，进而在股权转让与股东资格认定或股东地位取得上分别适用不同的法律规则。

5. 小结

综上，笔者认为，股权在本质上属于财产权之一种，是一种独立类型的民事权利，兼具人身权与财产权的性质；有限责任公司较强的人合性、股权的身份权或社员权的属性，对有限责任公司股权的转让形成了重大影响。以取得投资收益、分配剩余财产为主要内容的财产权和以投票权为主要内容的

---

① 参见蔡元庆：《股权二分论下的有限责任公司股权转让》，载《北方法学》2014 年第 1 期，第 51~52 页。

社员权，共同构成了股权的核心内容。股权从其内容来看直接指向特定的义务主体——公司，其彰示的是股东通过对公司投资形成的与公司之间的特定权利义务关系，而非如股权所有权说所主张的股东对其出资后财产的权利。据此，笔者认为股权是一种独立类型的复合型权利，不同于传统的所有权和债权。这种对股权性质的阐释，对于理解有限责任公司股权转让规则及其法律和意定限制具有较强的启发意义，即股权转让并非单纯的财产性权利的让与，而是涉及股东身份和地位等社员权利的变更，因此，传统的财产法规则并不足以规范股权转让所形成的法律关系，公司法应当对股权中社员权的处置予以更加详细地规范。而这将是本书关注的重点内容，尤其是作为股权指向的对象，公司对于股权具有人身属性的部分的转让具有何种义务，更是必须要讨论的内容。

（二）股权性质对股权转让之影响

传统公司法中，股权作为一种兼具人身与财产权性质的特殊权利形态，是投资者通过出资行为而取得的公司的股东资格权利，主要表现在参与公司事务的投票权和获取投资收益的权利。公司的资合性特征使其忽略了股东的个人差异，使公司治理形成了股东大会中心主义、权力分配中的股份平等原则和权力运行中的资本多数决等显著特征。随着公司制度的发展，股权内容从单纯所有权扩展到具有双重属性的股权，并随着金融创新的发展而创设了多种类型的差异性股权，其制度内涵愈加丰富。

股权转让作为一种重要的股权"处分"行为，其处分的对象是什么？作为一种兼具人身性和财产性的权利，此种处分是否可以仅仅及于其人身权（如投票权购买）或财产权（如股权收益权）其中的一部分而不及于另外一部分？股东处分股权的自由意志的界限在什么地方？股权内容的扩张及其多重性，使其在横向和纵向上具有了可分割性，从而产生不同层级的股权内容。因此股权的转让，有时可能是纯财产性的（如股权收益权的转让），有时是身份性的（如表决权购买），有时具有复合性（如股权转让附回购）。因此，股权转让的客体内容范围、表现与实质在不同交易中存在巨大差异，其法律上的争议焦点并不相同，从而导致其规制方式和纠纷解决方式也不相同，凸显了股权转让纠纷处理的复杂性。

就此而言，传统公司禁止股东权利分离行使，行使股东权利的前提是其拥有公司的成员资格，因此对股权的处分原则上应该同时及于其人身权和财产权之全部。伊斯特布鲁克和费希尔认为，"将投票权与股份收益权相分离，这是绝对不可能。欲购买投票权，则必须先购买股票。限制做出不可撤销的投票委托……也着意于确保投票权和股份收益权相伴相随"。① 股权作为一个不可分割的整体，股东之间系同质化的实体，包括人性同质和利益同质，其必然的导向是股权平等、一股一权，原则上禁止类别化的多元化股份的创设。② 由是之故，本书关于股权转让研究的大部分内容均强调股东收益权与表决权（参与公司经营管理的权利）不能相互分离而单独转让，而是必须进行一体概括转让；股权与股东资格不能分离，应当将其股权之中其成员权的内容作为股权转让制度设计的重要因素，如其他股东的同意权和优先购买权，旨在维持有限责任公司的人合性和经营管理的稳定。

随着金融衍生合约等金融创新产品的发展，单一化、同质化的股权设计已经不能满足股东对投资和股权多样化的多元需求，发展出了双重股权结构、优先股等新型股权安排；在上市公司领域出现了一些投票权与收益权分离转让的情况，③ 发展出了股票收益权互换、信托持股、表决权代理等形式；而在普通的有限责任公司尤其是创投企业中，公司创始人和部分高管可享有更高的投票权，在实践中大量采用双重股权结构。目前，已有美国、加拿大、德国、意大利、瑞典、丹麦等欧美国家采用了这一制度。类似情况出现在普通

---

① 参见［美］弗兰克·伊斯特布鲁克、丹尼尔·费希尔：《公司法的经济结构》（中译本第二版），北京大学出版社 2014 年版，第 74 页。
② 参见冯果、李安安：《金融创新视域下公司治理理论的法律重释》，载《法制与社会发展》2013 年第 6 期，第 65 页。
③ 参见李安安：《股份投票权与收益权的分离及其法律规制》，载《比较法研究》2016 年第 4 期，第 18 页。

投资者通过专业管理人组建的基金进行的投资，表面上看由管理人进行投票，但实际上却由实际投资者享受投资收益。由此出现了股权内容或权能的部分转让。

对此，有学者认为，自益权的内容主要体现为其所拥有的盈余分配请求权、利息分配请求权和剩余财产分配请求权，其在性质上系一种金钱债权，可以以意思表示之效果对这部分私权利进行转让。而以投票权为主要内容的共益权，因为其行使涉及全体股东的共同利益，是不可转让的。美国学者克拉克则认为，若无相反规定，不管是自益权还是共益权，其均可以不需要其他股东或董事、高管同意而一起转让。[①] 但实际上，即使是作为财产权的自益权，股东也只是潜在的享有盈余分配请求权等。这些权利无法独立于整体股权单独存在、转让及放弃。[②] 但随着金融创新的持续发展，上述对股权权能分别转让的理论限制似乎已经被实践所无视，尤其是随着金融衍生交易和股票借贷市场的不断发展，股票收益权转让或收益权互换已经成为不能投资中国股票市场的外国投资者进入中国股市的常用路径，股份投票权与收益权的分离成本低廉、没有过多监管措施的介入，如无须履行信息披露义务，从而使这种分离成了常态。在这种背景下，股份的收益权与投票权不再作为整体而由一个单独主体所享有，而是由不同的主体按照其各自的经济利益需求分别行使，投票权呈现出更强的独立性色彩，逐渐沦为对冲基金等机构投资者的投机工具。由此改变了股东的风险、利益与责任的配置结构，使得资本市场的法制体系受到风险冲击，利益扭曲复杂以及主体责任逃避的挑战。[③]

通常来说，股东在公司所有的股东权利均是来源于其所拥有的股权，一旦完成股权转让，则出让人不再享有股东权利，受让人继受出让人成为新股

[①] ［美］罗伯特·C·克拉克：《公司法则》，工商出版社 1999 年版，第 9 页、第 633 页、第 635 页、第 638 页。

[②] 参见李后龙：《股权转让合同效力认定中的几个疑难问题》，载《南京社会科学》2002 年第 11 期，第 75 页。

[③] 参见李安安：《股份投票权与收益权的分离及其法律规制》，载《比较法研究》2016 年第 4 期，第 21 页。

东，享受股东权利并履行股东义务。一旦将其中权利分割转让，会引发诸多问题。第一，权利义务主体的不明确，股东基于出资行为获得股东资格，其中所包含的权利分为自益权和共益权，分红、剩余财产分配等财产性权利属于自益权，而表决、选举、查阅会计账簿等基于人身性权利为共益权，二者均为股权的内容，股权一经转让二者均被转让，如果分割，则无法形成股权转让。第二，公司治理代理成本的存在，公司治理中存在三方面的代理成本，即大小股东之间、股东与管理者之间、股东与其他相关利益者之间。具体而言，管理者作为股东的代理人经营管理公司，股东基于自己的投票权对管理层的经营作出评价，对公司影响巨大的大股东及实际控制人对公司的行为对小股东的利益造成影响，中小股东为自身利益而行使自己的投票权或者股票转让权，股东行为对公司造成的影响，进而影响其他利益相关者，这些都是公司治理中存在的代理成本。股东将自己的股权分割成投票权和收益权进行分离出售，从私法意思自治的角度看貌似可以，但是因为有权利义务主体统一及公司治理代理成本的存在，一旦股东投票权和收益权分属不同的主体所有，则会引发不负责任的投票行为，即使管理层利用信息不对称作出滥权谋私的行为，甚至影响公司的利益，或者大股东及实际控制人作出有损小股东或者公司的行为，由于享有投票权的主体并不享有收益权，并没有激励其尽责合理行使投票权利的因素，相反无论其如何投票均不需要承担对应的不利后果，如此的投票行为势必不负责任，对公司的经营存续产生不利影响，进而对享有收益权主体也产生不好的影响。[①]

根据上文所述，转让有限责任公司的股权时不可分割，一旦转让完成即为权利义务的概括转移，在法律上不存在仅转让权利或者仅转让义务的股权转让，但实践中不乏委托投票、基金投资收益权转让等看似权利义务分割的情形，实则没有脱离出法律上股权概括一体的原理。委托投票基于委托行为，

---

① 参见罗培新：《抑制股权转让代理成本的法律构造》，载《中国社会科学》2013 年第 7 期，第 128~144 页。

代理人所为意思表示仍为委托人的意思，在委托权限内进行代理行为，不难理解其并非投票权转让；至于基金收益权的转让，前文已对基金投资的模式进行过介绍，不论是公司制基金，抑或合伙制基金，该基金与投资者之间是投资关系（公司股东出资协议或者合伙协议），以基金的名义再进行的投资行为，投资主体是该基金，对投资标的公司来说，享有股权的是该投资基金，权利义务均由该基金所有，原始投资人的基金收益权的转让跟此处的股权转让没有关系，仅仅是在其与投资基金层面，基于投资协议进行的股权转让或者合伙份额转让。

由此可知，现行公司法关于有限责任公司股权转让制度的设计面临着实践的冲击。因此，应当在传统股权概括转让的理论基础上，构建股权分离转让的制度，从而解决股权的享有与行使、其具体职能与分离所带来的各种问题，特别是为了规避股权转让的相关法律限制，公司股东进行的收益权转让或互换、投票权代理或委托，因为其对公司治理所带来的挑战并不比传统的股权转让所带来的问题少，甚至会带来更加严重的利益冲突。

四、有限责任公司的人合性与股权转让

（一）有限责任公司之人合性

公司不是简单的资本组合，而是一项需要股东之间相互信任与合作的事业。所以，股权之享有和转让的前提是股东之间基于相互信任的合作伙伴认同问题，在此基础上才有股东共同出资设立公司之可能。因此，出资仅构成公司经营的物质基础，而非公司成立的基础。公司成立须存在股东之间基于信任而产生的合意，出资只是这种合意的当然结果。有限责任公司既是一种资本的联合，又以股东间的相互信任为基础，具有明显的人合性色彩，这就

对于保障公司正常运行至关重要。① 股东之间紧密型信任合作关系，使其天生具有排斥陌生人进入公司、成为股东的需求。②

多数学者认为有限责任公司的人合性主要涉及公司成员之间的相互信赖关系，但事实上，公司成员之间的信赖只是有限责任公司人合性要求的一个方面，而非人合性本身。私以为，应当从以下几个方面理解有限责任公司人合性的概念：首先，人合性是指有限责任公司整体上的人合性，其指向的是公司与股东之间以及公司内部成员之间，而非单纯的股东个体之间的相互信赖关系。其次，公司的设立固然依赖于发起人之间的相互信赖，但在设立成功后，公司即依法具备独立于股东个人身份的法人资格，成为法律上的独立主体，作为公司成员的股东个人的主体性即相应削弱。进言之，人合性在已经成立的公司中更多地指向公司与作为成员的股东之间，其主要目的是维持公司经营的稳定。将人合性简单定位于股东之间的信赖关系实质，是将公司关系视同股东个体之间的契约关系，不仅忽视了公司的独立主体地位，也模糊了其与合伙企业的本质差异。最后，人合性是针对有限责任公司内部关系而言，关涉公司内部运转及权利义务的分配，与公司外部关系无关，原则上不影响公司与外部第三人之间的法律关系。

公司人合性在我国现行公司法中有较多体现。2005 年 10 月，我国对《公司法》进行了修订，在原《公司法》的基础上增加规定：全体股东可对按照实际出资比例分红和优先认缴增资的方式做其他约定；股东会会议由股东按照出资比例行使表决权，但公司章程另有规定的除外；公司章程对股权转让另有规定的，从其规定；自然人股东的股东资格在其死亡后可以依法继承，但公司章程另有规定的除外。这些任意性规范，为公司自治提供了相当大的自治空间，在一定程度上弥补了曾经一度缺失的有限责任公司的人合性，鼓

---

① 参见柳经纬、黄洵：《导致股份归于一人的股权转让合同效力问题探讨——厦门鼓浪屿食品厂工业有限公司股权转让侵权纠纷案评析》，载《理论与改革》2005 年第 4 期，第 117 页。
② 参见段威：《有限责任公司股权转让时"其他股东同意权"制度研究》，载《法律科学》2013 年第 3 期，第 113 页。

励股东通过公司自治实现公司的有效治理，提高经营效率。

随着现代公司制度的不断发展完善和商业创新的不断深入，公司数量和规模不断扩大，出现了规模庞大的集团公司以及项目子公司、离岸公司、特殊目的公司等纷繁复杂的公司形式和公司法律关系，公司股权关系呈立体化发展，加之资本市场上公司并购业务的繁荣，公司作为客体的财产价值不断被市场所发掘，其主体身份和人合性特征出现淡化趋势。

有限责任公司的出现既迎合了投资者对有限责任的要求，又能保障企业相对人的交易安全，避免了股份公司过高的出资要求和因投资与经营的高度分离带来的高昂的经营成本，同时避免了投资人对企业债务的无限连带责任。这些优势使得有限公司成为私人经济行为中绝佳的投资工具，出现了诸如项目子公司、离岸公司、特殊目的公司等各种形式的壳公司，在私人投资者与投资项目之间筑起一道坚实的风险阻隔带。"壳公司"的出现繁荣了投资市场，但同时也冲击了公司人合性和以此为基础的公司法律制度，使部分公司沦为私人投资的工具，主体性丧失，投资目的或者股东利益取代公司人合性，成为公司经营存续的主要或唯一基础，公司内部权力配置以及公司决议的做出和公司事务的执行也以此为唯一目的。

20世纪以来，公司的数量和规模极速扩张和壮大，兼之公司之间相互投资持股形成密切的关联，公司集团化发展趋势日趋明显，作为成员的个体公司的独立性受到了更多冲击。在集团公司模式下，评价经营效果的标准已不再是单纯地自身的经营利益，公司必须同时服从集团内其他关联企业的利益，服从母公司的统一经营战略和指挥，甚至为集团公司整体利益而牺牲公司本身利益，此时，公司内部的人合性于公司的经营存续无关紧要。在此情况下，现行公司法所遵循的以法人独立人格为代表的立法基础和以资本及资产控制为代表的经济基础逐渐消失，有限公司存续的人合性逐渐为集团公司的控制权、集团成员之间的关联关系和协同效应所取代。基于控制权，控制企业实际上否认了从属公司的独立意志和独立利益，使从属公司沦为控制公司的利益工具，公司独立人格从实质上被弱化了，其人合性更无从谈起。[①]

公司法立法上对于公司人合性的弱化也有所反映。按照一般理解，由于涉及股东身份的变化，股权继承时必须获得公司其他股东的同意，以维持有限公司的人合性。但是按照现行公司法，对于股权的继承和转让，《公司法》均允许可以另外规定各种限制措施，反过来讲，这当然也包括通过章程约定取消对股权转让的一切限制，从而允许第三人通过受让股权自由进入公司。

（二）有限责任公司人合性对股权转让之影响

股权的自由转让，使得股东可以借此实现退出公司经营、变现经营成果的目的或者作为应对大股东欺压的一种措施。但是，有限责任公司股权的对外转让，必然改变公司成员的构成和股权比例结构，影响公司的治理结构和基础，因此各国公司法均对有限责任公司股权转让施加了一定程度的限制。在我国，其主要体现为《公司法》第71条规定的其他股东过半数同意权、股东优先购买权以及公司章程对股权转让的限制性约定。有限公司的股东享有在股权对外转让语境下的优先购买权，与之相反，股份公司尤其是上市公司由于股东人数较多一般不需要保障其人合性预期，不享有该等权利。

优先购买权是公司其他股东所享有的、在同等条件下优先购买股东拟转让的公司股权的权利。此系其他股东根据其持有的股权所内含的一项权能，在股东转让其所持股权、且其他股东主张时才触发，目的是保障有限责任公司的人合性。应当正视的是，《公司法》第71条第4款"公司章程对股权转让另有规定的，从其规定"的规定，凸显了优先购买权对股东转让的限制是缺省规则，可以由全体股东通过共同约定排除其适用。《公司法》第28条又强调股东对公司的出资责任、已出资其他股东的违约责任，以及第34条规定的股东按实缴出资享有利润分配与优先认购权等，都显示了有限责任公司是立足股东出资基础上寻求合作过程中的利益最大化。就此而言，有限责任公

---

① 参见庞春祥：《公司人格源流特征考析》，载《学术交流》2011年第10期，第91页。

司的本质是资合性为主、兼具人合性，而可转让性又是资合性的本质要求。这也决定了"股权的可转让性"是股权的核心特征，即便有人合性保护也不能随意扩大其对股权自由转让的限制。

但是，不同于股份有限公司和上市公司的是，有限责任公司更加强调人合性，这是因为股东之间的人身信赖以及合作关系能够深刻地影响公司的存续和发展，而股权发生转让时，原先存在的股东间关系被打破，新的股东关系对公司的发展产生考验。为了保护有限责任公司的人合性，各国公司法均对有限责任公司股权转让施加了不同程度的限制，而这种限制或干预的程度又与各国公司法所奉行的股权转让模式存在密切的联系。如在采取意思主义模式的《德国有限责任公司法》，其第15条允许公司章程对股权转让进行限制。与之不同的是，不少国家公司法直接在立法上对公司股权转让施加了不同的限制，除非公司章程另有规定。① 我国《公司法》即遵循了后一种限制模式，其第71条对公司股东向股东之外的第三人转让股权进行了限制，主要体现为该条第2款规定的股东同意权制度和第3款规定的股东优先购买权制度，此即所谓的股权转让"双重限制"，旨在维持公司股权结构和治理结构的相对稳定，保障公司正常运营。但是这一关系的维系并不是无条件的，它要以保护股东的转让利益为前提，进而法律规定的股东优先购买权只能是同等条件下的优先权。这样就既保护了转让股东的利益又保护了公司其他股东和公司的整体利益。

---

① 参见张其鉴：《我国股权转让限制模式的立法溯源与偏差校正——兼评〈公司法司法解释（四）〉第16—22条》，载《现代法学》2018年第4期，第178页。

五、有限责任公司股权转让中的利益冲突及协调原则

（一）股权转让中当事人的利益冲突

1. 有限责任公司股权转让纠纷的形态及实践特点

随着我国经济的广度和范围不断扩展，以及《公司法》的不断成熟，公司已经成为个人和组织进行经济活动、从事商事经营的主要形式。随着投融资行为的增加，兼之行业整合、企业多元化经营的需要，股东在不同时点进入和退出公司经营变得愈加频繁，股权转让相关纠纷数量异常庞大，已经成为各级人民法院和各大民商事仲裁机构受理的民商事合同纠纷五大类型之一，也是"与公司有关的纠纷"之 25 个案由中数量最多的一类纠纷，以 2016 年为例，最高人民法院审理的涉及"与公司有关的纠纷"共 155 件，其中股权转让纠纷 107 件，占比 69.03%。[①]

根据相关调研报告和数据统计，[②]目前，我国有限责任公司股权转让主要表现出以下几个特点：

第一，纠纷多发生在公司内部其他股东与外部非股东之间。其原因有两个方面，一是与外部人相比，公司内部股东更加熟悉公司的财务、经营和治理现状，能够有效辨识与控制其所受让股权的各种风险。[③]因此，较少出现买受方因为不了解公司内部情况受欺诈或因给予公司过高估值而与转让股东产生纠纷的情况。二是《公司法》将有限责任公司的股权转让分为股东内部转让与向股东以外的人转让两种，并对向股东以外的人转让股权施加了更多

---

① 参见石传东、徐文丽、李成凤：《2016 年度最高人民法院有关公司纠纷案件大数据分析报告》，载山东省建仑律师事务所官网，最后访问时间：2018 年 5 月 28 日。

② 参见刘殷：《关于股权转让纠纷案件适用法律的调研报告》，载《新疆警官高等专科学校学报》2007 年第 4 期，第 50~53 页。

③ 参见刘俊海：《公司自治与司法干预的平衡艺术：〈公司法解释四〉的创新、缺憾与再解释》，载《法学杂志》2017 年第 12 期，第 44 页。

规范限制，更容易产生纠纷的是外部股权转让，实践中也确实如此。因为股东之间内部转让股权，程序简单且不受其他股东的干涉，只需要双方在合意基础上签订转让合同即可，并且这样的转让也不会在本质上对有限责任公司的人合性产生影响，纠纷自然较少。但是，按照《公司法》的规定，向股东以外的人转让股权，应当经其他股东过半数同意，并且，在同等条件下，其他股东有优先购买权。《公司法》对有限责任公司对外股权转让的规定较为复杂，容易产生违反程序、规避程序的行为，从而产生大量的纠纷。从当事人的实际诉讼请求来看，最主要的诉求是请求支付股权转让款，其次是支付违约金、损害赔偿，解除股权转让协议，确认股权转让协议无效或不成立等，涉及股权转让行为效力的诉讼占比相对较小。

第二，争议标的股权市场价值巨大。随着我国金融市场的发展和金融创新的深入，大量新型金融工具被用于各类企业的投融资、并购重组和破产重整等，如我国金融机构和大量金融控股集团设立了大量股权投资基金用于特定行业或企业的投资，其进入和退出均涉及股权的转让和易主；投资对象多为大型金融类和金融性公司、房地产公司和矿业等资源性公司、国有大中型企业和上市公司，其自身经济体量庞大。如陈发树诉云南红塔集团一般股权转让侵权纠纷一案所涉转让股权价值22亿元，[①]因为牵涉的经济利益巨大，当事人往往极尽各种手段争取股权转让纠纷的解决，催生了司法腐败现象。

第三，案件争议问题复杂，同一案件往往涉及多个争议问题。就涉案主体来讲，股权的转让不仅会影响股权转让买卖双方的自身利益，而且影响目标公司自身及公司其他股东，甚至公司债权人的合法利益（公司出资瑕疵以及债务承担问题），使法律关系错综复杂。在事实认定方面，由于涉案企业多为中小企业，公司经营管理制度和公司治理结构不规范，兼之工商行政管理制度的局限及商事主体诚信意识淡薄，导致公司资本瑕疵、假冒股东签名现

---

① 参见陈发树诉云南红塔集团一般股权转让侵权纠纷案，最高人民法院（2013）民二终字第42号。

象层出不穷，出让股东与受让人为了规避审批程序和逃避交税义务，在股权转让过程中签订"阴阳合同"等屡见不鲜，给涉案事实的认定工作带来很大难度。①

股权转让合同系无名合同，其涉及公司法和合同法两个基本领域，但与此同时，其往往又涉及婚姻双方共同财产分割、遗产继承，国有资产转让、重大资产（如房地产、矿产资源）等分割流转，所以又必然涉及婚姻法、继承法、国有资产管理法、房地产法、矿产资源法等多个具体部门法。在涉案的具体问题上，多涉及合同效力确认、履行报批、支付转让价款、办理变更登记手续、优先股东异议、支付违约金、请求解除合同等，但从整体上看，主要涉及股权转让合同的效力和股权的交付问题。对同一问题在不同部门法之间产生了不同认识，这说明我国《公司法》关于公司股权转让的法律构造模式存在问题，不仅其自身缺乏统筹，更缺乏与其他相关部门法的协调，不仅对交易当事人形成了巨大困扰，也为法院的审判实践带来诸多不便，致使无法形成统一的判决标准。②

第四，诉争具体问题涉及股权转让违反法定程序、未经工商登记变更的股权转让的效力、非股东善意取得股权等问题。产生这些诉争的主要原因是，法律规定的模糊和当事人行为的不确定性。比如，就公司成立的程序而言，工商登记具有设权性效果；不过，就股东资格的取得而言，工商登记却没有设权性的效果，只是公示性登记，只产生对抗第三人的宣示性效果。但是在实践中，法官的民事判决往往也并不能成为工商登记机构进行工商登记的唯一条件，当事人需要提供一系列材料才能完成登记，法官在进行判决时，往往要考虑多种因素。况且，《公司法》的规定中为公司章程自治留出了余地，公司章程在处理公司纠纷时是十分重要的考虑因素。

---

① 参见巴晶焱：《审理股权转让案件相关问题的调查——涉及工商登记中交叉问题的研究》，载《法律适用》2009 年第 4 期，第 57 页。
② 参见《2013 年至 2017 年股权转让纠纷大数据分析报告》，载 https://item.btime.com/ m_9684c9530d0fc4b26？page=4，最后访问时间：2018 年 5 月 2 日。

大量的股权转让纠纷，不仅影响了公司经营的稳定和效率，而且造成了司法资源的高度紧张。也因此，2017 年颁布的《公司法司法解释（四）》也通过第 16~22 条 7 个条文对股权转让纠纷予以了规范。

2. 有限责任公司股权转让纠纷多发原因探究

第一，公司治理结构不规范。我国有限责任公司多为中小企业，公司治理结构不完善，公司决议程序随意，决议文件不完善。按照《公司法》的规定，有限责任公司的股东若要退出公司，可选择的途径只有公司减资、股权转让、公司解散。但是，公司减资、公司解散都是涉及有限责任公司资本变动、生死存亡的重大事项，股东想要通过这两种途径退出公司需要经过十分严格的程序，而且往往风险较大。所以，股东大多通过出让股权的形式达到退出公司的目的，导致相关纠纷数量较多。相对而言，现行《公司法》确立的股权转让的程序又不通过公司进行，股东进行股权转让的程序随意性更强，假冒股东签名通过股东会决议、股权转让协议的现象十分突出，容易引发各类纠纷。

第二，股东股权转让的原因比较复杂。有纯粹出于企业经营之盈利考虑而转让公司股权者，有因为继承、离婚而发生股权之转让或分割者，有因为自身权利在公司内部得不到有力保障而转让者，亦有股东通过及时转让股权减少自身经济损失者。此外，有许多创新公司可以通过股权转让引入更具经济实力的财务投资者或战略投资者，从而实现优化股东结构、完善公司治理、拓展融资范围、增强企业实力的目标。但是，现行《公司法》对于上述情形的股权转让没有进行通盘考虑，尤其是对当前颇为风行的私募基金通过股权转让入股有限责任公司的一些新颖做法未予以考虑，致使《公司法》相关规定存在漏洞，无法予以有效地规范和调整。

第三，正因为股权转让与其他方式相比具有及时、快速、较容易避开法律监管的优势，所以股权转让往往体现了大量的股东与第三人之间的意思自治，但同时也出现了很多与《公司法》关于有限责任公司股权转让规则相冲突的地方。比如，转让股权的股东往往会不愿或怠于通知公司其他股东股权转让意向，而与第三人签订股权转让合同，甚至其与第三人串通转让公司股权；为保护自己的利益，公司其他股东也会因主张自己的优先购买权而提出关于股权转让合同效力的异议，作为对抗措施。可以说，股权转让既有其他方式不可替代的优势，同时又有其自身特点带来的被广大股东所利用的弱点。同时，司法实践中对于股权转让的效力和性质存在不同的意见，如上文所述，不同地方的法院在股权转让生效的时间上尚存在不同判决；而在学者界，更是连股权的性质都存在着争议。从《公司法》本身的规定来看，关于股权转让的程式化规定较少，给公司施加的义务较少，这使得股权转让程序缺少确定性保障。

（二）化解和协调股权转让利益冲突的基本法律原则

市场经济的深入发展和繁荣，使股权成为社会财富的重要载体和表现形式。就股权转让而言，其只会影响公司股权归属的转移，而不会造成公司的资本减少、正常营业中断等问题。同时，股权的转让有利于股东的退出和新资本的进入，使投资人可以高效地接收公司，因此，股权转让受到投资者的青睐。股权转让是公司股东将其公司所有的股权转让给受让人，由受让人继受取得公司股权的法律行为，通常通过股权转让合同来实现。对于股权转让合同的基本原则，本书认为有以下几点：

1. 股权转让自由原则

股权转让是一种民事法律行为。股权转让自由原则是现代各国公司法普遍遵循的原则，也是公司存续下去的一个重要工具。对于股权的性质，法律上对其属于债权或者是物权，仍有众多解释。股权的自由转让，是股权进入和退出公司的一个重要方式，如果对于股东的股权转让加以限制，那么就会造成公司投资的过于谨慎和退出方式只能依靠解散公司的高成本的局面。从本质上来讲，股权转让自由是股东的一项根本权利。

（1）股东享有转让股权的合同自由

契约自由是近现代民法的一项基本原则。作为股东，其享有签署股权转让协议的自由，这种自由源自合同法的基本原则，不容置疑。股权转让合同作为股权转让的一个起因和法律表示形式，其本质上是一种债权行为。对于股权转让合同，首先股权转让主体是自由的，其主体资格应当符合我国《民法总则》《合同法》以及《公司法》的相关规定。

（2）股权的处分自由受到《公司法》及公司章程的限制

处分自由是民法中的重要原则，最为典型的处分是让与权利的行为。让与的客体既可以是物权，也可以是债权。《物权法》并未对物权的处分施加任何限制；而对于债权的处分，《合同法》第 79 条第（2）项规定，当事人可以约定不得让与的债权。由此可以得出，当事人的合意只能限制债权的让与，却不能限制物权变动的结论。并且，随着债权的财产权属性日益受到重视，禁止特约的物权效力是对债权流通的破坏，理应受到限制。①

作为一种介于债权和物权之间的独立权利形态，《公司法》对股权转让施加了两项实体限制，即股东同意权和优先购买权，并允许股东通过公司章程对股权转让施加额外的限制措施，但这种限制不能违背公司股权之本质和法律之强行规定。值得注意的是，对于当事人能否以法律行为的方式限制其转让，我国《公司法》并未规定，司法实践中也存在争议。

虽然《公司法》对有限责任公司股权转让有所限制，但其并非否定股权转让自由，而是旨在保持公司作为一个整体的稳定和自由运行。对于某些限售股的股东，在公司章程规定的时间内，其股票转让流通会受到限制。因这类股东在进入公司前，就享受了限制股带来的某些收益，如不以公允价格受让得到股票，因此，其自由转让的权利受到限制，并不违反转让自由原则。

---

① 参见冯洁语：《论法律行为对处分的限制——历史阐释与适用范围的教义学反思》，载《法学家》2017 年第 6 期。

2. 股权概括性转让原则

股权概括性转让原则，即股东在转让自身股权的同时，应当将股权所附带产生的一系列权利，包括股东身份和地位，以及由股权所产生的分红权、表决权、参与经营决策权和公司破产时财产分配权等都一并转让。即，股权转让时，应当将归属于股东的权利和义务概括性转让给受让人。

当然，目前股东权利能否进行部分转让，学界有着不同的观点。主流观点可以分为肯定说、否定说和视情况区分说。肯定说的学者认为，股东权利在不违背公序良俗和诚实信用原则的前提下，可以进行部分让渡和转让，比如股东的收益权、表决权等。否定说是股权概括性转让原则的依据。这一观点认为，尤其是股东的表决权，其不仅仅是股东对于自身利益诉求表达的一种方式，同时也是一种共益权，股东表决权行使的适当与否，将会影响整个公司的命运。表决权赋予了公司股东行使与其出资相对等的资本市场影响力的权利，对保护其个人利益有着重要作用。如果允许股东自由转让其部分权利（如表决权）的话，则有可能造成对股东权利的破坏，同时，也会出现持有公司很少股份甚至不持有公司股份的人在影响着公司的重大决策，从本质上有悖资本多数决的原则。此外，根据有些学者的研究，股份表决权与收益权的分离，导致了股东权利义务的不对等，使其投资风险、责任和利益出现了脱节，诱发了公司治理中严重的利益冲突。[①] 因此，从保护公司健康发展的角度来看，应当否定股东权利可以部分转让的行为。视情况区分说则认为，股东权利应当视具体情况而定，对于某些可以具体转化为债权的权利，则可以自由转让，而某些抽象权利无法转化的，则不可以转让。如股东的股利分配请求权、剩余财产请求权等，一经股东表决完毕后，这些权利则等同于普通的债权，应当允许这类权利的自由流转。而对于像股东的表决权一类权利，与股东身份密切相关，而且无法具体化的权利，则不能允许其自由转让。

---

① 参见李安安：《股份投票权与收益权的分离及其法律规制》，载《比较法研究》2016 年第 4 期，第 19 页。

3.股权限制转让：不得侵犯其他股东和公司的利益

股权转让是股东的固有权利，股权转让自由亦是股东的固有权利之一，不可以通过协议对其进行排除。但是有限责任公司所具有的人合性，要求有限责任公司股东在转让其股权时，需要考虑是否会影响整个公司以及公司中小股东的利益。因此，《公司法》及其司法解释将股权转让构造为一种要式法律行为，要求其采用一定形式和履行一定的程序才能够成立。股权转让目的是使老股东退出公司，新股东进入公司。公司作为一个主体，牵扯到诸多关系人的利益，包括股东、债权人以及债务人等。采用要式行为完成股权转让行为，对于公司留底存档以及变更股东名册等，具有重要意义。

股东在决定转让其股权时，通常只会考虑自身利益而不会考虑其他股东和公司整体的利益。如果对有限责任公司股东的股权转让不加以限制，大股东为了自身目的而转让股权时，一定会侵害其他股东利益，同时也有可能被其他公司敌意收购等。同时，就当前公司法理论而言，公司的责任不仅仅在于为股东盈利，同时还肩负着一定的社会责任，如果对股权转让行为不加任何限制，股东往往会利用股权股价肆意炒作公司，从中牟利的同时破坏整个社会的交易秩序，使投资者投资公司偏离公司发展的本质，不利于整个社会市场经济的良好运行。因此，为了防止股权转让侵害中小股东利益等，法律也设计了共售权、其他公司股东过半同意等一系列制度，同时，《公司法》也赋予了公司股东在公司章程中对股权转让加以限制的自治空间。基于有限责任公司的人合性，公司的设立、运行、经营都是以公司的信誉和股东之间的相互信赖为基础，因此，对股东的股权转让加以限制是必要的，是保障公司股东的稳定性和公司良好发展的基石。

4.股权转让交付的要式性与规则的强制性

虽然股权转让遵循转让自由原则，从而确保股权的市场流动性、提高股权的市场价值，但对于股权交付或交割（settlement）来讲，其应当遵循严格的形式和法律程序。相比于传统民事交易，现代商事交易更加强调在遵循适当性原则基础上的商事登记和公示，从而确保商事法律内容的透明性，确保交易安全和社会公共利益不被侵害。①

然而，我国现行《公司法》及其司法解释并未将这种形式和程序要求纳入股权转让的规范框架中，尤其是出资证明的交付、股东名册的修改和工商登记的变更。根据现行《公司法》第73条之规定，向新股东签发出资证明书、修改公司章程和股东名册中股东名称及其出资额，系股权转让完成之后的附随义务的履行，而非股权转让行为本身。由此，股权转让仅仅是一个单纯的合同问题：股权转让合同成立生效，股权即实现转让。但这实际上并没有解决股权转让所产生的问题，股权转让纠纷中相当一部分纠纷的买受人要求转出方股东继续履行合同、交付股权并赔偿违约损失，说明合同并不能直接导致股权变更至买受方，其仍需要按照规定的程序、履行必要形式的交付行为。纯粹以合同自由为名放任股权转让的便利化，实际上并不能起到加速交易的作用，反而损害了交易安全。以英国为例，为了便利无证书股份（uncertificated share），其创设了一个无证书股份转让登记系统，即CREST，买方只有将其名称登记在该机构的股东名册上，才能正式获得标的股份的法律所有权。② 因此，必须将股权转让的要式性纳入制度设计考虑，方能在最大程度上有效避免股权转让纠纷的发生。而对于违反此种要式性要求的股权转让行为，必须课以明确的法律后果，即使这种后果带有极强的强制性，甚至会对某一方当事人产生不利之后果，亦应强力贯行之，从而使当事人具有遵循相关法律程序要求的制度激励，进而规范股权转让交易市场之秩序。否则，不足以有力改变当前股权转让类纠纷案件高居不下的被动局面。这就要求必须在理论上澄清有限责任公司股权转让相关法律规则的强制性效力，意即效力强制性还是管理强制性。

---

① 参见［德］C.W.卡纳里斯：《德国商法》，杨继译，法律出版社2006年版，第71页。
② See Paul L. Davies and Sarah Worthington, Principles of Modern Company Law, 10th edition, Sweet & Maxwell, 2016, p.911.

第二章　有限责任公司股权转让合同效力

一、股权转让合同的效力构成

有限责任公司的股权转让，本质上是一种要式民事法律行为。股权是一种不同于债权和物权的独立民事权利，以其为客体的转让行为属于法律行为是毫无疑问的。股权转让合同虽非《合同法》规定的买卖合同，但其基本的交易构造却符合买卖合同的交易逻辑，即其为一种以股权为标的、转让人让渡股权、买受人支付价款的买卖合同；其与其他转让不动产或动产所有权的过程并无不同。然而，受制于公司这一特殊的权利载体，股权转让合同的法律效力与其他买卖合同仍存在较大差异。

《公司法》第 73 条所规定公司应"注销原股东的出资证明书，向新股东签发出资证明书，并相应修改公司章程和股东名册中有关股东及其出资额的记载"，均发生在"转让股权"后，应当是指股权转让合同生效之后。如前所述，股权转让合同只是设定了将原股东所持有的股权转让给受让人的合同义务，但其并不能直接导致股权的变动。若股权转让合同生效后，出让方拒绝协助受让人办理股权过户等手续，法院亦无法直接判处标的股权直接归属于受让人，只能判处出让人履行其协助办理过户手续的义务，而受让人亦可追究出让人的违约责任。

股权转让合同本质上属于《合同法》规制下的买卖合同的一种。股权转让合同在本质上属于一种股权的买卖行为，我国《公司法》对于股权转让合同的生效要件并没有单独加以规定，因此，依照我国《合同法》第 44 条的规定，对于股权转让合同，通常情况下自合同成立时生效，而在特殊情况下，需要经过主管行政机关的审批后生效，即在我国《合同法》和《公司法》项下规定的股权转让合同应当以成立生效主义为原则，以批准或登记生效主义为例外。① 需要注意的是，虽然《公司法》未对股权转让协议的形式作明确规定，但股权交易数额一般比较大，且交易自身内容复杂，涉及一系列资产确权、职工安置、债务承接、公司治理结构等，故有必要订立书面股权转让协议，以更为清晰地展现交易双方的意思表示，减少纠纷。此外，有部分交易未专门订立股权转让协议，仅在股东会决议中包含了股权转让内容。但是，股东会决议与股权转让协议在主体、内容、可诉性以及诉讼机制方面均存在根本差异，前者系股东间就公司治理达成的集体决议，后者系股权交易双方就股权转让事宜达成的双方合意。因此，原则上需要就股权转让签订书面协议。此外，关于股权转让合同的适用规则，其并非完全照搬《合同法》的相关规则，甚至某些规则被明确排除了适用性，如"指导案例 67 号汤长龙诉周士海股权转让纠纷案"明确裁定，有限责任公司的股权分期支付转让价款、股权受让人延迟或者拒付等违约情形，股权转让人要求解除股权转让合同的，不适用《合同法》第 167 条关于分期付款买卖中出卖人在买受人未支付到期价款的金额达到合同全部价款的五分之一时即可解除合同的规定。原因是《合同法》第 167 条主要适用于经营者和消费者之间，一般是买受人作为消费者为满足生活消费而发生的交易，而股权转让明显与生活消费无关，也不存在买方向卖方支付使用费的情况，股权转让分期付款合同与一般以消费为目的分期付款买卖合同有较大区别。②

　　姑且不论合同生效后能否导致股权的实际变动，首先需要讨论的是买卖双方当事人意思表示一致是否能够产生股权转让合同生效的法律后果。奉行股权转让意思主义和修正主义模式的学者在这一点并无分歧，均认为合同此

① 参见刘俊海：《论有限责任公司股权转让合同的效力》，载《法学家》2007 年第 6 期，第 74~82 页。
② 参见最高人民法院指导案例 67 号，汤长龙诉周士海股权转让纠纷案，四川省高级人民法院（2015）民申字第 2532 号。

时成立且生效。但是，正如这些学者所讨论的，相比于有体动产的买卖，有限责任公司股权变动是一个漫长的交易过程，不仅涉及财产利益的变动，还涉及公司股东身份的变更，更重要的是，为了维系公司经营管理的稳定，《公司法》通过其他股东的同意权、优先购买权对股东转让股权施加了限制，对于特殊的公司股权（如国有企业股权、外资企业股权等）转让施加的行政审批限制也严重影响了其效力的发生，特殊行业内的企业的股权交易（如矿产行业）也被施加了行政管理措施，致使其股权流转不能自由进行，其合同效力因此也受到了深刻影响。作为久经商场的专业人士，并且拥有律师等专业人士的辅助，转让方股东和买受方股东均清楚地意识到其股权转让合同的效力将会受到上述因素的影响，而不会单纯地认为其合同将当然生效，虽然其并不能准确地指明其效力将会受到何种影响。

因此，股权转让合同的效力在客观上无法如普通民事合同一般成立即生效，其受到更多程序性规范和对《公司法》上股东所享有的各类权利的限制。从反面考虑，假设股权转让合同成立即生效，然而这种生效的股权转让合同在实践中的效果并不好，甚至在理论上有颇多不能自圆之处。按照股权转让合同意思表示一致即生效的观点，如果因为该合同未能获得主管行政部门审批通过或其他股东决定行使优先购买权导致无法向买受人实际转移股权时，转让方必须要对买受人承担违约责任。如上海市高级人民法院颁布的《关于审理涉及公司诉讼案件若干问题的处理意见（一）》规定，股权转让"应当征得公司半数以上其他股东同意；未经同意转让股权且合同签订后公司其他股东也不认可的，股权转让合同对公司不产生效力，转让人应当向受让人承担违约责任"。该规定承认了股权转让合同的生效效力，只是对公司不生效，从逻辑上和理论上来讲均没有任何纰漏，但这并不符合实践中的现实情况。如上所述，股权交易的当事人均为富有市场经验的商事主体，其对股权转让交易的流程和法律规则非常了解，在明知股权转让合同可能因为行政审批或其他股东行使优先购买权而不能生效的情况下，仍然赋予该合同以生效的效力，并要求转让方承担违约责任，极易产生道德风险并鼓励不诚信行为的发生。为了纠正此种不公平的效果，上海市高级人民法院的上述处理意见又规定"受让人明知股权交易未经公司其他股东同意而仍与转让人签订股权转让合同，公司其他股东不认可的，转让人不承担违约责任"，作为前述不完善规则的补救。但此种对转让人责任的完全豁免又掩盖了买卖双方实际上对股权转让合同不生效均有过错的事实。因此，在司法实践中，法院倾向于认为因为股权的转让方与受让方都存在过错，其应当根据《合同法》第 58 条的规定，由双方在各自过错范围内承担责任。[1]

二、股权转让合同生效的特别要件：行政审批

在普通的公司股权转让实践中，股权转让协议一经签署，即在当事人之间发生效力；然而在一些特殊的有限责任公司类型中，其股权转让合同必须要经过主管部门审批同意后才可生效。这类合同都具有共同的特征，即合同的其他生效要件都已经具备，但未经主管机关批准，不生效力。但值得注意的是，有实务部门专家（如上海市高级人民法院陈克法官）认为，应当审视行政审批的对象，即到底是审批股权转让合同还是股权转让的处分行为，如果是后者，则股权转让合同有效，合同对当事人产生约束力，当事人以报批和协助报批为该矿业权转让合同的主要义务之一，当事人对未获批准有过错的，应当承担违约责任。[2] 此种解释确保了合同的法律效力，但其极易导致股权转让方因此背负沉重的法律责任，尤其是考虑到下文分析的国有股权转让问题，容易引发实践争议。

---

[1] 参见葛伟军：《股东优先购买权的新近发展与规则解析：兼议〈公司法司法解释四〉》，载《中国政法大学学报》2018 年第 4 期，第 99 页；另参见北京新奥特公司诉华融公司股权转让合同纠纷案，最高人民法院（2003）民二终字第 143 号民事判决书。

[2] 参见陈克：《陈克法官丨股权转让纠纷审理中的体系思维》，载公众号"法律出版社"，2019 年 7 月 10 日。

（一）以行政审批为生效要件的股权转让合同

实践中，比较典型的须经行政审批方能生效的股权转让合同主要有三类，即国有股权的转让、外资企业股权的转让以及特定行业中的股权转让，如矿业企业、房地产企业等，特定行业中的股权转让往往与资产转让联系在一起，故留在下文进行详细分析。

1. 有限责任公司中国有股权的转让

此类案件主要涉及履行出资人职责的机构、国有及国有控股企业、国有实际控制企业转让其对企业各种形式出资所形成权益的行为，通常被称为企业产权转让。在实践中，通常由相关层级人民政府、国有资产监督管理部门、财政部门或者相关（金融）监管部门根据法律法规或相关部门的授权，行使国有企业股权转让的审批权。如引起热议的"陈发树与云南红塔集团有限公司一般股权转让侵权纠纷案"，即涉及国有企业股权转让的报批问题，[①] 但此案的特殊之处在于其转让标的系国有上市公司股份而非普通的非上市有限责任公司，但就其审批要求来讲，并无不同。

根据《企业国有产权转让管理暂行办法》第 25 条之规定，国有资产监督管理机构决定其所出资企业的国有产权转让。以此为依据，国务院国有资产监督管理委员会与中国证券监督管理委员会经国务院同意，于 2007 年联合颁布了《国有股东转让所持上市公司股份管理暂行办法》，对国有股东转让上市公司股份的行为进行了详细规定。该暂行办法规定，国有股东所持上市公司股份的转让应当两次上报相关主管部门批准：一是国有股东拟协议转让上市公司股份的，在经公司内部讨论决定后，应当及时按照规定程序逐级书面报告省级或省级以上国有资产监督管理机构批准；二是国有股东与拟受让方签订股

---

① 参见陈发树与云南红塔集团有限公司一般股权转让侵权纠纷案，最高人民法院（2013）民二终字第 42 号。

份转让协议后，应按规定程序报请国务院国有资产监督管理机构审核批准。

在陈发树与云南红塔集团有限公司一般股权转让侵权纠纷案中，涉及的主要问题有两个，一是云南红塔集团有限公司转让其持有的云南白药集团股份有限公司无限售条件的流通国有法人股份，其先是报请其股东，即中国烟草总公司作出了《关于云南红塔集团有限公司转让持有的云南白药集团股份有限公司股份事项的批复》，但其后中烟总公司又作出了另外一项"不同意本次股份转让"的批复，从而在公司内部否决了该股权转让交易。因为中烟总公司不同意该股权转让，其因此并未报请上级主管部门财政部进行审批。在此情况下，红塔有限公司与陈发树签订的《股份转让协议》的效力如何？其是否有效？二是作为买受人的陈发树如何对红塔公司主张损害赔偿请求？本书将在下文中对其进行详细分析。

2. 中外合资、合作、外商投资企业的股权转让

根据我国《中外合资经营企业法实施条例》的规定，合营一方向第三者转让其股权的，在获得合营他方同意后，应当报审批机构批准，向登记管理机构办理变更登记手续；违反上述规定的，其转让无效。其中比较有影响的如王秀群、武汉天九工贸发展有限公司与中国农产品交易有限公司股权转让纠纷案。[①]

在该案中，股权收购方中国农产品交易有限公司拟收购目标公司武汉白沙洲农副产品大市场有限公司 100% 股权，并分别与原股东王秀群和武汉天九工贸发展有限公司签订"股权买卖协议"，股权转让价款总额为 11.56 亿港元；为了规避商务部严格的审查程序和避税，在目标公司相关内部人员的配合下，其签订了一份价值仅 0.89 亿港元的股权转让协议，从而在客观上存在两份内容不同的股权转让合同（"黑白合同"）。商务部在不知情的情况下，收

[①] 参见王秀群、武汉天九工贸发展有限公司与中国农产品交易有限公司股权转让纠纷案，最高人民法院（2014）民四终字第 33 号。

到《0.89 亿股权转让协议》等申报文件后批复同意该项并购，并颁发了《外商投资企业批准证书》，之后当事人根据商务部的批复在湖北省工商行政管理局办理了目标公司的股权变更登记和公司性质变更登记。该案系典型的外国投资者并购境内企业，但规避了相关审批程序和税款缴纳义务的情形。在此之前，商务部等部门联合发布的《关于外国投资者并购境内企业的规定》，对外资对内资企业进行的"股权并购"的文件申报与程序做了严格的要求，尤其是对其投资总额、支付方式等进行了详细规定，并规定了相关的审批程序。当事人串通签订的"股权转让协议"，其目的是规避我国商务部关于外商投资企业股权变更的行政审批，损害了国家对外商投资的监管秩序和外汇管理秩序，规避了依照法律规定缴纳税收的法定义务，属于双方恶意串通，损害国家利益的行为，应依照《合同法》第 52 条第（2）项、第（3）项的规定，认定该协议无效。

（二）未经审批的股权转让合同效力

对于合同效力的评价体现了合同法对不同交易的差异化价值选择，是合同法规范私主体与国家经济秩序的关系以及在私主体之间利益分配的核心机制，深刻地影响了国家经济秩序的整体构建和当事人之间经济利益的分配。实际上，现行立法中以登记作为合同生效要件的规定已极为少见，基本局限于上文提及的几种经批准生效的情形。对需要审批的合同在经审批之前的效力，当前学界存在"合同有效""合同无效"以及"合同成立但未生效"三种观点。

"合同有效说"认为，《中外合资经营企业法实施条例》第 20 条第 4 款规定的，未经审批的股权转让无效，此处的"转让"系指实际的股权交付行为，而非股权转让合同。[①]因此，没有经过行政审批并不影响合同的效力，仅仅影响合同履行致使股权不能变更至买受人名下。在《最高人民法院关于适

---

① 参见蔡立东、李晓倩：《行政审批与合资企业股权转让合同的效力》，载《吉林大学社会科学学报》2010 年第 6 期，第 132 页。

用〈中华人民共和国合同法〉若干问题的解释（一）》[以下简称《合同法司法解释（一）》]出台之前，人民法院对于未经报批的外商投资企业股权转让合同一般都是认定为无效。因为彼时法官可适用的条文仅限于《合同法》第44条第2款中关于需要报批的合同的效力规定，且将"转让"理解为股权转让合同。合同无效的后果是双方权利义务应当恢复到合同签订之前。但是这种直接认定为无效的裁判方式，实际上不合理地减轻了附有报批义务一方的责任，鼓动了破坏诚实信用原则的行为。因为股权转让合同之所以不能获批生效，其主要原因就在于附有报请审批义务的另一方没有履行自己的报请审批的主要义务。所以，直接判处合同无效的方式，并没有很好地解决这个关键问题。因此，如果当事人没有办理相关行政审批，通常认为其不能根据《合同法》第52条第（5）项"违反法律、行政法规的强制性规定"而认定合同无效，而只能根据《合同法》第44条第2款的规定认定合同。之所以如此，是因为《合同法》第52条第（5）项是禁止当事人采用特定模式的强制性规定，而合同须经批准的规定属于要求当事人必须采取特定行为模式的强制性规定，按照"法无禁止即自由"的理念，违反此类强制性规定，尽管会影响合同行为效力的发生，但因其尚属于法律不禁止的情况，故不会导致合同行为绝对无效。[1]因此，在最高人民法院审理的某些案件中，其亦坚持了此种思路，如在"联大集团有限公司与安徽省高速公路控股集团有限公司股权转让纠纷上诉案"中，其认为《股份有限公司国有股权管理暂行办法》系行政规章，合同内容违反行政规章并不当然无效；且本案系两个国有企业之间转让股权，没有产生国有资产流失，其股权转让合同未经审批，但不会损害国家利益或社会公共利益。故该合同是否经过有关主管机关批准并不影响其法律效力。[2]

就此，有学者认为，股权转让合同是私法领域的私行为，行政审批是行

---

[1] 参见王轶：《合同效力认定的若干问题》，载《国家检察官学院学报》2010年第5期，第22页。

[2] 参见最高人民法院（2013）民二终字第33号民事判决书。

政部门干预私法领域的公行为，本着公权力尽量少直接干预私行为的效力的价值取向，将涉及行政审批的股权转让合同效力认定为有效，也有助于以意思自治为核心的私法文化的发展，同时将合同履行行为规定为审批对象，也可以实现国家对该领域的管控，这样可以寻求到公权力和私法领域的一个平衡模式。依照合同有效的观点，也有助于在实践中解决申请审批的义务及合理分配双方责任，将申请义务纳入合同义务，实现从签订生效合同到向主管部门申请审批，再到审批后完成股权变动的履行行为的合同逻辑，同时结合不可抗力解除合同的理论，将无法预料的审批未通过的违约责任排除，其余基于审批原因造成的合同履行不能均按违约责任进行责任分担设计，如此安排相比复杂烦琐的缔约过失责任而言简洁方便多了。① 这种看法，实质上没有体现行政机构审批的宗旨和目的，将会造成更大的不确定性，容易导致当事人之间产生更多的不公平，尤其是对于出售方而言，毕竟行政审批的不确定性对出售方而言也是不确定的，将一个具有高度不确定性的因素纳入合同履行之中，对买卖双方而言均不公平。

我国《合同法司法解释（一）》第9条和《最高人民法院关于审理外商投资企业纠纷案件若干问题的规定（一）》[以下简称《外商投资企业纠纷司法解释（一）》]第1条采取了与前述不同的思路，即未经批准的合同，其效力为成立但不生效。《合同法司法解释（一）》规定，对于办理批准、登记等手续才生效的合同"在一审法庭辩论终结前当事人仍未办理批准手续的，或者仍未办理批准、登记等手续的，人民法院应当认定该合同未生效；法律、行政法规规定合同应当办理登记手续，但未规定登记后生效的，当事人未办理登记手续不影响合同的效力，合同标的物所有权及其他物权不能转移"。在此之后，《最高人民法院关于适用〈中华人民共和国合同法〉若干问题的解释（二）》[以下简称《合同法司法解释（二）》]第8条进一步完善了未经批准的

---

① 　参见蔡立东：《行政审批与权利转让合同的效力》，载《中国法学》2013年第1期，第60~70页。

合同成立未生效的法律效果，即如未按照法定或约定办理申请批准或者登记，则违背了诚实信用原则，人民法院可"判决相对人自己办理有关手续；对方当事人对由此产生的费用和给相对人造成的实际损失，应当承担损害赔偿责任"。相比而言，《外商投资企业纠纷司法解释（一）》第 1 条的规定则更加清晰，其规定了当事人在外商投资企业设立、变更等过程中如果订立的合同是应经审批机关批准才生效的但却未经批准，则应当认定该合同未生效，同时规定了"当事人请求确认该合同无效的，人民法院不予支持"。

将此类合同认定为"成立但未生效"，将未经审批的合同与已生效合同、无效合同区别开来，不仅有利于国家管制的实现，也有利于对当事人之交易安全的保护。①《合同法司法解释（一）》解决了需要报批程序才得以生效合同的效力问题，既体现了国家对于这类合同所涉及行业的行政干预与管制，同时也对合同中审批和登记行为的性质作了定性。合同效力有待行政审批的结果，如果行政审批通过，则合同生效；如果行政审批没有通过，则合同处于没有效力的状态。②

---

① 参见吴光荣：《行政审批对合同效力的影响：理论与实践》，载《法学家》2013 年第 1 期，第 99 页；刘贵祥：《论行政审批与合同效力——以外商投资企业股权转让为线索》，载《中国法学》2011 年第 2 期，第 144 页。

② 法律、行政法规规定某一类合同批准后才能生效的，此时批准是合同的法定生效条件，未经批准的合同因欠缺法定生效条件而未生效。合同未生效，并不意味着没有任何效力，其效力主要表现在以下几个方面：一是具有形式拘束力。任何一方当事人都不得擅自变更合同。二是当事人负有报批义务。合同对报批义务有明确约定的，此时尽管整个合同未生效，但有关报批义务的约定独立生效。在此情况下，报批义务属于约定义务。报批义务人拒不履行报批义务，如果合同专门针对报批义务约定违约责任的，相对人有权请求不履行报批义务的一方承担该特别约定项下的违约责任。三是不具有实质拘束力。合同未生效毕竟属于欠缺生效要件的合同，有别于生效合同，当事人不能直接请求履行合同或者承担该合同约定的违约责任。当事人请求履行合同、承担违约责任的，人民法院应当向其释明，将诉讼请求变更为继续履行报批义务。经释明后当事人仍拒绝变更诉讼请求的，可以驳回其诉讼请求。一方请求履行报批义务的，人民法院可以依法判令另一方履行报批义务。报批义务人根据生效判决履行报批义务后，有关部门未予批准的，合同确定不生效；报批义务人拒不履行生效判决确定的报批义务的，当事人可以另行起诉，有权请求赔偿包括差价损失、合理收益以及其他损失在内的预期利益损失。参见刘贵祥：《在全国法院民商事审判工作会议上的讲话》，载最高人民法院民事审判第二庭编著：《〈全国法院民商事审判工作会议纪要〉理解与适用》，人民法院出版社 2019 年版，第 72 页。

（三）行政审批与股权转让合同效力的再思考

虽然我国《合同法司法解释（一）》和《外商投资企业纠纷司法解释（一）》均明确了未经审批的股权转让合同"成立但未生效"的解释思路，但若进一步深入分析该思路产生的法律逻辑可发现，从行政审批的管制目的，到未生效合同的申请审批义务的产生，再到未履行申请审批义务以及审批未获得通过时责任的承担，此种"成立但未生效"学说均有逻辑不通的法理矛盾点，需要我们从立法目的到法律实施过程中分析，进一步完善行政审批和合同生效及履行的关系。

首先，从行政管制审批的范围看，其包括对基础行为和履行行为的审批。对基础行为的审批体现了国家对合同原因进行管制的意图，对履行行为的审批则涉及国家对权利变动进行的管制。就管制力度而言，对基础行为的审批明显大于对履行行为的审批。在审批对象为履行行为时，引起该履行行为的基础行为不需要进行行政审批，在审批之前或者审批未获得通过时，所产生的法律后果是合同履行不能或者权利不发生变动。

随着市场经济的确立及发展，国家承认市场为资源配置的基础地位，普通的股权转让是促进市场经济发展的正常商业行为，是受国家鼓励的，至于涉及国有股转让中的行政审批，主要是因为其有特殊的政策考量，如防止国有资产流失、维持对外商投资企业的适度监管等。但这些审批要求本身并非要禁止国有股权或外商投资企业股权的流通转让。相反，为盘活国有经济、促进市场经济的发展，国家对国有股转让的态度已经逐步放宽，现阶段主要是对涉及控股地位变化的国有股转让进行管制。对于外资企业股权转让的审批，其目的旨在实现合理使用合资，引导外资合理有效地参与我国市场经济的发展，避免重复引进等造成市场无序的行为，保护我国经济安全。综上，对于国有及外资股权转让中的审批要求，均非对其转让进行禁止或限制，对股权转让合同的这种审查构成对基础行为的审批，而非针对权利变动的履行行为。

其次，从申请审批义务的角度分析，涉及行政审批的合同，需要由一方去向主管机关提出审批申请，在"成立但未生效合同"观点中，此时合同尚未生效，但已经对其中一方产生申请审批的义务，将此义务认定为合同义务似乎与合同尚未生效相矛盾，此矛盾只能以该义务被认定为"先合同义务"来解决。更为矛盾的地方产生在审批过程中，负有申请审批义务一方将合同提交主管机关进行审批，此时出现一种审批"未生效合同"的情况。但事实上，主管机关审批的意义并非对合同效力的确认，其审批权限仅在于是否允许所涉国有股或者外资股的转让。实际上，此种"成立但未生效"的合同可以依据诚信原则派生出大量的法定义务，从而对其责任构成产生了较大影响。对于这种义务的来源，德国学者弗卢梅认为，该种义务并非产生于所谓"未生效的合同"或依赖该合同而存在，而是一项独立于该"未生效合同"的义务，该义务因为须经批准的合同的缔结而生成，因此报请审批的义务早在报批之前就已经生效了。因此，其将报请审批视为基于合同的请求权，义务人不得阻碍此种审批，并且有义务配合，否则对方即可据此行使其合同请求权。[①] 在最高人民法院的判决中，也有法官持此类观点，即中外合作企业的一方订立的关于转让其在中外合作企业中的权利、义务的合同，因未报批导致不生效时，仍应认定其具有"报批"义务，且该义务在合同成立时产生，否则难以避免当事人通过挟制"报批"手续而恶意阻止合同生效风险的产生，且此行为有悖诚实信用原则。对此，人民法院可以判决相对人自己办理有关手续，对方当事人对由此产生的费用和给相对人造成的实际损失，应当承担损害赔偿责任。[②]

至于合同是否有效及是否可撤销，则要依据《合同法》第52条、第54条的规定，由人民法院或者仲裁机构进行认定，不能因经过行政审批就认为

---

① 参见汤文平：《批准（登记）生效合同、"申请义务"与"缔约过失"》，载《中外法学》2011年第2期，第339页。

② 参见广州市仙源房地产股份有限公司与广东中大中鑫投资策划有限公司、广州远兴房产有限公司、中国投资集团国际理财有限公司股权转让纠纷案，最高人民法院（2009）民申字第1068号。

合同确定有效。① 随后的《合同法司法解释（二）》第8条对这个问题作出了相应的规定。《合同法司法解释（二）》实际上是将此类合同中的报批义务条款单独看待，赋予了报批义务条款已经生效从而独立于整个未生效合同的状态。再如在《外商投资企业纠纷司法解释（一）》中，规定了股权转让合同未生效，并不影响关于报批义务条款效力。司法解释将报批义务条款的效力与主合同的效力区分对待，有效地解决了这类合同中判决合同未生效，但是又无法申请办理审批手续的僵局，从另一个侧面又保障了合同双方诚实信用地履行合同义务的合法权利。

再次，从责任承担方面看，按照"合同成立但尚未生效"的观点，在合同签订后，一方当事人负有的向主管机关申请审批的义务为先合同义务，如果该方当事人未按约定日期向主管机关提出申请，或者在提出申请后未获通过，则合同所欲达成的目的无法实现，按照合同法理论，此时尚未生效的合同无法实现，按照双方各自的过错承担责任，该责任为缔约过失责任。如果是不可预料的审批未获通过，则相当于双方均无过错；如果是负有审批义务的一方在签订合同后反悔，故意迟延申请，则此时另一方只能要求其承担缔约过失责任，而要证明恶意迟延申请和准确计算赔偿额的难度无疑是很大的。相比于违约责任而言，缔约过失责任对受让人的救济难谓充分。

在陈发树诉云南红塔集团有限公司一案中，案涉股权转让协议并未提请财政部审批，② 而是在企业内部决策程序中未得到母公司的批准。红塔有限公司与陈发树签订《股份转让协议》后，即按程序将相关材料上报至其股东红塔集团公司，之后由其母公司按程序上报到了中烟总公司，但收到了不同意

---

① 参见曹宇：《规避与管控：矿业权转让与矿股变动关系研究》，载《北京航空航天大学学报（社会科学版）》2014年第2期，第98~114页。

② 对于烟草行业产权转让的审批程序和权限，《财政部关于烟草行业国有资产管理若干问题的意见》（以下简称《财政部意见》）规定："中国烟草总公司所属烟草单位向非烟草单位的产权转让，主业评估价值在1亿元以上（含1亿元）、多种经营在2亿元以上（含2亿元）的，由各单位逐级上报中国烟草总公司（国家烟草专卖局），由中国烟草总公司（国家烟草专卖局）报财政部审批。"

转让的批复。因此,《股份转让协议》已经在事实上无法获得财政部批准。根据《企业国有产权转让管理暂行办法》第 9 条的规定,作为母公司的中国烟草集团有权对子企业的重大国有产权转让事项做出决定,此种意义上的决定并非行政审批,而是企业内部决策,就此而言,陈发树与云南红塔集团有限公司之间的股权转让协议并未达成意思表示一致,双方之间的协议并未成立。故而陈发树要求红塔有限公司继续履行《股份转让协议》并承担违约责任的主张缺乏合同依据。而就上文中提到的王秀群、武汉天九工贸发展有限公司与中国农产品交易有限公司股权转让纠纷案,案涉股权转让是外国投资者并购境内企业,其交易结构设计旨在规避相关部门的行政审批并逃避相关税费,属于以合法形式掩盖规避严格审批制度和缴税义务的非法目的,根据《合同法》第 52 条第(2)项、第(3)项的规定,案涉股权转让协议无效。现行法律对外商投资企业股权转让的管制应当理解为对基础行为的管制而非单纯对股权转让履行行为的管制,从而在源头上实现对此类行为的监管,实现国家的行政管制目的。

　　未生效合同这一概念通过司法解释形式由最高人民法院提出后,虽然很好地解决了此类需要行政机关审批和登记合同的效力和履行问题,但是在一定程度上却造成了合同法体系的紊乱。就国内外合同效力的通说来看,合同效力应当只存在有效、无效、可撤销和效力待定四种状态。而最高人民法院在《合同法司法解释(一)》创造的未生效合同概念和其在《合同法司法解释(二)》中关于未生效合同中报批义务条款效力的认定,明显存在前后冲突。实际上此类合同完全可以通过效力待定的合同很好地解决,无须另外创设新概念。对于此类合同,从其所处的整个有限责任公司股权转让流程中的阶段来讲,当该合同处于正在报批或此类阶段时,可以将其界定为效力待定的合同,在主管机关批准之前,该合同处于效力待定的状态,如果行政机关予以批准,则合同自批准之日起生效;如果行政机关不予批准,则合同自始无效。值得注意的是,须报请审批的合同并非附生效条件的合同,因为法定条件并非真正的条件，不能适用民法上关于条件的规定。[①] 对于合同中约定承担报批义务的当事人，未依照合同约定履行其报批义务，从而导致合同无效，应当视为违反了诚实信用原则，无过错方可以请求对方承担缔约过失责任从而获得救济。我国《合同法司法解释（二）》第 8 条也对这种救济方式予以肯定。

三、公司章程限制对公司股权转让合同效力的影响

有限责任公司的特点在于具有浓厚的人合性色彩，就其内部治理而言，体现在相互信任的股东间以及法律赋予公司章程对其治理结构的权限安排[②]，就外部关系而言，主要体现在其对股权外部转让采取限制措施的股东共同意志。但是，有限责任公司又具有所有公司都应具备的本质属性——资合性，其赋予公司股东的固有权利即为股权自由转让的权利，且股权流通性越强，股权的价值体现就越高。因此，从公司资合性的角度来讲，如果公司章程对股东对外转让所持有的股权完全禁止，则会极大地使股权的市场价值降低，有悖商法之基本法理。但是，公司章程是股东或者发起人为了更好地经营公司而共同签署的一份合约，股权自由转让作为一种权利，如果所有股东都合意放弃的话，法律亦应当尊重股东们的选择，这样才能充分体现公司自治的原则。但是如果在公司成立以后，通过股东多数决，以修改章程的方式，剥夺中小股东股权自由转让的权利，就应当不予认可。这种限制章程对于新增股东来说，并不具有应然的法律效力，只有在新增股东同意签署公司章程之后，此类章程条款才能对新增股东生效。

公司自治原则是《公司法》的基本原则之一，其赋予了公司通过公司章程对公司治理的相关事项作出详细规定的权利。有限责任公司的公司章程通常是由股东共同制定，是公司参与人实现自由意志的载体，可以反映出股东

---

① 参见梁慧星：《民法总论》，法律出版社 2009 年版，第 18 页。
② 参见范健、王建文：《公司法》，法律出版社 2015 年版，第 305 页。

的基本愿望，对公司、股东、公司经营管理人员具有约束力，其本质特征是通过书面形式反映全体股东共同的意思表示。[1] 在通过公司章程对股权转让进行限制方面，当前主要存在三种不同的做法：（1）自由转让，即在有限责任公司中，股东一般情况下可对其所持股权自由转让，但《公司法》允许公司通过对其章程的规定，对转让股权的措施设置各种限制，其代表国家是美国、英国和德国。（2）允许限制转让，有限责任公司的股权一般情况下不得自由转让，但可以在遵守法律规定的较为严格的限制性条件下进行转让，典型的代表国家是法国、瑞士和韩国等，如 2000 年《法国商法典》规定，股权对外转让的同意须达到简单多数的要求，公司章程被允许可以设置更高的同意比例。（3）不得禁止转让，即公司章程条款不得禁止股东对外转让股权，典型代表国家是澳大利亚、新西兰和加拿大等。[2] 从上述比较来看，国外公司法允许公司章程作出严于或宽于法律规定的限制，但此种限制不得突破法律规定的底线，也不得损害其他股东的合法利益。

我国《公司法》允许通过公司章程对公司股权转让进行限制，其第 71 条第 4 款的但书"公司章程对股权转让另有规定的，从其规定"，说明了法律对公司通过自治方式干预股东的股权转让的支持。《公司法》第 71 条第 4 款属于授权性规定，即股东有权通过公司章程来限制股权的对外转让；同时，第 71 条的前 3 款也对股权转让作出了一些法律强制性规定，如股东的优先购买权和同意的比例等。同时，第 4 款规定公司章程可以超越前 3 款作出不同的规定，但是在超越前 3 款作出不同的规定的同时，应当遵循《公司法》的基本原则。

在对有限责任公司股权进行对外转让时，公司章程对股东进行股权对外转让的限制作用主要集中在以下几个方面：一是对股权转让的对象进行限制，如有些公司规定离职职工的股权须转让给公司工会、公司指定的其他主体或

---

[1] 参见范健、王建文：《公司法》，法律出版社 2015 年版，第 172 页。
[2] 参见蒋华胜：《有限责任公司股权转让法律制度研究——基于我国〈公司法〉第 71 条规范之解释》，载《政治与法律》2017 年第 10 期，第 79 页。

者由公司回购拟转让股份；二是限制股东股权转让的时间；三是对股东股权转让的条件进行限制，如将本来的剩余股东过半数同意改为全体股东一致同意等；四是限制股东股权转让的价格，如有些公司章程规定，在职工非因退休、死亡等原因离开公司时，其拥有的股份必须按照公司上一年度每股净资产或者原始出资额作为转让价格，由公司统一收购，此举实质上剥夺了职工享受公司新增收益所导致的公司股权价值增值的机会；五是在一切情况下禁止转让股权。

　　上述情形下公司章程的规定在很大程度上限制、损害甚至剥夺了股东的权利，构成了对有限责任公司股权转让的不合理限制，致使公司股东不能顺利退出公司并取得投资收益，同时也容易引发股东之间的激烈纷争甚至诉讼，增加了股权交易市场的法律成本。但对于其法律效力的判定则需要结合具体的案件作出。如对公司章程约定"职工股东必须履行为公司工作的义务，否则公司有权以原出资额收回股权"的规定，因为该义务的设定并不违反法律法规的规定，也不违背诚信原则，因此当股东调离公司或实施侵害公司利益行为时，公司有权根据章程规定以原出资额受让股权。[①] 如相关主审法院即认为，由公司章程对公司股东转让股权作出某些限制性规定，如公司章程将是否与公司具有劳动合同关系作为取得股东身份的依据继而作出"人走股留"的规定，符合有限责任公司封闭性和人合性的特点，也是公司自治的体现，不违反公司法的禁止性规定。且有限公司章程系公司设立时全体股东一致同意并对公司及全体股东产生约束力的规则性文件，股东在公司章程上签名的行为，视为其对股权转让的限制性规定认可和同意，对公司及股东均有约束力。此外，"人走股留"系股权转让的限制性规定，而非禁止性规定，在

---

① 　参见吴建斌、赵屹：《公司设限股权转让效力新解——基于江苏公司纠纷案件裁判的法律经济学分析》，载《南京大学法律评论》2009 年春季卷，第 116 页。

符合公司章程规定的情况下，其仍可以将股权进行转让。[1]但亦有学者新近指出，即使股东资格以及股东和公司之间的劳动关系可以正当、合法地论证公司股权转让的限制规定，但其忽视了股权自由流转和股东收回投资的合理性，股权自由流转在很多情形下（如股东之间存在严重对立或矛盾）可以维持公司的人合性和封闭性。因此，单纯从维护公司人合性的角度对股权转让设置障碍并不具有正当性。与此同时，一个不可忽视的问题是，在第96号指导案例"宋文军诉西安市大华餐饮有限公司股东资格确认案"中，其规定股权转让"需经董事会（全体）同意"这一董事权力压制股东权利的举措，与《公司法》第71条第1款至第3款的规定相比，此类限制措施对股权的自由转让造成的压制更为过分，一旦董事（会）不同意对外转让股权，股东的投资便被彻底锁定从而无法变现，股东的权利极易因董事权力滥用而遭受损害。兼之本案中公司章程对公司回购股权的价格做了严格限定，更使得股东的投资从根本上无法实现财富增值和在市场变现的效果，有违投资之基本目的。实际上，公司章程对于公司股东的约束力并非全然确定，主要取决于此种限制系纯粹的程序性限制还是对股权自身处分的限制或剥夺，对于前者，可以将其理解为公司的自治规范，而对于后者则应当将其理解为合同，适用合同法理对其解释。[2]同时，基于对公司契约理论的解释路径，对初始章程和章程后需修改的不同表决规则（一致同意和过半数同意）更加表明，利用公司章程限制股权转让缺乏对反对股东的拘束力。因此，公司章程限制公司股权转让要有正当性，尤其是对于反对公司章程修改的股东而言，章程的效力具有不

① 参见最高人民法院指导案例96号，宋文军诉西安市大华餐饮有限公司股东资格确认纠纷案，（2014）陕民二申字第00215号。然而有学者指出，指导案例96号仅仅考虑了"人走股留"这一约束措施所产生的限制和禁止转让效果，而遗漏了章程第14条作为一个整体是否产生实质禁止股权转让的问题。这种有待细化、未能注意章程条款之间有机结合的做法，可能导致实质禁止股权转让的章程设计，通过"分拆"获得合法性。参见楼秋然：《股权转让限制措施的合法性审查问题研究》，载《政治与法律》2019年第2期，第140~141页。

② 参见钱玉林：《公司章程对股权转让限制的效力》，载《法学》2012年第10期，第106页。

同类型，在不同的类型情境中，其限制股权转让的法律效力则不同。在此基础上，应当对股权转让限制措施进行合法性审查，法院应当摆脱对人合性法理的简单套用，应当引入合理性标准，对股权转让自由进行优先保护，防止以假借维护人合性之名行权利滥用之实的发生。

四、几种特殊的股权转让合同效力

如前所述，有限责任公司股权转让不同于普通的物或权利的直接转让，其合同效力受到行政审批的影响和限制。此外，随着我国市场经济的发展，实践中出现了诸多新兴交易形态，如瑕疵股权的处分、名为股权转让实为借款担保的股权让与担保以及"对赌协议"等，这也对司法实践如何界定此类合同交易的法律效力产生了新的挑战。故下文将讨论上述情境中几种特殊的股权转让交易合同的法律效力。

（一）瑕疵股权转让合同的效力

股权转让合同的标的物为股权，一般的买卖合同中可能出现标的物质量不合格或者无权处分的权利瑕疵，具体表现在股权转让合同中即为股东的出资瑕疵（包括未实际出资和出资后抽逃出资）和转让股权股东可能的身份瑕疵（隐名出资人与显名股东之股权转让的纠纷）两类，在瑕疵股权转让情形中会引发诸多问题，如何处理转让方与受让方、其他股东、公司以及公司债权人之间的关系，或者再夹杂隐名出资人与显名股东、公司实际控制人之间的复杂关系，有必要对此类瑕疵股权转让的法律关系进行梳理，明确各方当事人之间的权利义务。

1. 瑕疵股权的可转让性

我国《公司法》采取法定资本制的公司资本制度，虽然 2013 年《公司法》修改后将注册资本由"实缴制"改为"认缴制"，放宽了股东的出资时限，但法定资本制下的股东出资责任并没有改变。《公司法》对股东出资义务的规定原则是，股东应当按期足额缴纳所认购的出资额，否则会产生三方面的责任：（1）股东对公司的债务，即缴纳其所承诺的对公司出资额的义务；（2）向已按期足额缴纳出资的股东承担违约责任，此责任源于未完成出资股东对公司发起协议的违反；（3）在公司破产及清算时，对公司债权人在其未履行出资责任范围内承担的清偿债务责任，此责任源于第一方面的股东对公司的债务责任，是债务履行中代位权在《公司法》中的体现。在出资瑕疵的股权方面，包括虚假出资、出资不实和抽逃出资三类。未完全履行出资责任的股东所享有的股东权利是受限制的，如分红权和新股优先认购权的基本原则是按照实缴出资比例享有的，即此类股权转让的标的股权并不完全，在转让时会产生一系列的问题。

对于此类瑕疵股权是否可作为标的进行转让，理论界存在两种观点：（1）确定可转论，基于商事外观主义原则，只要出资瑕疵的股东已经被登记在股东名册及工商登记资料中，其就享有股东身份并享有完整的股权，该股权当然可以转让[①]；（2）区分转让论，该学说认为瑕疵股权是否可转让取决于股权的瑕疵程度，如果严重到导致公司设立无效，则出资人自然无法享有股东权利并转让股权。如果出资瑕疵并未严重到上述情况，则出资人应当具有股东资格，可以享受股东权利并转让股权。[②]

关于瑕疵股权转让的合同纠纷，主要体现在：第一，有限责任公司的原始股东转让其瑕疵股权而与受让人之间产生的纠纷；第二，有限责任公司的非原始股东转让其受让的瑕疵的股权而与其合同相对人产生的纠纷；第三，瑕疵股权的转让人和受让人与公司、公司的其他股东和公司的债权人等之间产生的纠纷。瑕疵股权对于股权转让合同限制认定的难点主要在于合同效力的认定、当事人意思表示的认定和如何划分承担瑕疵赔偿责任。这部分内容

---

① 参见刘俊海：《新公司法的制度创新：立法争点与解释难点》，法律出版社 2006 年版，第 224 页。
② 参见周友苏：《新公司法论》，法律出版社 2006 年版，第 124 页。

将在下文进行详细论述。

笔者认为，《公司法》中对股东权利的态度是不论出资是否有瑕疵，所有股东均享有股东权利，只是瑕疵出资股权的股东在财产性权利方面受到特别限制，且均已在条文中明确规定，而作为股权基本属性的可转让性，并没有因为背后的出资瑕疵被法律特殊限制。从商事外观主义规则的角度来看，出资瑕疵也并不对应股权是否可以转让，只要登记在股东名册和工商资料中，股东就享有股东的资格性权利，其转让股权的权利也不应该被剥夺。另外，在我国司法实践中，法院不以是否有出资瑕疵来判定这一民事主体是否享有股东身份，而是基于记载在公司章程或相关登记文件的信息来认定。这是因为，股权仅仅表征特定出资人在公司中的法律地位，只要其履行认缴出资并被记载于相关文件中，就取得股东资格，享受《公司法》赋予股东的各项权利；至于出资过程中产生的瑕疵，《公司法》规定了该股东补足相应的差额的出资责任以及对其他完全出资股东的违约责任，从而在制度上赋予其消除出资瑕疵的动力和责任。

2. 瑕疵股权转让效力的理论争议

出资是股东依照《公司法》、公司章程或公司发起协议向公司交付财产的行为，系其对公司的基本义务，也是其获得股东资格的对价。但在我国公司实践中，经常出现股东未出资、未足额出资及抽逃出资等情形，从而产生股东的出资瑕疵。当前，学界对于瑕疵股权转让合同的效力认定，有绝对无效说、绝对有效说和区分对待说三种观点。

"绝对无效说"从股东身份的角度彻底否定瑕疵股权股东的身份权利，因股东失去股权转让合同的主体身份，从而使股权转让合同失去合同主体身份基础而导致无效。股东在向公司履行足额出资义务后，可以依法享有股权所承载之权利并承担义务。因此，投资者足额出资后，才能原始取得股东权利，从而获得公司的股东地位。反之，如果违反了《公司法》有关出资的规定，出现瑕疵股权的情况，则出资人失去其股东权利和地位。因为丧失股东地位或资格，其与第三人签订的股权转让合同也同时归于无效。但实际上，当前公司法的理论对出资存在瑕疵股东的股东资格并不否认，出资充足与否并不影响股东资格；[①] 在股东出资存在瑕疵的情况下，公司有权对其利润分配权、新股优先认购权、剩余财产分配请求权等股东权利作出相应限制；出资瑕疵情形下股东资格的解除需要满足特定的条件，如须经合理时间的催告，并经股东会议决定。[②] 因此，绝对无效说对我国当前的股权转让实践并不适用。

"绝对有效说"认为，取得股东身份与出资瑕疵并没有直接联系。股东资格的取得与认定并不受股东出资瑕疵的影响，而是与公司股东名册、公司章程以及工商登记相关联，只要在上述文件中有记载的出资人，即具备股东资格，而其尚未履行的足额出资义务，应继续履行并承担相应的违约责任和赔偿责任。且此种学说认为，股权转让合同是将股东身份或股权资格完全转让出去，即将其瑕疵股东的身份或瑕疵股权资格完全转让出去，从而出让人需要对其瑕疵股权承担担保责任。

"区分对待说"认为，出资瑕疵的股东其转让股权的行为应当分情况而论。股权转让行为是以合同为基础产生的行为，其效力应根据我国《合同法》第 54 条进行判断，即根据出资瑕疵的股东是否在其转让股权的行为中存在欺诈的行为，来判断合同的效力。当然，这种情况是以承认瑕疵出资的股东也享有公司股权和公司股东身份为前提，再进一步从欺诈等角度上进行分析。

首先，股东认购股权的契约是股权和公司财产的基本法律基础，股东自认购股权的那一刻起，其（无论是否足额出资）就应当丧失了对于认购股权部分的财产的所有权。如果股东没有足额出资，就被认定为丧失了股东的权利和身份，即可以推断出股东已经没有必要再履行补足出资的义务，这将会导致公司的资本难以得到充实，从而损害公司外第三人以及社会的利益。其次，根据我国《公司法》第 32 条规定，股东名册是股东主张股权的依据。可

---

① 参见范健、王建文：《公司法》，法律出版社 2014 年版，第 309 页。
② 参见赵旭东：《商法学》，高等教育出版社 2015 年版，第 144~145 页。另参见《公司法司法解释（三）》第 17 条第 1 款之规定。

见，股东身份和资格的认定，应当以章程、股东名册以及工商登记等作为依据。因为上述文件在我国当前的公司实践中均可通过全国企业信用公示系统进行查询，因而具有公示效力，对于与公司交往的第三人、监管机构以及社会机构产生公信力，当事人会根据登记类型文件对自己的风险作出判断。如果因为出资瑕疵从而否定股东资格，将会损害上述登记类型文件的公示效力，与商法维护交易安全的基本原则有悖。最后，从国内外公司法来看，大都也是直接或者间接地承认瑕疵股东享有股权并且可以转让其所持有的股权。如《德国有限责任公司法》第 16 条第（3）项规定：购买人与转让人对于在申报时还未缴付的股份款项，承担共同的责任。但因瑕疵出资所导致的法律问题，尚需进一步细致分析。

3.瑕疵股权转让对交易各方的效力

（1）对协议当事人的效力

根据前文分析，股权不因出资瑕疵而影响其可转让性，故股权转让合同与普通的买卖合同一样，其效力受《合同法》第 52 条、第 54 条的调整，只要不出现导致合同无效或者可撤销的情形，股权转让合同就对出让人和受让人都产生合同效力，受让人负有依合同向出让人支付股权价款的义务，出让人协助受让人办理股东名册以及工商登记资料中的股权变更手续，合同履行完成后，股东资格由受让人代替，享受股东权利并承担股东义务。如果瑕疵股权股东在转让股权时，没有如实告知对方其出资瑕疵，受让人善意购买了该股权，系出让人违反诚实信用义务，受让人可以要求出让人对标的股权承担瑕疵担保责任，及时履行出资义务，消除瑕疵，造成损失的还可以要求出让人承担违约责任；此外，受让人亦可以根据《合同法》第 54 条主张撤销该合同，受让人可以向法院和仲裁机构提请行使撤销权。如果出让人明确告知受让人其股权上仍负有出资义务，则双方在协商转让价款时必然会考虑到该瑕疵出资对股权价值的影响，得出一个公平的转让价款并对出资责任的承担作出合理安排。就股权转让的受让人而言，如果其接受转让是在明知或应知受让的股权存在瑕疵的情况下，则应推定其愿意承担相应的民事责任，[①] 如补足注册资本。

（2）对公司及其他股东的效力

根据《公司法》第 73 条的规定，股权转让完成后公司应当收缴出让方的出资证明书，并向受让方颁发新的出资证明书，完成公司章程、股东名册和工商登记等资料的变更登记手续。但因其瑕疵导致的股东对公司的出资义务实为股权出让人对公司负有的债务，对其他完全履行出资义务的股东也负有违约责任。对于公司和其他股东来说，其对瑕疵股权的出资人享有债权，在此类股权转让时，实为一个债务承担关系，因此其他股东在同意股权转让时，须明确此债务承担是"并存式"的债务承担还是"免责式"的债务承担，前者即股权转让的出让方与受让方均负有履行出资的责任，后者即受让方代替出让方承担此义务。这就意味着，经公司和其他股东的同意，股权转让交易合同中对股权瑕疵责任的消除约定才有效；未经同意的仅在出让人与受让人内部有效，即使出让人已对外转让了其全部股权，但其出资不实的责任不应随着股权的转让而免除。另外，笔者认为，除股东内部之间相互进行股权转让外，相对于出让股东和公司以及其他股东，受让股东作为公司外部人士，其在了解公司信息方面有天然劣势，因此，不仅出让人有义务如实披露标的股权情况，公司和其他股东也应该有义务向受让方披露标的股权情况，以便转受让双方及时对瑕疵消除方法做出安排。如果在出让人未如实告知标的股权瑕疵的情况下，公司和其他股东未对受让方进行披露，则消除标的股权瑕疵的责任不应该落到受让人身上。

（3）对其他第三人的效力

股权转让合同涉及的其他第三人主要包括公司的债权人和合同当事人的债权人，基于合同的相对性，股权转让合同并没有对第三人的约束力，基于

---

① 参见安达新世纪·巨鹰投资发展有限公司与北京首都国际投资管理有限责任公司、协和健康医药产业发展有限公司股东权确权赔偿纠纷案，最高人民法院（2007）民二终字第 93 号。

公示公信原则，只有完成了工商登记资料的变更程序，股权转让才会产生对其他第三人的效力。但如果所转让股权有瑕疵，原股东在负有履行出资义务的情况下转让股权，则会涉及公司破产清算时的未完全履行出资责任股东在其认缴范围内的补足出资责任，由于出资不实的责任不随着股权的转让而免除，而股权转让合同中仅对合同双方有约束力，其中的关于转受让双方对该责任的分配对第三人没有约束力，因此，双方对第三人应承担连带责任，待承担责任后再进行内部的追偿，由真正的责任人最终清偿。[①]

（二）名为股权转让、实为企业借贷的合同效力

在传统公司金融理论中，股权融资和债权融资是截然不同的融资选择和方式。但在金融创新的冲击之下，股与债不再是截然划分的两个品种，而是被呈现在一个权益"光谱"上的两个点而已。[②]在当前的公司融资实践中，公司股权作为有价值的财产往往成为公司担保融资的标的物，为了保障债权的安全，部分债权人与债务人企业通常签订"股权虚拟回购"或曰"明股实债"协议，其基本模式是：债务人企业要么直接转让本公司特定比例股权给债权人，要么转让其控股子公司特定比例股权给债权人，从而换取债权人的借贷，待还款期限界至时，债务人以更高的价格（高出部分系利息）回购。从其设立来看，结合股权转让的具体交易流程，有三个可能的时点，即（1）股权让与担保协议签署，因未进行权利变动公示，此时尚不产生优先受偿权；（2）记载于股东名册，若公司及其他股东知悉股权让与担保的事实，则记载于股东名册的受让人只是名义股东，不能享有股东权利，因为尚未进行公示，故仍无法优先受偿；（3）办理工商登记之时，可以视为债权人完成了让与担保的公示，其效果类似于股权质押公示，因此股权让与担保权利人也享有优

①　参见肖海军：《瑕疵出资股权转让的法律效力》，载《政法论坛》2013 年 3 月第 2 期，第 72~79 页。

②　参见冯果、李安安：《金融创新视域下公司治理理论的法律重释》，载《法制与社会发展》2013 年第 6 期，第 69 页。

先于普通债权人受偿的效力。在此类交易中，通常还会伴随着业绩对赌，如在苏州工业园区海富投资有限公司（以下简称海富投资）与甘肃世恒有色资源再利用有限公司（以下简称甘肃世恒）股权投资纠纷案中，该案的二审法院即认为海富投资除已计入甘肃世恒注册资本的约115万元外，其余资金应表面上为投资，实际为企业之间的借贷。

通常，此类交易中债权人之目的并非获取目标公司之股权，其主要目的是绕过对特定行业企业的借贷限制或其他金融监管措施，同时其也成为当前国有企业或金融机构参股民营上市企业的一种措施，成为稳定当前资本市场的一种举措。其典型案例在前者如新华信托股份有限公司与湖州港城置业有限公司破产债权确认纠纷案，[①] 后者如北京市第二中级人民法院审理的德美投资有限公司诉建生建筑工程有限责任公司股权转让纠纷案。[②] 除此之外，在我国推行的PPP模式中，明股实债也被大量运用，从而规避对地方政府负债的要求，但此模式已经被我国财政部多次查处处罚。股权让与担保多发生于融资需求较旺盛、资本运作较频繁的行业，如房地产业、租赁和商务服务业、金融业、制造业、批发和零售业等。

实际上，"明股实债"并非有明确含义的正式的法律概念，仅系对当前融资市场上一种常见的融资模式的描述，当前对"明股实债"进行明确定义的监管部门主要是中国银行保险监督管理委员会和中国证券投资基金业协会等监管机构[③]。"明股实债"最大的特点就是投资者的回报与企业的经营业绩并没

---

① 参见湖州市吴兴区人民法院民事判决书，（2016）浙0502民初1671号。

② 参见德美投资有限公司诉建生建筑工程有限责任公司股权转让纠纷案，北京市第二中级人民法院（2013）二中民终字第05810号。

③ 如2017年初中国银行业监督管理委员会更新的《G06理财业务月度统计表》中将明股实债定义为："投资方在将资金以股权投资方式进行投资之前，与资金需求方签署一个股权回购协议，双方约定在规定期间内，由资金的使用方承诺按照一定的溢价比例，全额将权益投资者持有的股权全部回购的结构性股权融资安排。"中国证券投资基金业协会于2017年2月14日发布的《证券期货经营机构私募资产管理计划备案管理规范第4号——私募资产管理计划投资房地产开发企业、项目》规定："明股实债，是指投资回报不与被投资企业的经营业绩挂钩，不是根据企业的投资收益或亏损进行分配，而是向投资者提供保本保收益承诺，根据约定定期向投资者支付固定收益，并在满足特定条件后由被投资企业赎回股权或者偿还本息的投资方式，常见形式包括回购、第三方收购、对赌、定期分红等。"

有实质的联系，融资方要对融出方的收益进行保底。此类案件的争议焦点是名为股权买卖实为企业借贷的"明股实债"的交易性质为何？其到底系"债权融资"，还是"股权融资"？其法律效力如何？

对此类交易的定性，本书认为不能简单根据当事人之间的协议或表面意思表示进行判断，尚需结合交易的经济本质、保护公司债权人利益等因素进行综合判定。首先，就此类交易的合法性而言，我国《公司法》（即使经过2018 年的修订）尚未对因对赌而约定的股权回购条款的法律效力及合法性作出明确规定。根据最高人民法院相关案例的裁判观点，作为企业之间资本运作形式的股权协议转让、股权回购等，在不违背现有相关法律规定情形下出于短期融资，而不是投机牟利的目的和需要，其合法性应当予以承认。如最高人民法院审理的"联大集团有限公司与安徽省高速公路控股集团有限公司股权转让纠纷案"即认为，股权协议转让、股权回购等作为企业之间资本运作形式，已成为企业之间常见的融资方式。如果并非以长期牟利为目的，而是出于短期融资的需要产生的融资，其合法性应予承认，不能因双方股权转让实为融资借贷而认定无效。[①] 同时，《最高人民法院关于审理民间借贷案件适用法律若干问题的规定》（以下简称《民间借贷司法解释》）也已经承认了不以借贷为业的短期民间借贷的合法性。

其次，要根据当事人的真实意思表示对此类交易的性质做出判断，即对于明股实债原则上应当按照"实质重于形式"的原则[②]认定为债权融资，尤其是明确约定了利息支付、股权转让的价金与份额、是否实际交付拟转让股权、回购的时间、条件等交易要素的，支持其按照交易实质履行相关权利义务。从法律关系的内容来看，股权转让关系与民间借贷关系存在根本区别：股权转让交易中，受让人支付股款的对价为目标公司的股权，除附有对赌协议外，通常不要求返还股款，更不会要求支付利息；而在民间借贷关系中，出借人

---

① 参见最高人民法院（2013）民二终字第 33 号。
② 参见王乐兵：《金融创新中的隐性担保——兼论金融危机的私法根源》，载《法学评论》2016 年第 5 期，第 52 页。

可根据合同请求偿还借款、支付利息，并且支付固定回报的利息是借贷关系的主要特征。在交易结构上，股权买卖通常要求股权变更过户，而股权让与担保则出于节省交易成本之目的而不要求股权过户，通常也不参与企业经营、不承担企业经营风险。① 而对于其法律性质的最终判定，应当按照双方真实意思表示确定，因此，在"名为股权转让，实为借贷"交易中，股权转让为虚假行为无效，应当按照借款合同予以审理。此种审理路径的一个直接后果是，如果当事人约定的回购价格与初始转让价格相差过大，尤其是超过合理的民间借贷利率水平的话，法院将根据《民间借贷司法解释》重新确立其利息数额。值得注意的是，最高人民法院在部分案件中亦倾向于不刺破交易的表面形式，即不论股权转让的目的，双方应当按照协议的约定履行各自的权利和义务，一方有权在回购条件成就时，按照协议约定条款回购股份。② 对此，最高人民法院 2019 年 11 月颁布的《全国法院民商事审判工作会议纪要》(以下简称《九民纪要》) 第 89 条规定，采用信托公司受让目标公司股权、向目标公司增资方式并以相应股权担保债权实现的，当事人的权利义务应当根据该纪要第 71 条关于让与担保的规定确定。从《九民纪要》的规定来看，其总体采取缓和的物权法定原则，不轻易否定让与担保作为新类型担保的效力，且流质流押条款不影响合同其他部分的效力；通过穿透式审判思维，确定当事人的真实意思从而构建其相应的法律关系。更关键的是，已完成财产权利变动公示的，债权人享有优先受偿权，即可以就作为让与担保的标的物或股权通过拍卖、变卖、折价等方式偿还债权，其处理路径与《民间借贷司法解释》第 24 条相同，即虽未明确规定优先受偿，但客观上实现了优先受偿的法律

---

① 参见李金喜、刘忠山民间借贷纠纷案，最高人民法院（2017）最高法民申 4274 号；上海荣腾置业有限公司、马建军金融借款合同纠纷案，最高人民法院（2018）民申 4165 号。

② 如 2014 年的北京时光房地产开发有限公司与新华信托股份有限公司合同纠纷上诉案，主审此案的最高人民法院认为，明股实债这种交易安排"不违反法律法规的禁止性规定"，为"有效合同"，债务人北京时光房地产开发有限公司应当"按照约定回购该股权、返还融资款项及收益"，从而支持了此类对赌协议的法律效力。

效果。①

再次，就其法律效力而言，现行司法实践倾向于承认其法律效力。如2015 年最高人民法院公布的《民间借贷司法解释》第 24 条实际上肯定了让与担保的合同效力；2017 年最高人民法院发布的《关于进一步加强金融审判工作的若干意见》明确提出，"除符合合同第五十二条规定的合同无效情形外，应当依法认定新类型担保合同有效"，赋予股权让与担保以物权效力。股权让与担保合同在具体实行上，当事方往往会签订《回购协议》，并履行股权转让的公示程序。

股权兼有人身权与财产权的属性，是参与公司治理的基础，因此，股权让与担保与他种让与担保不同。债权人虽可经由股权让与担保取得股权，但其实际上并未成为真实股东，而是名义股东。体现在公司内部，债权人因此取得的股权并不完整，股权让与担保只涉及股权中的财产权部分，不应影响实际股东社员权利的行使，因此，受让人的股东权利的行使受到诸多限制，如不能参与利润分配、不能委派董事和选任高管等。② 实际上，这也恰恰是股权让与担保区别于其他财产让与担保之所在：在普通的动产或者不动产让与担保中，其通常仅仅涉及财产因素，不涉及人身和组织性要素。这也是为何《九民纪要》第 71 条专门规定 "财产" 让与担保③ 而在第 89 条第 2 款专门规定股权让与担保的原因。

在外部关系上，由于让与担保协议系债权人与债务人之间的内部协议，如债权人已通过《公司法》第 32 条规定履行了股权变更登记（变更登记的意义在于将股权让与担保的意思对外公示）程序，成为名义股东，则产生了对

① 参见王乐兵：《担保法专论》，对外经济贸易大学出版社 2018 年版，第 14~15 页。
② 参见修水县巨通投资控股有限公司、福建省稀有稀土（集团）有限公司合同纠纷案，最高人民法院（2018）民终 119 号判决书。
③ 根据《九民纪要》第 71 条的规定，债务人或者第三人与债权人订立合同，约定将财产形式上转让至债权人名下，债务人到期清偿债务，债权人将该财产返还给债务人或第三人，债务人到期没有清偿债务，债权人可以对财产拍卖、变卖、折价偿还债权，但不能请求法院确认该财产归债权人所有，同时，违约的债务人亦可因到期没有清偿债务，请求对该财产拍卖、变卖、折价偿还所欠债权人合同项下债务。

外公示的效力。在实现担保物权时，股权让与担保同样适用流质性契约之禁止的规则，必须对让与担保的股权价值进行清算，不得直接将股权归债权人所有。

最后，对于交易性质和法律效力的认定同时应当考虑对公司债权人保护这一公司法的基本价值目标以及维护社会公共利益这一基本的法律要求。否认让与担保效力的理由集中在"虚伪意思表示""违反物权法定""违反流质条款"三大问题上，但实际上，公司债权人保护与社会公共利益保护也影响着司法机关对相关协议效力的认定，发挥着不可忽视的作用。

公司的组织性以及股权的复合性决定了股权让与担保不仅涉及出让股东和债权人的利益，还涉及目标公司及其债权人利益；不仅涉及分红权等财产性权利，还涉及投票权等人身性权利，并可能涉及公司控制权的转移，从而为货币资本控制实业资本提供了可能。① 从公司法的角度看，"明股实债"类交易在实质上增加了公司的负债和经营风险，但同时又因为"明股实债"类交易具有隐秘性，善意的交易第三人无法从公司登记的信息判断此类交易的真实性质，其通常会因信赖登记而将其视为股权投资。在此情况下，应当对其进行内部、外部法律关系的区分：对内部关系产生的股权权益争议纠纷，"明股实债"之性质可依据当事人之间的约定来确定；而在对外部关系上则须按照《公司法》第 32 条第 3 款规定，根据"外观信赖利益保护"原则而将其认定为股权投资，保护善意第三人之利益不受当事人之间的内部约定的损害。

而从金融监管的角度来看，"明股实债"事实上已经多次被监管层点名进行特殊监管或者禁止。如 2006 年，中国银行业监督管理委员会颁布了《关于进一步加强房地产信贷管理的通知》，首次将"投资附加回购承诺等方式"视同间接发放房地产贷款进行监管，旨在控制过多资金进入房地产领域。如《关于加强中央企业 PPP 业务风险管控的通知》（国资发财管〔2017〕192

---

① 参见刘贵祥：《在全国法院民商事审判工作会议上的讲话》，载最高人民法院民事审判第二庭编著：《〈全国法院民商事审判工作会议纪要〉理解与适用》，人民法院出版社2019 年版，第 77 页。

号）明确央企参与 PPP 项目不得引入明股实债类股权资金。随着国家金融稳定委员会的成立，中国人民银行、中国银行保险监督管理委员会、中国证券监督管理委员会、国家外汇管理局于 2018 年 4 月 27 日联合印发了《关于规范金融机构资产管理业务的指导意见》（即"资管新规"），叫停了资产管理产品直接或者间接对优先级份额认购者提供保本保收益的明股实债模式；2018 年 1 月 5 日，《中国保监会关于保险资金设立股权投资计划有关事项的通知》（保监资金〔2017〕282 号）叫停明股实债型保险股权计划；之后，《打赢保险业防范化解重大风险攻坚战的总体方案》（保监发〔2018〕9 号）将明股实债列入坚决打击的违法违规保险经营活动之列。

在司法层面，2017 年 8 月 4 日最高人民法院印发了《关于进一步加强金融审判工作的若干意见》（法发〔2017〕22 号），该意见要求按照"实质大于形式"的原则判断各类金融创新交易的法律关系的性质、确定其法律效力，这已经成为金融审判的基本原则，但在判断其法律效力层面，则面临着更多的挑战，一个基本原则是只要交易不危及金融市场稳定、不突破金融监管底线，原则上应当承认其法律效力，反之则应否认。具体来讲，应当根据《合同法》第 52 条第（4）项、第（5）项之规定，只有违反法律和行政法规的效力性强制性规定和损害社会公共利益，才可能导致合同无效；对于其他行为，原则上应承认其法律效力。根据最高人民法院的最新表态，其更倾向于将股权让与担保从担保的角度去理解和解释，即将其认定为清算型让与担保，受让人实质上并不享有所有权或股权，而仅居于担保权人地位，并可以参照适用股权质押实现的有关规定，股权让与担保权利人也享有优先于一般债权人受偿的效力。[①] 在名义股东债权人对该部分股权申请强制执行时，实际股东可以请求确权，也可以通过提出执行异议之诉的方式保障自己的权利。

---

① 参见刘贵祥：《在全国法院民商事审判工作会议上的讲话》，载最高人民法院民事审判第二庭编著：《〈全国法院民商事审判工作会议纪要〉理解与适用》，人民法院出版社 2019 年版，第 77~78 页。

（三）因"对赌"而签订的股权转让合同的效力

传统有限责任公司具有人合性与封闭性的特征，但是随着资本市场的不断发展，越来越多的私募投资机构利用资本的力量进入各类有限责任公司以获取投资机会，并在一定程度上使中小企业融资难的情况得到了缓解。不同于传统有限责任公司股东，私募股权投资人仅仅在有限程度上监督公司的资金用途和财务状况，通常不涉及对公司的实际经营管理，其主要目的仅系财务投资，在公司缺少资金的阶段，通过股权融资的方式进入公司，随后在其认为合适的时期（一般3~5年）将其股权转让给其他投资者或者约定到期后，由公司按照一定价格回购其所拥有的股份。对赌协议是私募股权投资中常用的一种估值调整协议，私募股权投资者与目标公司或者目标公司的股东约定，如果目标公司在约定的时间内没有完成约定的业绩，则目标公司或者目标公司的股东有义务履行约定的条款，同时，投资者可以根据约定选择投资款的差额补偿或者股权比例的调整。此外，当事人双方通常会在合同中约定一定的退出机制，如被投资企业在约定时间内完成上市，或者被投资企业原股东回购全部或者部分股份。

鉴于投资人对企业实际经营情况信息掌握的不完整，投资者很难准确判断融资企业的实际投资价值及其未来收益，对赌协议能够在一定程度上改变投融资企业双方之间的信息不对称状况，并避免道德风险和逆向选择带来的利益冲突问题。对于诚实的融资人来讲，在充分考虑自己的经营情况和未来发展的情况下，其可以通过签署对赌协议快速获得融资，实现企业既定的经营目标，达到预期的业绩水平。从这一点讲，对赌协议可以有效解决信息不对称的问题，有效平衡投资方和融资方的利益，推动经济发展。

在股权转让协议中的对赌协议条款通常具有以下两个特点，一是设定了经营目标①，二是约定了股权回购或者其他股权调整的责任和条款。对赌协议可以分为以下几种类型，一是按照对赌的对象分类，可以分为与公司对赌、与股东对赌和与公司及股东同时对赌；二是按照对赌协议中估值调整的方式进行分类，可以分为股权稀释、股权回购、现金补贴、股权优先权、股权激励等多种方式。因为本书的讨论主题为股权转让，因此对对赌协议的分析以股权回购为主要探讨对象。值得注意的是，中国证券投资基金业协会把"对赌"纳入了明股实债的范畴，但结合该定义，对赌构成明股实债必须具备两个条件，一是保本保息，二是投资者不参与目标公司经营管理，只有符合上述两个特性的对赌，特别是脱离目标企业经营业绩的"对赌"，形成固定收益，才有可能被监管认定为明股实债。如果收益与企业经营业绩挂钩，且收益具有不确定性，则不是明股实债。

对赌协议引入我国公司融资实践中的历史并不长，直到 2012 年最高人民法院审理上述海富投资与甘肃世恒股权投资纠纷案②之后才引起学界重视。在该案中，私募股权投资机构海富投资与被投资对象甘肃世恒签订协议，海富投资以 2000 万元人民币对甘肃世恒进行增资，并以其年度经营业绩和最终能否实现公开上市进行对赌，即（1）2008 年甘肃世恒净利润不低于 3000 万元人民币，否则海富公司有权要求其补偿相应的业绩；（2）甘肃世恒应于 2010 年 10 月 20 日前完成上市，否则海富公司有权随时要求甘肃世恒回购其当时持有的合资公司的全部股权。海富公司依约履行了协议，但因为市场环境变化，甘肃世恒公司并未能实现协议规定的业绩目标和公开上市计划，因此海富公司起诉要求甘肃世恒公司按照协议约定进行业绩补偿。最高人民法院经过再审认为，《增资协议书》的约定实质上使海富公司的投资不再与世恒公司的经营业绩相关，而是获取相对固定的收益，这样的约定因损害了世恒公司和公司债权人利益而无效；而《增资协议书》中由世恒公司股东——迪亚公

---

① 参见最高人民法院"一带一路"建设典型案例第二批案例 7：山东华立投资有限公司与新加坡 LAURITZ KNUDSEN ELECTRICCO.PTE.LTD. 股权转让合同纠纷上诉案。
② 参见最高人民法院（2012）民提字第 11 号民事判决书。

司对海富投资进行收益补偿的承诺，因其是当事人的真实意思表示，并不损害甘肃世恒及公司债权人的利益，合乎法律法规的规定，因此该业绩补偿的约定有效。这一判决确立了投资人与公司对赌无效而与股东对赌有效的基本审理思路。

与法院系统普遍坚持"与公司对赌协议无效"的态度相比，仲裁机构对投资方与目标公司之间对赌协议的效力的态度相对开明。一方面，投资方与目标公司签订对赌协议时，系公司债权人而非股东。只有当投资方依照对赌协议实际履行了出资义务、成为目标公司股东后，投资方和目标公司之间才形成股东与公司的法律关系。尽管投资行为会在通常的债权债务关系之外增加一种股东公司关系，但践行约定实现股权回购、资金补偿等事项确是凭借债权人请求权实现的。另一方面，投资方要求目标公司回购股权是债权人基于债权人请求权而提出的要求，当投资人以债权人身份要求目标公司履行回购义务时，这与申请人作为股东抽回出资是两个不同的概念。

对于对赌协议中股权回购条款的效力合法与否，学界和实务界都存在不同的看法和争议。第一种观点认为，对赌协议本质上属于利于投资人的兜底条款，在其投资失败时，由公司或者股东分摊投资人的风险，这违背了投资人参与商事活动和作为股东应当承担商业风险和共同承担公司盈亏的原则。[①]具体到海富案，《中外合资经营企业法》规定要根据合营各方注册资本的比例，来分配合营企业的净利润。而海富公司与甘肃世恒公司签订的增资协议违背了股权投资共担风险、共享收益的本质。第二种观点认为，依据《最高人民法院关于审理联营合同纠纷案件若干问题的解答》第4条第（2）项规定，认为该合同无效。但是，在上述"海富案"中，海富公司是一家专门通过私募的形式对非上市企业进行权益投资的公司，其主业系权益性投资而非债权性投资，而索取固定回报的行为恰恰是债权投资而非权益投资，因而有

---

① 参见苏州工业园区海富投资有限公司与甘肃世恒有色资源再利用有限公司等补偿款纠纷再审案，（2011）甘民二终字第96号。

违其主业之性质。第三种观点认为，投资人与公司签订了对赌协议，约定在无法达到经营业绩的情况下，公司对投资人所持有的公司股票进行回购，这种方式减少了公司注册资本，侵犯了公司和其他债权人的合法利益。[①] 第四种观点认为，对赌协议中，投资人与引资人约定了经营业绩通常是公司 IPO，并约定了股权回购条款和回购时应当支付的利息。但是公司能够成功 IPO 则取决于证监会的审核决定，具有较大的不确定性，且证监会对于 IPO 的企业要求股权清晰，而含有回购条款的股权即不符合该要求。因此，这类观点认为，对赌协议从本质上为一种"名为投资实为借贷的关系"，即所谓的明股实债。[②]

随着市场经济的不断发展和法院商事裁判思想的不断确立，实务界中对于对赌协议认定有效的裁决越来越多。[③] 最高人民法院在 2014 年下发的《关于人民法院为企业兼并重组提供司法保障的指导意见》中，更是明确了对诸如股份转换协议等新型合同类型，不能轻易认定合同因没有法律上的规定而无效的司法政策，对赌协议的法律基础和合同效力才逐渐得到肯定。

对赌协议的经济本质是投资人根据公司目前的税后净利润和市盈率，对公司的市值做出估值。并且投资人与公司或者股东签订协议，如果公司无法完成约定的经营业绩，即公司达不到对赌协议中投资方对于公司的估值，公司或者股东应当补偿投资人的损失。所以对赌协议中，投资人对于其认购的股权份额是按照未来时间预计的股权价格支付对价，当引资方达到对赌协议中所约定的经营业绩，投资人所支付的预计股权价格与实际相符，即不触发对赌条款；如果引资方没有完成对赌协议中所约定的经营业绩，即投资人遭受损失，公司或者股东应当对投资人应支付的公司注册资本的溢价部分进行补偿。因此，投资人与引资人之间签订的对赌协议中，含有一定的赌博性质，

---

① 参见（2012）民提字第 11 号案，载《人民司法（案例）》2014 年第 10 期。
② 参见黄占山、杨力：《附"对赌协议"时股东承诺回购约定的效力》，载《人民司法》2014 年第 10 期，第 9~11 页。
③ 参见（2014）中国贸仲京裁字第 0056 号裁决书。

具有部分射幸合同的特征，但是对赌协议是合同双方基于企业目前的经营状况和企业未来的增长可能性，对企业市值作出的一种商业预判，对公司起到激励作用，同时解决公司融资等问题，并非纯粹以投机为目的的赌博行为，因此在法律上不应被认定为合同无效或者不得被强制执行。[①]

对于对赌协议的效力认定，应当从合同法和公司法两个方面入手。其一，我国《合同法》第 52 条规定了合同无效的几种情形，投融资双方只要不违反其强制性规定，对赌协议就应当有效。对于公司在 IPO 过程中隐瞒其股权存在对赌协议、规避证监会监管，进而导致合同无效的观点，本书并不赞同。虽然证监会对于拟 IPO 公司要求股权权属清晰，但是对赌协议并不影响公司的股权权属问题。当公司成功 IPO 时，股权归属于投资人，没有股权纠纷；如果公司没有 IPO 成功，亦不会对证监会的监管产生任何实质性的影响。因此，公司在 IPO 过程中隐瞒对赌协议对合同本身的效力不应当产生任何影响。[②] 其二，对于《合同法司法解释（二）》第 26 条中关于情势变更原则的适用，有学者提出，因为公司 IPO 与否取决于证监会行政机关的审批，而非商业风险，如果公司 IPO 失败，补偿条款实属不公，应当适用情势变更原则。但是对于 IPO 与否并非不可预见的商业风险。首先，投资方和引资方对于 IPO 成功与失败的情况均做了约定，即说明投资人与引资人对 IPO 与否已经有一定的预见能力。其次，投资方和引资方在签订对赌协议之前，对于公司的经营状况和未来发展前景都作了详细的尽职调查，对于公司是否能够上市有一定的专业预判能力，补偿条款并非不公平。投资人作为专业的投资机构，其资金来源具有高昂的成本，因此投资方需要高昂的回报来覆盖其成本。当投资资金进入企业之后，为企业解决了融资问题，同时投资人会对企业经营管理提供一定的帮助。当投资方溢价进入公司时，即承担了巨大的风险。

---

① 参见刘燕、楼建波：《金融衍生交易的法律解释——以合同为中心》，载《法学研究》2012 年第 1 期，第 58~76 页。

② 参见俞秋玮：《以上市为条件的"对赌"协议的效力评价》，载《人民法院报》2015 年 3 月 25 日。

而当公司 IPO 失败时，引资人对于投资方的补偿条款，属于商事主体之间对于商事活动判断自负盈亏的合理后果，并不存在不公平的情形。值得注意的是，这一观点已经在实践中被法院所采纳，用于判断公司为股权回购协议提供担保的法律效力，法院认为虽然股权转让合同系在股东之间签订，但转让方股东所得股权转让款（主要是以资本公积金的形式），为了提升公司的持续经营能力，将全部投入公司资金账户，以供公司经营发展使用。这不仅符合公司股东的个人利益，也符合公司全体股东的利益，公司本身是最终的受益者，有利于自身经营发展需要。因此，公司应当就股权回购协议的执行承担担保责任。[①]

从公司法的角度来看，首先，对于补偿条款是否属于保底条款，保底条款是否违反了公司法股东共同承担公司经营风险的原则，是否会影响合同的效力，本书持否定观点。我国证券法在基金投资领域等对保底条款作出了限制，目的在于保护证券基金市场的稳定，防止资本市场系统风险被无限放大。同时，中外合营企业法对保底条款也作出了一定的限制，旨在保护中国企业利益免受侵犯。因此，在一些特殊领域中，为了保护更多数人的利益，限制了对于保底条款的适用。而在增资协议中，并不存在上述值得特殊保护的法益，因此，保底条款的适用与否对合同的效力不应产生影响。对于对赌协议，其签订合约前，投资方并不具有股东身份。因此对于对赌协议的效力认定，应当适用合同法的相关原则而非公司法。投资人因为合同生效后才取得公司股东身份所带来的限制，不应作为考量对赌协议合同效力的因素。

其次，当前司法实践对投资人和公司控股股东之间签订的对赌协议是允许的态度，但并不允许投资人与目标公司签订对赌协议，从而防止借对赌之名抽逃对公司的出资。但此种裁判思路是否妥当，仍有进一步讨论之余地。诚然，维持公司资本作为此种裁判思路的依据并无不妥，但值得注意的是，

---

① 参见强静延、曹务波股权转让纠纷再审民事判决书，最高人民法院（2016）最高法民再 128 号。

《公司法》并不绝对要求维持公司资本，而只是要求维持与其经营规模相适应的资本和资产。[①] 因此，在对赌协议效力认定中，应当遵循以下几个原则。一是鼓励当事人交易、意思自治的原则。这同时符合我国审判机关对于商事合同采用商事审判理念处理的做法。二是维护公共利益的原则。对赌协议中不可避免的可能会涉及其他债权人、公司、公司其他股东的利益，在维护交易效力、意思自治的同时，应当做好对于公共利益的保护。

值得注意的是，经过修改的我国《公司法》第142条股权回购条款修改和增加了三项情形：（1）股权激励；（2）上市公司为配合可转换公司债券、认股权证的发行，用于股权转换的；（3）上市公司为维护公司价值及股东权益所必需的。

通过上述分析可知，在有限责任公司股权转让中，合同扮演着重要的角色，但因为其法律效力受制于诸多因素的影响，使其并不能够在当事人达成意思表示一致时直接生效，此种做法将会导致一定的道德风险。因此，股权转让的"意思主义"模式在我国理论和实践上均不具有可行性。其法律效力会因不同的法律要素的影响，如批准、其他股东的优先购买权、让与担保、对赌、股权代持等，从而产生不同的法律效力，即可能是生效、成立不生效、附条件生效甚至因为违反法律规定而无效等不同情形，并因此决定当事人之间的具体权利义务关系。

---

① 参见赵旭东：《商法学》，高等教育出版社2015年版，第116页。

第三章　有限责任公司股权转让中的股权变动效力

一、股权转让中不同股权变动模式的分析与比较

实际上，在既有的对有限责任公司股权转让的研究中，不少学者都意识到了股权转让模式的重要性，并展开了部分论述。[①]然而，依法律行为实现股权变动的模式，在学界却始终充满争议、众说纷纭。在依法律行为所为的股权转让中，股权转让合同所代表的双方当事人合意为其构成要素之一，除此之外，股权变动是否需要满足其他条件，实为股权转让法律效力及模式所必须要解决的问题。股权转让的核心问题在于确保买受人获得被转让的股权并切实获得公司股东资格。只有在转让后达到了确定股东资格、确保股东权利的享有等行使股权的必需条件，该转让才能够算作完成。[②]股权转让何时生效，或者股权交付是否需要履行特定的形式要件因而成为有限责任公司股权转让法律效力及其模式构造必须要解决的核心问题。根据股权转让是否需要完成特定的形式要件以实现其预期的法律效力，理论界将其划分为意思主义与形式主义两种路径，并围绕这两种解释路径展开了激烈论战。

（一）股权转让意思主义模式

从当前学术界和实务界的观点来看，股权转让的法律效力受意思主义模

---

① 参见张双根：《股权善意取得之质疑——基于解释论的分析》，载《法学家》2016年第1期，第134页及以下。

② 参见曹兴权：《股东优先购买权对股权转让合同效力的影响》，载《国家检察官学院学报》2012年第5期，第150页。

式的影响较大，但同时也导致了实务中对股权转让效力认定方面的不确定性和混乱。

1. 意思主义模式的主要内容

在意思主义模式下，只要双方当事人就公司股权转让达成合意，买受人即可直接取得股权，股转协议生效的时间即股权发生变动的时间，无须履行形式上的交付行为或登记程序，股东名册记载或工商登记的变更均非股权变动的生效要件，与股权转让的效力无关，仅系股权变动生效后程序上的补充、完善行为。[①]《德国有限责任公司法》即遵循此种模式，其认为股权转让应当遵循权利让与的一般规则，即《德国民法典》第398~413条，买卖双方就股权转让达成合意即可实现股权之转让。不过，受让人如果要向公司主张其股东资格，行使其股东权利，应提供股权转让的相关证据，向公司进行申报，此为其取得股东资格的要件。但这一申报并非股权让与行为的生效要件，也不是对抗要件；因为受让人依据生效的股权转让合同所取得的股权，不仅可以对抗股权转让人，更可以对抗除公司之外的第三人，尤其是转让人的债权人。[②] 在此模式下，其区分了股权和股东资格。

在意思主义模式下，又存在纯粹意思主义与修正意思主义的区分，在前者，股权转让协议一经生效，股权变动即生效，受让人取得公司股权，并享有股权下一切权能和利益，其效果不仅可以约束当事人，还可以约束公司和第三人；[③] 在后者，股权转让协议生效后，股权转让即发生效力，但效力范围仅限于协议当事人之间，股权转让仅在买卖双方之间生效，并不约束公司及外部第三人。上述《德国有限责任公司法》即为此例。股权转让仅在完成公司法上的股东名册、公司商事登记变更后方对公司及外部第三人产生约束，

---

① 参见甘培忠：《企业与公司法学》，北京大学出版社2014年版，第192页。
② 参见张双根：《德国法上股权善意取得之评析》，载《环球法律评论》2014年第2期，第158页。
③ 参见张双根：《股权善意取得之质疑——基于解释论的分析》，载《法学家》2016年第1期，第134页。

称为"股权转让对抗效力的完善"。

公司股权转让意思主义模式的构建，与学者对股权性质的理解有关。在这些学者看来，股权与债权一样，是一种股东针对公司的相对性权利，股权享有人（即股东）欲行使、实现其股权内容，只能向特定的相对人即公司来主张，股权内容能否实现，也取决于公司对相对应义务的履行。公司股权虽为成员权，但其必须体现在股东对公司的法律关系中，尤其是股东在公司内部关系中的地位，故而，股权与"股东资格"的概念构成同义互指，成为一体之两面。因此，股东对股权之处分，属于私权自治的范畴，原则上与公司无关；并且这种处分原则上必须及于股东资格，两者不可能在法律上进行分别处分，即不可能存在股权已被转让而受让人不能取得股东资格的情形。[1]

支撑股权变动的意思主义的一个重要看法是股权来源于股东的出资，股东的出资对于判断股东资格具有实质价值，即便尚未记载于股东名册，没有进行工商登记，已经履行了出资义务的出资人仍系公司股东。据此，既然股权转让双方已经就出资进行了交换，则受让方当然取得对公司的股权。这种看法简单地将出资作为股权产生的唯一要件，将股权取得视为股东的单方行为，实际并不符合对公司与股东之间基本关系的认知，至少忽略了公司在股权关系中的主体地位和公司在股权确认中的积极权利。如果按照该种看法，任何陌生人之间只需要投资即可成立公司，而无须相互认识和信任，这显然不合实际。公司与股东之间的关系绝不限于出资与被出资的关系，出资只是成为股东的基础，并非股权确认和取得的唯一标志。[2]

---

[1] 参见张双根：《股权善意取得之质疑——基于解释论的分析》，载《法学家》2016年第1期，第135~136页。

[2] 参见徐胜强：《股权转让限制规定的效力——〈公司法〉第71条的功能分析》，载《环球法律评论》2015年第1期，第148~149页。

2. 股权转让意思主义模式的缺陷

（1）意思主义与股权的性质不相符、打破了有限责任公司的人合性

值得注意的是，这些学者的观点似乎充满矛盾。其一，将股权比作债权，认为其依当事人意思可以径直转让，而无须履行任何程序或者满足其他生效要件的要求。然而，在债权转让的情形，虽然当事人直接关于债权转让的合意能够实现债权转让的法律效果，但该效果仅能在当事人之间发生；若对债务人发生效力，其必须通知债务人方能对债务人生效；即使是在债权转让的情形，实践中也已开始采纳债权转让登记的做法，因为单纯的通知不能充分起到公示的作用。[①] 就此而言，股权与债权同样作为无形财产权，出于维护交易安全的目的，这种单纯凭当事人意思表示即可实现权利变动的交易模式存在极大的交易隐患。

其二，在股权和股东资格的同一性方面，张双根教授的论述似乎也仍欠缺深入思考。其认为，股权与债权一样，是绝对性地归属于其股东，故而在股权让与中，对这一权利归属关系之处分，属于其私权自治范畴，原则上与公司无关——除非公司法或公司章程对股权转让设有限制性规定。[②] 而在张双根教授的另一篇研究德国公司法的学术论文中，却清晰地表明其所信奉的德国亦对股权和股东资格进行了区分，即"受让人如欲向公司主张其股东地位，行使其股东权利，须附具转让人之证据，向公司进行申报"。虽然其在文中明确声明该申报要件并非生效要件，亦非对抗要件，当事人仅仅依据生效的股权转让合意即可确定地取得股权。[③] 但如前所述，股权是一种复合型的独立

---

① 参见王乐兵：《法典化背景下的应收账款质押：现实困境与未来改革》，载《法学杂志》2016 年第 4 期，第 49~50 页。

② 参见张双根：《股权善意取得之质疑——基于解释论的分析》，载《法学家》2016 年第 1 期，第 136 页。

③ 参见张双根：《德国法上股权善意取得制度之评析》，载《环球法律评论》2014 年第 2 期，第 158 页。

民事权利类型，分红权、剩余财产分配权等财产性权利并非股权的全部内容，其还包含了股东参与公司治理的权利，而这些权利的行使需要股东之间的相互了解和信任，因而决定了并非任何人都能成为公司股东，故而对这两种类型权利的处分，应当允许其在一定程度上的分离。因此，公司股权的转让，并非与公司无关，而是与公司经营管理的良好与否、甚至成败息息相关。

其三，有限责任公司不同于股份公司和上市公司之处即在于其较强的人合性。公司既是商业交易的主体，但其自身却是一个构造明晰的组织体，公司治理的实现需要股东协商一致（即使不能全体同意，也要求实现资本多数决从而体现多数股东的意志）、股东身份及相互之间的信赖关系，这对公司决策具有重大影响，且股东之间的合作关系一直存在于公司存续期间，具有长期性，这些特征均要求股东不能在未经其他股东同意或知情的情况下将其股权转让并发生其所希望的法律效力。同时，公司也不会允许公司股东之外的"陌生人"行使对公司进行治理的权利。

（2）意思主义不适当地扩大了合同的效力范围

股权转让与股权的权属变动是应予区分的两个不同概念，前者是对股权在不同主体之间流转的法律现象的描述，而后者则特指股权在归属意义上的权属变化。在德国法上，有限责任公司股权转让被区分为"使股东有义务转让股权的协议"和"股权让与"（Abtretung），前者为债权行为，后者为准物权行为。[①] 由此可见，意思主义的股权转让模式混淆了不同阶段的合同的成立生效和合同的履行行为的效力。生效的股权转让协议仅使得股权转让人负担向受让人转移合同约定的其名下股权的合同义务，并不当然导致股权自动变动生效。[②] 生效的股权转让合同唯经有效履行后方产生股权变动的效果，受让人

[①]　参见胡晓静：《股权转让中的股东资格确认——基于股权权属与股东资格的区分》，载《当代法学》2016年第2期，第37页。

[②]　参见刘应民、张鑫：《侵害优先购买权合同效力的认定及救济途径——兼评〈公司法司法解释（四）〉（征求意见稿）第27条》，载《证券法苑》2016年第1期，第228页。有效的股权转让合同仅产生卖方将股权让渡买方的合同义务，而非导致股权的自动、当然变动。

取得股权尚需转让股东对股权转让协议的适当履行。即使在德国，其"有限责任公司"股权让与效果的发生也必须要满足公司章程对股权转让的限制条件，之后才能发生股权转让的法律效果，这与某些学者所主张的纯粹意思主义模式存在极大地差别。

纯粹意思主义模式将公司和外部第三人纳入股权转让协议的效力范围内，认为生效股转协议效力下的股权变动可以自动约束公司和外部第三人，忽视了合同的相对性特征，混淆了以股权转让为内容的合同行为和以股权确认为内容的公司行为。后者并不属于合同法的内容，而系公司法的规范范围，在公司法未予规定的情况下构成立法漏洞，但也不能因此认为其属于合同法的调整范围。纯粹意思主义模式下，股东名册的变更以及公司登记的变更被视为公司内部对已经取得股权并成为公司股东的受让人基本信息的登记和公示，其实质是将公司排除在股权转让的交易结构之外，虚化公司在股权关系中的主体地位和公司对股东进入及股权变动的积极权利。意思主义的股权变动模式下，受让人与转让人之间的股转协议可自动产生股权变动的法律效果，对股东权利的实现负积极义务的公司被隔绝在交易之外，不参与股转协议的订立，也不参与股权的转移交付。纯粹意思主义模式下，公司作为一方独立主体须受作为平等主体的转让人与受让人之间的协议约定的约束，法理上即缺乏正当性，也有违合同相对性的基本属性。股权转让并非单纯的财产权利变动，涉及股东与公司关系的变动，意思主义的转让模式显然不太适合有限公司股权的变动。

股权虽非物权，但其性质和变动程序均比物权更加复杂，不仅涉及股东的自益性的财产性权利，更涉及股东基于身份而享有的一系列共益性权利，并不可避免地影响公司、其他股东和债权人的权利。以股权质押融资为例，《物权法》采取了与意思主义截然不同的交易模式，其第226条对股权出质采纳了登记要件主义，除了当事人合意之外，根据质押股权为上市公司股票和非上市公司股权的不同，当事人必须在证券登记结算机构或工商行政管理部门办理登记才能有效设立质权。这就在客观上造成了有限责任公司股权转让采用登记对抗主义，而股权出质却采登记要件主义的尴尬局面。毕竟，从法律后果上来看，股权转让将导致根本性的权利变动，而股权质押仅仅是在股权上创设权利负担，故而在权利变动的要件设置方面，后者不可能比前者要严格，至多保持一致即可。① 由此可见，股权变动的意思主义模式却与物权变动的一般原理存在严重冲突。相比而言，《物权法》对物权变动采取了比较谨慎的制度安排，除买卖合同外，其根据物权客体的不同而要求采取不同的公示方式，从而维护交易安全。

（3）股权转让意思主义司法实践损害了股权转让交易的确定性

虽然股权转让意思主义模式具有以上缺陷，但我国司法实践却比较多地采纳了这种模式，对于违反公司法规定或章程规定而转让股权转让的行为，通常的做法是撤销股权转让协议或者判决决议无效。对于原股东而言，纯粹意思主义模式下的股权转让直接侵害了公司的人合性和公司治理结构的稳定性，对于此种侵害行为只能通过否定协议效力的方式实现事后救济。在保持公司治理稳定和保护股权买受人交易安全方面，如何抉择将对两者的利益产生重大影响。之所以要保护其他股东的优先购买权，赵旭东教授认为，其"牵涉法律所要保护的两种利益，其一是其他股东的既有权益，其二则是有限公司的人合性，股东既有权益的保护还只是股东的个体权利问题，而有限公司的人合性则涉及……公司自身的利益和所有其他股东的利益"。②

如果遵循此种观点，我们会发现，股权转让意思主义模式看似简化了股权转让的程序和要求，但却为交易当事人带来了更大的法律不确定性，不利于维护交易安全。一旦股权转让合同被撤销或宣布无效，受让人只能向出售人主张缔约过失责任从而补偿其所遭受的实际损失，这与受让人意欲获取目标公司股权的期望显然相悖。

---

① 参见朱庆：《股权变动模式的再梳理》，载《法学杂志》2009 年第 12 期，第 127~128 页。
② 参见赵旭东：《股东优先购买权的性质和效力》，载《当代法学》2013 年第 5 期，第 24 页。

（二）股权转让形式主义模式

1. 股权转让形式主义模式的基本内容及其优势

债权形式主义认为股权转让合同的生效不能直接发生股权变动的法律效果，股权变动除当事人达成转让合意外，还须有某种交付行为或公示方式，才能够产生股权变动的效果。在这种双层结构之下，股权转让协议只是产生让与人负担股权让与的义务，不能当然、自动地发生股权变动的效力；而真正导致股权变动的是作为处分行为的股权交付，从而使受让人实际取得对公司的股权，其股东身份及持股获得公司认可。生效的股权转让合同唯经实际有效的履行后方产生股权变动的效果。

股权变动形式主义的优势在于，通过要求一定的公示形式，使得其他股东以及公司能够知晓公司股权发生的变动，并对股权变动的过程施加一定程度的控制，防止不受欢迎的人进入公司，从而保持公司治理结构稳定。与此同时，股权变动形式主义客观上为确立公司在股权变动中的主体地位创造了条件，因为只有公司才能注销原股东的出资证明书、向新股东签发出资证明书，并修改公司章程和股东名册中有关股东及其出资额的记载，受让股东才可以切实行使其股东权利。

同时，股权变动形式主义实现了对原有股东保护和买受人交易安全的平衡。就原有股东而言，在没有完成法律所规定的公示形式之前，买受人与出售人之间仅存在有效的合同法律关系，股权权属不发生变动，买受人没有获得股权、亦无法进入公司行使股东权利，故而原股东的合法权益未曾受到损害；对于买受人而言，特定形式的股权变动公示使其清晰地了解其在股权转让交易过程中在不同阶段所享有的不同权利，其可以通过完成法律所要求的程序而实际获得股东身份、完全取得股权，也可以在原股东之间就股权转让达不成一致意见、原股东行使优先购买权等情形下，根据有效的股权转让合同向出售人主张违约损害赔偿。股权转让形式主义为当事人提供了清晰的交易规则指引，赋予了交易当事人合理的制度激励和期待，实现了保护原股东合法权益与保护交易安全的平衡。

最后，股权转让形式主义契合了我国《公司法》关于股权变动制度设计的整体制度构造和逻辑。除有限责任公司外，《公司法》对记名股票、无记名股票以及上市公司股票的变动均采取形式主义的股权转让模式，《物权法》对有限责任公司股权和上市公司股票的质押也采取登记生效要件主义。因此，从维护公司法关于股权转让的制度框架一致性的角度出发，有限责任公司股权对外转让也应实行形式主义模式。在这一原则下，仅须针对不同类型股权的特点，设计专门的权利变动外观标志，此举将会在保持法律体系统一的同时，为此类交易提供更加稳定的制度保障。

2. 股权转让形式主义当前存在的问题

然而，股权转让形式主义理论的一致性也仅仅停留在股权转让合同不能产生股权变动效果这一点上，而至于股权变动何时发生，学者之间和司法实践中仍然存在不同观点，从而致使司法实践无法作出统一的裁判。

有观点认为股权的变动时间应界定为公司将买方载入股东名册之时，亦有观点认为应当为公司登记机关办理股东变更登记之时，从而产生了公司股权变动内部登记与外部登记的分野。公司内部登记指公司股东名册的记载和变更，持此说者认为有效的股权转让除当事人之间生效的股权转让协议外，尚需在公司层面上履行公司内部股东名册的变更，唯此，股权变动方得约束公司而不失其意。同时，股权转让进一步完成工商登记后，转让之股权即取得对抗效力，得以对抗外部第三人。持外部登记说者认为股权产生于公司商事登记，经登记的股权也应当以登记的方式进行转移，股权的变动生效须以商事登记的变更为生效要件。

亦有学者从内、外区分的角度出发，认为应对有限责任公司股权变动采取公司内部登记生效主义与公司外部登记对抗主义相结合的态度，即在公司内部关系中，公司股东名册的变更登记之时视为股权交付之时，买受人据此获得股东资格；而在公司外部关系中，公司登记机关的股权变更登记行为具有对抗第三人的效力。此种解释既有利于方便买方取得和行使股权，也有利于保护善意第三人。[①]

股权产生于投资人对公司的出资，公司认可该出资行为后赋予投资人以股权作为其出资的对价，而非出自股东名册的简单记载或登记主管机关的核准登记。就此而言，将股东名册或工商登记作为股权转让的生效要件存在值得商榷之处。（1）就股东名册而言，尽管《公司法》对于股东名册有诸多提及，但从立法的现状来看，我国并未建立起完善的股东名册制度，股东名册之于股权的效力极其有限，至少不具备创设股权的效力：第32条第2款只是规定记载于股东名册的股东可据此向公司行权，但并未明确股东名册在股权变动中的要件效力，也未明确要求公司应当严格按照股东名册的记载确认股东及其股权，正如前文所述，股东名册只是股权确认的形式依据之一，并非股权确认的实质要件；《公司法》第73条的规定则证明，在我国现行立法中，股东名册更多的作用是确认既存的股权，股东名册的修改乃是公司在股权转让生效后履行的程序性义务，而非股权转让生效的要件之一。在我国公司实践中，也普遍存在公司不置备股东名册或者股东名册变更滞后的情况，径行将股东名册作为股权转让的生效要件必然造成实务中股权关系的混乱，引发纠纷，危及交易安全和公司的稳定存续。（2）将公司登记作为股权转让生效的要件则是对商事登记的误读，混淆了作为物权变动的财产登记与作为商事组织登记的工商登记。首先，与财产登记创设和确认财产权利关系的效力不同，商事登记的目的在于核准商事组织的设立、变更和注销，与股权的产生和变动实际并无任何关系，股权只是作为商事登记的登记内容之一而已；其次，在公司登记中，登记主管机关对于登记事项仅做形式审查，并不对登记事项的正确性负责，即有很大可能存在工商登记中的内容与实际情况不符的

---

① 参见刘俊海：《论有限责任公司股权转让合同的效力》，载《法学家》2007年第6期，第76页。

情形，在此，公司登记作为股权转让的生效要件即有很大可能导致登记的股权与实际股权关系不符而引发争议，所谓的公司登记的公示公信力实质是值得再考量的；最后，工商登记作为一种公法上行为，将其作为私法上股权转让的生效要件是变相地将私法行为的效力置于公法之下，有公法过度干涉私法行为的嫌疑。

（三）股权转让修正主义模式

鉴于股权转让意思主义和债权形式主义的缺陷，有学者提出了修正主义模式，其中又以李建伟教授为典型代表。李建伟教授认为，应当通过界定股权转让的对抗效力来厘清股权转让过程相关当事人之间的关系，其中包括出让人、受让人、公司以及其他第三人。修正主义模式融合了债权形式主义和意思表示主义的不同因素，比如，其继受了意思主义模式承认股权转让合同生效即可导致股权归属的变动的规定，并且认为这种股权变动的效力仅仅在合同当事人之间有效，对合同以外的第三人，尤其是公司和其他股东没有对抗效力，这意味着其并不能获得股东资格、行使股东权利。如果受让人想进入公司，行使股东权利，取得对抗公司的权利，则需要获得其他股东过半数同意并变更公司股东名册；如果受让人想要取得对抗第三人的权利，则需要进行工商登记的变更。[①]

在此基础上，其将股权变动划分为以下三个阶段：第一个阶段，买卖双方之间股权转让合同生效，其法律效果是在当事人之间产生股权转让的效果。但是这种"私下"的股权变动并不具有商法所要求的权利外观，因此没有对抗公司的正当性，这种股权变动的效力仅仅在转让人和受让人之间生效。第二个阶段，其构建了对公司的股权转让通知和认可制度，并通过借鉴《合同法》债权转让中通知的对抗效力而着重强调了通知的法律效力，即在通知完

---

① 参见李建伟：《有限责任公司股权变动模式研究——以公司受通知与认可的程序构建为中心》，载《暨南学报（哲学社会科学版）》2012 年第 12 期，第 22 页及以下。

成时赋予受让人对抗公司的权利。但是，这两种通知在法律性质上是否具有可比性是深深值得怀疑的，毕竟债权和股权在公司融资法上系存在根本差异的两种融资方式。从通知的效力来讲，债务人收到通知只是转变履行对象，只要不对其债务履行造成过度的负担，债务人向谁履行并不重要，重点是只要按照合同履行了债务，此债权债务关系即告终结，双方当事人之间不再有任何法律和经济上的联系；更重要的是，随着我国担保融资实践的发展，债权让与通知已经在很大程度上被应收账款的让与登记所取代，[①]并且奉行登记对抗主义。而股权转让通知则不一样，其通知的内容并非纯粹的财产利益关系，而且更重要的是其包含着买受人要继受转让股东的股东资格，并且对公司行使股东权利，切实参与公司经营管理，后者才是通知的主要目的，在此情况下，公司接受通知并不能起到承认买受人股东资格的法律效果。

实际上，李建伟教授也意识到了这一点，他认为公司乃当然的章程守护者，其可以对股权转让合同的法律效力进行细致审查，假设股权转让合同违反了公司章程的禁止性、限制性规定，公司可以对合同的效力提出异议，拒绝承认受让人为股东、拒绝办理股东名册的变更。[②]由此可见，公司并非单纯地接收来自股东的股权转让通知，而且对交易具有同意权。但是，公司能否对股权转让合同的效力进行审查是值得怀疑的。毕竟对合同效力的审查将会引发股东与公司之间的大量纠纷和诉讼，致使公司成为股权转让纠纷中的被告，此举将在很大程度上干扰公司的经营。由是之故，在英美等国的公司法中，其认为公司并非股份的保管人，而只是股东名册的保管人，通过股东名册进行的转让并非针对公司的一项信托，公司也并非受托人，因为在这种情况下并不存在信托的因素。根据在股权证书上体现的股权转让的内容，公司所做的仅仅是向被登记的股份所有人或其律师打开股东名册，并允许其将股

---

① 参见王乐兵：《"物权编"与"合同编"体系化视角下的应收账款质押制度重构》，载《法学家》2019 年第 3 期，第 100 页；王乐兵：《法典化背景下的应收账款质押：现实困境与未来改革》，载《法学杂志》2016 年第 4 期，第 49 页。

② 参见李建伟：《有限责任公司股权变动模式研究——以公司受通知与认可的程序构建为中心》，载《暨南学报（哲学社会科学版）》2012 年第 12 期，第 24 页。

份转让登记在上面。交出剩余的股份证书并向买受人签发新的股份证书与股权转让没有任何关系。交出剩余的股份证书仅仅是遵守其签发时规定的条件，意即提交剩余的股份证书是向登记的股东打开股东名册的前置条件。当该股份转让被登记在股东名册上时，该股权转让即完全完成，经登记的新股东即可有权利要求公司向其签发载有其姓名的股份证书。[①] 公司对于该转让没有任何控制权，除了其有权拒绝向未经登记的股东或无权代表被登记股东进行股权转让的人打开股东名册外。公司并未在通过其股东名册进行的股权转让中获得利益，与之非常类似的是银行对其储户的支付义务。公司对其股东负有义务，即承认其为股东的义务，将股权的转让登记在股东名册上被视为这种承认的终止或转移。由此可见，公司自身实质上不能对股东名册的变更施加实质性影响，其仅能依据买卖双方提交的相关书面材料和股东会同意转让股权的决议变更股东名册，进而使买受人据此获得股东资格。其唯一能够在实质上干预公司股权转让的机会是在收到股权转让通知后，以公司股东大会的形式行使同意权或否决权，进而决定优先购买权是否行使、由谁行使。除此之外，公司对股权转让仅负有形式上的审查义务和配合股权变更的义务，不能干预出让人与受让人之间的合同履行，不能对公司股权转让施加实质性影响，尤其是在全体股东都愿意放弃优先购买权、接纳新股东进入公司的情况下，公司就必须配合办理股东名册变更和工商登记变更。[②] 否则公司将陷入股权转让纠纷的汪洋大海，无法正常经营。

通过上述分析，我们发现，转让股权的股东对公司进行通知并不能产生股权转让的效果，其仍需要公司的认可。但"修正主义模式"并未清晰地阐明如何行使这种同意权？由公司的哪一机构（董事会还是股东会）行使此种同意权？不同的机构行使此种权利将会产生完全不同的效果。如果由董事会

---

① See Mark S. Rhodes,Transfer of Stock, Seventh Edition, § 1：2. Duty of corporation in transferring stock as established by courts,April 2017 Update.

② 参见蔡元庆：《股权二分论下的有限责任公司股权转让》，载《北方法学》2014 年第 1 期，第 56 页。

行使此种权利，则管理层出于维护自身地位和利益的需要，有很大可能会否决该股权转让交易，从而严重侵害股东通过股权转让退出公司的权利；如果由股东会来行使，则情况又是另外一番景象。这说明，在"修正主义模式"下，其对公司认可股权变动的权利的行使缺乏规定，对公司在股权转让中的地位和作用也缺乏深刻的认识，因此存在较为明显的理论缺陷。

"修正主义模式"下股权转让的第三个阶段是，通过变更股东名册和工商登记实现股权的交割。公司在接到通知后，认为受让人有资格成为股东，应当为其办理变更股东名册和工商登记。值得注意的是，在该模式下，其并不认为变更股东名册作为股权变动要件，李建伟教授认为，公司认可受让人为股东的意思表示有多种，没有必要僵硬地非要局限于股东名册变更这一途径，此举也避免了股东名册置备在我国公司实践中的虚无状态所带来的巨大麻烦。[1] 在股东名册和工商登记变更之后，受让人取得股东资格，分别享有对抗公司和外部第三人的权利。

修正的意思主义将股权转让对当事人的效力和对公司及外部第三人的效力区别对待，但将股权类比于债权，参照《合同法》关于债权转让的制度重新设计了有限责任公司的股权转让模式：生效的股权转让协议当然产生股权变动的效力，但股权变动仅在转让股东和受让人之间生效，不约束股权转让协议外的公司；唯经股东名册变更后，股权变动对公司生效，经公司商事登记变更后得对抗外部第三人。相对性之股权在法律关系结构上近于债权，则股权让与行为在构造上，自可比照债权让与行为，采取意思主义之构造模式。也就是说，一经股权让与人与受让人达成合意并生效，受让人即取得股权，而让与人也就同时丧失其所拥有的股权。[2] 该种观点一方面将股权视同债权，忽视了股权关系中公司的主体地位等股权区别于债权的内容；另一方面，对

---

[1] 参见李建伟：《有限责任公司股权变动模式研究——以公司受通知与认可的程序构建为中心》，载《暨南学报（哲学社会科学版）》2012 年第 12 期，第 24 页。

[2] 参见张双根：《股权善意取得之质疑——基于解释论的分析》，载《法学家》2016 年第 1 期，第 136 页。

公司不生效的股权或股权变动的[①]概念在逻辑上即存在谬误，并无任何实质意义，股权转让仅在转让股东与受让人之间生效又会减损公司协助办理股东名册变更等股权交付义务。

从上述分析来看，股权转让"修正主义模式"融合了股权转让意思主义和形式主义的诸多要素，但其主要遵循了意思主义的转让模式，虽然提出了强化公司作用的观点，要求公司对公司股权转让接受通知并进行认可，但在具体构造路径上仍存在缺陷，对股权转让各个环节的法律效力的规定并不明确。但其对我国股权转让模式改造的思路值得肯定，即股权转让并非纯粹股东之间的私人交易，应当有公司发挥作用的空间。

二、我国现行股权变动模式的缺陷和完善

我国现行《公司法》确立的股权转让交易模式及其法律效力存在根本缺陷，最突出的问题是对股权转让合同和股权变动之间的关系缺乏明确规定，尤其是对于股权转让合同的法律效力、股权变动何时生效、买受人何时取得股东资格均没有明确规定，进而导致股权转让纠纷频发、大量诉讼产生，严重影响了公司经营的稳定。

（一）我国现行的股权变动模式

根据我国现行《公司法》的规定，有限责任公司股权转让的过程可以被分解为如表 2 所示的四个阶段，各个阶段应当具备不同的法律效力：

---

① 参见李建伟：《有限责任公司股权变动模式研究——以公司受通知与认可的程序构建为中心》，载《暨南学报（哲学社会科学版）》2012 年第 12 期，第 23 页。

表 2 　股权转让流程

时间	第一阶段	第二阶段	第三阶段	第四阶段
项目	双方当事人签订股权转让合同	批准、优先购买权等	变更股东名册	变更工商登记
法律效力	合同在当事人之间生效（批准例外）	影响合同效力以及股权能够实际进行转让和交割	对抗公司效力	对抗外部第三人效力

　　按照我国现行法律的设计，一个完整的有限公司股权转让过程应该包括以上四个步骤，同时不同阶段对应着不同的效力。但是在司法实践过程中，由于股权性质和归属确权的复杂性，导致股权转让过程中的纠纷层出不穷，加之公司股权名册和政府工商登记之间存在一定的滞后和时间差，致使股权转让的法律效力具有很强的不确定性，并由此而引发了严重的信赖利益争端。

　　反观我国《物权法》，其相关规定对股权质押（与股权转让相类似，亦系基于法律行为而做出的交易）作出了不同于公司法的规定，但其更贴近交易实践的需求，尤其是在交易安全保障方面。《物权法》第 226 条要求股权出质必须在工商行政管理部门进行登记，并将登记作为股权出质的生效要件。依此逻辑，股权的所有权变更相对出质权而言具有更大的影响，那么股权所有权变更同样应当采取登记生效主义，即在股权工商行政管理部门做变更登记才可以产生股权变更的效力。但是我国《公司法》却采用的是登记对抗主义，即工商登记仅仅产生对抗外部第三人的效力，股东名册变更即可产生对抗公司的效力。此种情形下便形成了出质登记生效主义和转让登记对抗主义的尴尬局面。转让行为引发股权根本性质的转变，而出质仅仅是为股权设置权利负担，但是后者却比前者有更为严格的程序性规定和法律效力后果，显然在逻辑上是说不通的。①

---

① 　参见朱庆：《股权变动模式的再梳理》，载《法学杂志》2009 年第 12 期，第 128 页。

虽然《物权法》是传统财产法规则的代表，更注重财产的实质归属和利用（如担保融资），而《公司法》是现代商法规则的代表，其更注重财产的外部属性，从而产生了对于财产变动程序的不同要求。但是，无论股权担保融资还是股权转让，其本质上均系对目标公司股权进行法律上之处分，理论上应当遵循相同的股权转让模式。值得注意的是，与层出不穷的股权转让纠纷相比，司法实践中关于股权质押法律效力的纠纷要少得多，这充分说明我国《公司法》关于股权转让的法律效力的设计存在根本的缺陷，应当予以系统性地纠正和改造。

更进一步，《物权法》关于股权质押的法律效力构造模式能否被股权转让交易所借鉴，仍有很大的不确定性。相比股权转让，股权质押中的债权人通常不会取得股权成为公司股东，因此，股权质押原则上不需要经过公司其他股东的同意。除非作为债务人的公司股东违约、届时不能清偿到期债务，法院对公司股权进行强制执行程序，此时需要按照《公司法》第72条的规定执行。与股权质押不同的是，股权转让的买受人需要取得公司股东资格、实际参与公司经营管理，对公司产生的影响较大，因此《公司法》规定了行政审批、其他股东的优先购买权等制度对股权转让进行一定的限制，并因此对股权转让合同的法律效力和买受人股东资格的取得产生了较大影响。就此而言，即使承认股权质押的法律构造模式对股权转让的法律构造模式具有一定启发意义，但股权转让模式的构造显然不同于股权质押，并且更加复杂。

不同于股权质押，如前所述，股权转让合同的生效和法律效力在学界充满争议，其何时生效显然受到行政审批、其他股东优先购买权等诸多因素的影响，因此很难说股权转让合同一经成立即生效。更进一步，即使股权转让合同已经生效，其是否能够发生股权变动的效力？这种效力的约束范围是什么？学界意见更不一致，并因此衍生出了前述的股权转让意思主义和形式主义两种基本的股权转让法律构造模式。

（二）我国现行股权变动模式的缺陷

1. 公司在股权转让中地位缺失

我国现行法律缺乏对于有限公司在股权转让过程中的地位的规定，主要存在以下三个方面问题：

（1）公司单纯地承担程序性义务

股权转让交易中，公司只是被动地根据股东与受让人之间股转协议的约定，协助股东完成标的股权的交付，承担部分程序性义务，根据《公司法》及其司法解释，包括变更股东名册并签发出资证明书、申请工商变更登记等，在人民法院依照强制执行程序转让股权时，受领人民法院发出的通知，在涉及国有企业和外商投资企业的股权转让中尚须承担报请审批的义务，除此之外，并不承担任何实体义务。但此种安排是否合理，尚有待论证。一方面，股东与外部第三人之间的协议何以约束公司，并使公司单纯地承担义务，以及公司所承担义务的法律基础和义务来源，立法及法理上并未给出恰当解释；另一方面，立法并未明确公司在股权转让交易中的实体性义务，对于其中出现的瑕疵，如股权本身的瑕疵、受让人身份的瑕疵、交易行为的瑕疵等，公司无须负任何审慎义务，更无向相对人披露之义务，由此诱发公司管理层的道德风险和股权受让人因信息不对称而遭受损失，引发股权转让纠纷。对此，相关司法解释对于出资瑕疵的情况，要求恶意的受让人承担连带的出资补足责任。[①] 同时，公司并非单纯地负有配合股权转让交易进行的义务，如果股权转让（实际出资人和名义股东之间的股权变更视为股权转让）未经其他股东半数同意，则公司可以拒绝。[②]

---

① 参见《公司法司法解释（三）》第 18 条。
② 参见《公司法司法解释（三）》第 24 条第 3 款。

（2）公司对股权转让交易缺乏实质性参与的权利

在股权转让交易中，公司承担着签发出资证明书以及变更股东名册及工商登记的义务，其在股权关系及股权转让中的主体地位淹没在一系列程序性的义务背后，被动地受其成员支配，而《公司法》未赋予公司任何积极权利以参与股权转让交易。现行的股权转让模式下，公司的缺位为负有义务或责任的股东相机退出和"不受欢迎的人"通过股权受让进入公司大开方便之门：一方面，公司不能影响原股东，尤其瑕疵股东的退出，瑕疵出资股东得以通过股权转让逃避对公司的出资义务，尽管《公司法司法解释（三）》明确了公司在瑕疵股权转让中的特殊权利，但也只是针对性地解决纠纷，对于股权转让中公司主体地位的确立未必能够发挥更广泛的作用，而从其内容来看，唯有确立公司在股权转让交易中的主体地位和积极权利，《公司法司法解释（三）》的相关规定才能有其存在和实施的法律基础；另一方面，公司立法将人合性基础的维持完全寄予股东，但作为公司成员的股东个人对于公司整体人合性的维持究竟能起多大作用，尚属未知，而作为主体的公司无法控制新成员的进入，对其存续的人合性基础无能为力。

（3）公司主体地位缺失

首先，立法上并未规定股东转让股权须得到公司的同意，或者至少允许公司在章程中规定转让股权须得到公司的同意，导致股权转让交易中公司主体地位缺失，使得本应负信义义务的公司及其董事和其他高级管理人员的责任虚化。这不仅不利于股权的行使，也不利于其他股东权益的保障与公司的整体稳定和发展。[①]值得注意的是，随着一系列公司法司法解释的出台，公司在股权转让中的地位逐渐显现出来。其次，现行立法并未处理好股东义务与公司义务之间的权利义务安排，《公司法》及《公司登记管理条例》规定，股东转让股权的，应当办理公司变更登记，但并未明确申请主体究竟系公司还

---

① 参见徐强胜：《股权转让限制规定的效力——〈公司法〉第 71 条的功能分析》，载《环球法律评论》2015 年第 1 期，第 152 页。

是原股东，抑或转让股东和受让人共同申请。立法回避了公司在股权转让中的地位，但实务中普遍以公司为申请主体，在此并未引发实质的不利后果。[①]

2. 公司股权转让缺乏程序性规定

公司法作为组织法，其各类事项因涉及公司治理而具有严格的程序性要求，最典型的莫过于公司法关于公司各组成机构（如股东大会和董事会）召开会议的通知、最低参会人数、表决权比例等要求，公司增资、减资的公告及公告时限等程序性要求等。有限责任公司股权转让通常会涉及公司股权结构的重大变化，并会因此带来公司董事会组成人员、公司经营方针等方面的变化。因此，公司股权转让应当具有程序性要求。

但如前所述，我国《公司法》并未对股权转让的程序作出明确规定，致使整个股权转让交易过程失之有序规范，股东之间多生龃龉，影响了有限责任公司股权的市场流动性，不利于其价值实现。根据我国现行《公司法》第71条之规定，其对股权转让设置了股东批准程序和优先购买权行使程序，并辅之以相关司法解释，如《公司法司法解释（四）》第17条及以下各条之规定。但是，在很多股权转让实践中，出让人通常选择越过准许程序，直接询问其他股东是否行使先买权，致使准许程序被省略或者并入先买权步骤。[②]实践中，很多股权转让纠纷中的转让方股东倾向于直接通知其股权转让的事实，并一并告知股权转让的数量、价格，然后要求其他股东书面答复是否购买拟转让股权，并且其通知方式也复杂多样，如书面短信、邮件、电话、报纸公告，[③]甚至有股东直接将其与买受人签订的股权转让合同寄送给其他股东的情

---

① 参见叶林：《公司在股权转让中的法律地位》，载《当代法学》2013年第2期，第68页。

② 参见王军：《实践重塑规则：有限公司股权转让限制规范检讨》，载《中国政法大学学报》2017年第6期，第27页。

③ 参见楼国君与方樟荣等股权转让与优先购买权纠纷案，最高人民法院（2011）民提字第113号民事判决书。

形。① 值得注意的是，个别司法解释也有将股东批准程序和优先购买权行使程序混同处理的做法，如《最高人民法院关于适用〈中华人民共和国婚姻法〉若干问题的解释（二）》[以下简称《婚姻法司法解释（二）》] 第 16 条之规定。股权转让批准和优先购买权行使程序的合并以及通知方式的任意化使得其他股东的权益难以切实得到有效保障。

除此之外，具有一定程序性规范性质的尚有《公司法》第 73 条规定的"公司应当注销原股东的出资证明书，向新股东签发出资证明书，并相应修改公司章程和股东名册中有关股东及其出资额的记载"等事项，遗憾的是，该条并未明确"向新股东签发出资证明""修改公司章程和股东名册中有关股东及其出资额的记载"等事项在股权转让交易程序中的位置及其法律效力，也没有提及变更工商登记及其在股权变更中的效力。

具体而言，有限责任公司股权转让的程序应当包括如下几个方面：一是对于公司股权转让的准许程序，到底应该以公司股东大会名义进行，还是由转让方股东自行通知其他股东并分别征求其同意的方式进行？股东转让股权时，应当通知公司还是分别通知各位股东？这些问题仍有进一步讨论之必要。二是其他股东的优先购买权行使程序。三是股权变更的具体程序，包括公司内部变更和外部的工商登记变更，以及具体实施上述变更的机构或义务人等。股权转让程序的完善，在确保公司经营管理有序的同时，有利于确保交易安全和交易双方的权益保障，就此而言，施加此类程序性要求不仅没有侵害到交易自由和效率，反而促进了股权转让市场的健康发展。

（三）股权转让中股权变动模式及法律效力的梳理与反思

与股权转让模式相类似的问题是《物权法》中的物权变动问题，因此，思考这一问题的起点是《物权法》中的物权变动理论能在多大程度上被有限

---

① 参见丁祥明、李晴、冯月琴与瞿斐建优先认购权纠纷案，最高人民法院（2012）民抗字第 31 号民事判决书。

责任公司股权变动所借鉴和吸收。不可否认,《物权法》颁布前后,我国学者对物权变动理论和物权行为理论进行了深入的研究和讨论,并就物权行为是否存在、是否承认物权行为的无因性等问题展开了激烈的交战。① 实际上,我国很多公司法学者在思考股权变动的法律效力问题时自觉不自觉地就开始了对物权变动理论的借鉴,不管其是否承认物权行为及其无因性。例如,在讨论股权转让合同生效时,持股权变动形式主义和修正主义理论观点的学者通常认为,股权变动仅能在当事人之间发生效力,并不会直接导致股权变动,对负担行为和处分行为的区分非常明显。② 虽然学界对于股权变动的实际形式(如变更股东名册或工商登记变更)仍然具有很大争议,但从观念上讲,其仍然强调股权必须要"交付"给买受人,可以说"交付"的观念在很大程度上影响到了股权变动模式的构建。

虽然财产权的变动难免受到民法的物权变动理论的影响,但是股权毕竟不同于物权法上规定的各类财产权类型,尤其是各类有体不动产和动产。如前所述,股权不仅包括股东从公司获取分红和参与剩余财产分配的权利,还包括其作为公司成员参与公司管理的权利,与公司治理有着密切的制度关联。股权中财产权的变动完全遵循物权变动理论自无疑问,但其人身权的转让或曰买受人如何取得股东资格系专属于公司法的问题,此即现行《公司法》规定的其他股东同意权和优先购买权。由此可见,股权变动不能完全遵循物权变动理论。

不管是股权变动的意思主义、债权形式主义还是所谓的"修正主义",其理论架构应当遵循有限责任公司基本的交易流程和实践,这也是立法者制定

---

① 参见李永军:《物权与债权的二元划分对民法内在与外在体系的影响》,载《法学研究》2008 年第 5 期;孙宪忠:《中国民法继受潘德克顿法学:引进、衰落和复兴》,载《中国社会科学》2008 年第 2 期;崔建远:《从立法论看物权行为与中国民法》,载《政治与法律》2004 年第 2 期。

② 参见朱庆:《股权变动模式的再梳理》,载《法学杂志》2009 年第 12 期,第 129 页;蔡元庆:《股权二分论下的有限责任公司股权转让》,载《北方法学》2014 年第 1 期,第 54 页。

法律制度的出发点和前提。就此而言，从交易实践的角度出发，所谓股权转让，其基本可以分为两个步骤，第一步是股权转让的买卖双方就转让价格及其他条件达成股权转让协议，这一步通常被称为"买卖"（Trading）；第二步是股权的实际交付或"交割"（settlement），通常涉及股权证明文件的交付和股东登记名册的变更。[①] 第一步通常仅系股权买卖双方之间的私人协议，其效力原则上由合同法进行调整，如有必要，公司法或合同法均可以进行介入，如股权买卖过程中的行政审批、其他股东的优先购买权的行使等。而对于股权的实际变更，则涉及股东与公司之间的法律关系，必须由公司法予以调整规范。

股权转让中，股权转让合同的生效，并不当然导致股权的变动。股权转让合同的效力与股权变动之间必然存在着某种分离，这种分离，在很大程度上会影响到对股权转让生效要件的判断。[②] 股权变动显然应当遵循某种形式主义的要求而有其特殊的生效要件，该要件应当与股权的确认相结合；然而，根据上述分析，不管是股东名册还是工商登记，其在当前的法律制度框架下对股权确认均有着天然的不足，因此，应当走出既有的股权变动仅限于在股东之间发生效力或影响其利益的藩篱，从公司的整体角度来思考股权转让模式的构建，并思考公司在股权转让中的地位，据此实现对股权转让模式的重建。

对交易流程的梳理有利于股权转让模式的重构，从上述论述可以看出，公司法对于股权转让的交易模式和法律效力缺乏系统的制度规划和构造。其尽可以将股权转让合同及其效力问题主要交给合同法进行规范和调整，但同时，立法者必须明确与合同效力相关的哪些问题应当由公司法予以调整，例如其他股东过半数不同意转让股权并决定行使优先购买权时，已经签署的股

---

① See Paul L. Davies and Sarah Worthington, *Principles of Modern Company Law*, 10th edition, Sweet & Maxwell, 2016, p.894.

② 参见曹兴权：《股东优先购买权对股权转让合同效力的影响》，载《国家检察官学院学报》2012 年第 5 期，第 149 页。

权转让合同效力如何？如果不予规定，则构成立法漏洞。如果不幸存在此类漏洞，其填补也不应从民法的一般性规则中寻找补充的法源，而应从公司法的角度考虑应当如何填补。①

而从公司法的角度来说，其填补的路径有三，一是如前所述，对公司股权转让的程序予以正面规定，明确各个流程（如变更股东名册、工商登记）的效力，从而明确合同法和公司法在股权转让中所规范的不同阶段；二是明确各类权利行使的主体、期限、方式和性质，尤其是其行使对股权转让合同效力的影响；三是在明确股权转让流程的基础上，确立公司在股权转让中的地位，实际上，当公司真正介入股权转让的交易过程之后，才能够真正完善股权转让的流程，对相关各方的利益予以保障，从而尽可能防范纠纷的发生。从比较法上来看，欧美国家之所以股权转让纠纷少发，原因就在于公司对股权转让的交易过程施加了较多影响。公司对股权转让的介入、更加完善的股权转让程序，均体现了国家预防商事纠纷、保障市场经济活动安全的立法宗旨，这一宗旨必须在立法和司法中加以坚持；否则，一味地放任股权转让的自由化，只会导致更多纠纷的发生，最终危及市场稳定，降低股权的流动性和经济价值。从这个角度讲，股权转让的形式主义和修正主义更加符合股权转让制度设计的需要，只不过其需要结合我国公司法律实践对相关制度要素进行重新构造，明确其程序和法律效力，从而更好地保障交易安全和交易秩序。

（四）我国股权变动模式的完善建议：强化公司在股权转让中的地位

我国公司法理论及实务界一度忽视在股权转让中的公司地位的相关问题。多数学者将股权转让与简单民事交易相等同，认为双方当事人之间的股权转

---

① 参见钱玉林：《民法与商法适用关系的方法论诠释——以〈公司法〉司法解释（三）第24、25 条为例》，载《法学》2017 年第 2 期，第 95 页。

让系财产权利转让[①]，公司没有权利进行干预，认为仅根据当事人之间的股权转让协议约定即可自由地实现股权的转让，公司仅负有协助办理股权变更登记等程序性义务，并不享有任何权利。这种看法实际上反映了理论界并未从根本上承认公司独立的法人地位，仍然将其视为权利的客体而非主体。然而，实际上，现行《公司法》的某些规定已经体现出公司的独立主体地位，只是立法者和学界有意无意地将其忽视了。同时，作为股权转让的利害关系方，以公司董事为代表的管理层并未介入其中，仿佛置身事外；实际上，股权转让对公司管理层的影响巨大，往往会导致管理层发生巨大变更。因此，公司管理层可以被期待在股权转让中发挥某些作用，协助股权实现顺利变更，毕竟，公司所负担的某些义务和享有的权利只能依赖公司管理层和相关工作人员来实施。

1. 公司介入股权转让的正当性基础

从上文关于股权性质的论述可知，股权转让与一般的财产转让不同，股权和股权转让具有强烈的人身属性和团体法属性。股东出资构成其获得股权的基础，同时也构成了股东之间权利义务关系的基础，因此产生了出资瑕疵股东应当向其他股东承担违约责任的规定。[②]但实际上，股东之间的权利义务关系并非股权的主要内容，具体到股权转让而言，除现行《公司法》第71条规定的通知其他股东并获过半数股东同意外，公司股东相互之间并不负任何

[①]　参见李后龙：《股权转让合同效力认定的几个疑难问题》，载《南京社会科学》2002年第11期，第73页；张双根：《股权善意取得之质疑——基于解释论的分析》，载《法学家》2016年第1期，第135页。在该让与关系中，所体现的并非权利人对权利内容之行使与主张，而是对这一权利归属关系之处分，因此对权利之相对人（即公司），原则上不生影响。就此而言，股东让与其股权，原则上属于股东对其私权利之处分，属于其私权自治范畴，原则上与公司无关，除非公司法或公司章程对股权转让设有限制性规定（详下述）。进而，构成股东对公司关系之核心的"股东资格"概念，在股东处分其股权之关系中，也就无适用空间；股权与股东资格这一对在公司内部关系中密不可分的连体概念，在股权转让之外部关系（更确切地说：非对公司之关系）中，仅存在股权概念，而无股东资格概念。

[②]　参见《公司法》第28条第2款。

义务。实际上，股权主要是指向股东和公司之间的权利义务关系，并且在漫长的公司存续期间一直存在，即公司系股东行使股权的主要对象，现行《公司法》第 28 条第 2 款即明确了出资瑕疵股东对公司的足额补缴义务。此外，公司召开股东大会时对股东所负的通知义务更鲜明地揭示了这种权利义务关系的实质，即股东主要借助股权参与公司治理、行使自己的权利。由是之故，股权转让等同于概括转让股东与公司之间的相互关系，此举使得股东与股东之间的权利义务关系发生了改变，从而对公司的股权结构和法律性质产生影响，[①] 如新股东更换董事、公司由民营企业转变为国有企业。

此外，公司介入股权转让并非取代股东在股权转让中的决策地位，而是将原先由股东分别行使的同意权集中由公司股东会行使，并且仍旧按照人数过半的表决机制进行表决，此举在实质上并不会改变股东的决策权，也不会侵害其优先购买权的行使。实际上，在股权转让实践中，其他股东可能无法按照"同等条件"行使优先购买权，这在事实上通常受到外部第三人以极高价格受让标的股权的影响，从而人为地造成了恶意收购者与其他股东之间的矛盾和冲突。在实践中，外部第三人以更高价格受让公司股权、排除其他股东优先购买权的情形并不少见，且法院在此情形下均支持了外部第三人继受股东资格的请求，从而排除了其他股东的优先购买权，其基础理由即在于法院认为其他股东的报价并不符合"同等条件"的认定。[②] 因此，以公司股东会的形式行使对股权转让的同意权具有极大地合理性，并且不会对股权的可转让性产生额外的、不合理的限制。

2. 公司居于股权转让重要地位的应然性论述

如上文分析，我国现行《公司法》并未对股权转让的程序作出规定，因

---

① 参见叶林：《公司在股权转让中的法律地位》，载《当代法学》2013 年第 2 期，第771 页。

② 参见葛伟军：《股东优先购买权的新近发展与规则解析：兼议〈公司法司法解释四〉》，载《中国政法大学学报》2018 年第 4 期，第 100 页。

此也未对公司在股权转让中的地位予以规定和明确。但这并不代表公司在股权转让交易中可以被忽略。尽管我国《公司法》并不要求就股权转让事宜提交股东会表决，但这种做法的确在客观上有利于统一股东之间的意见，有利于股权转让的顺利进行。[①] 由此可见，公司在股权转让的实践中具有重要的作用。发挥好公司的作用，有助于减少股权转让纠纷的发生，确保交易安全。

股权，是因公司收受股东出资而与股东之间产生的权利义务关系的总称，指向的是股东与公司之间，而非股东个人之间的法律关系。基于这种看法，股权转让大致相当于股东与公司相互关系的概括转让。[②] 但这两者之间的关系在理论上和实务上往往被忽视，股权内容被误读为股东个人之间的法律关系，公司在股权关系中的主体地位及独立人格被忽视，加之股权被视为股东的私人财产，自由主义的理念当然拒绝公司在股东转让其财产时过分限制，由此，公司想当然地被排除在股权转让的交易结构之外，仅被动地承担着协助股权交付的程序性义务。

从股权的内容的角度，普遍的看法是股权主要包含对公司的分红请求权、对公司治理的投票权和对公司剩余财产的分配权三项主要权能，直接指向公司，以公司为相对人；同时，公司作为独立主体，也在权利的取得和实现等方面对股东及其持股施以一定的限制，并非单纯作为义务相对人，被动地履行其义务，这也是股权有别于债权的一方面。从权利实现的角度，股权的实现需要作为义务相对人的公司的配合，公司不履行或不适当履行其召集、通知、信息披露等义务，股东将很难实现其股权。从公司整体而言，公司关系是以公司组织为一方或媒介，并以维系公司法人团体内部稳定而产生的公司内部关系，尽管表现为公司与股东之间的股权关系、公司与管理层之间的信托关系、公司与员工之间的雇佣关系等不同利益主体之间的法律关系，但这

---

① 参见范健、王建文：《公司法》，法律出版社 2011 年版，第 356 页。
② 参见叶林：《公司在股权转让中的法律地位》，载《当代法学》2013 年第 2 期，第 70~71 页。

些关系均须以公司组织为一方或媒介而产生存续。① 从公司的角度看，股权转让并非股东私人财产的简单转让，还涉及新股东进入和公司人合性基础，以及股东内部持股比例甚至关乎公司存续基础的控制权变动，应当在股权转让中赋予公司相应的权利和法律地位，并且允许其在一定程度上对股权转让进行限制。② 对于公司在股权转让交易中的法律地位，历史上存在各种不同的理论解释进路。在英国，其法院早期认为，公司在其股东名册上进行股权转让，实质上扮演着受托人的角色，应当保护其在股份上的衡平和法律权益。在早期的法院判决中，法院认为公司"是股份的监护人（custodian），被赋予了充分的权力保护各利益相关者免受未经许可的股权转让；像其他任何受托人一样，公司被委托保护个人利益，其应当尽到恰当的谨慎和注意执行该信托，并须对因其过失或渎职行为所导致的损失承担责任"。然而，这种观点并未被美国公司法理论和实践所承认，在美国也没有类似先例的情况下，美国的 Taney 大法官在 Taney in Lowry v. Commercial & Farmers Bank 一案中发展了其自己的理论。他认为，其一，公司是公司股份的监管人，在股份转让中履行信托责任；其二，未经公司相关职员的许可，股份不能成为被登记的持有人之外的任何人的法律上的财产；其三，当公司知晓其股票上存在收益权，且第三人与受托人进行交易并在该交易中获取利益时，公司有对股权转让进行调查的义务。③ 美国法院拒绝采纳英国法院的审判思路，Lord Coleridge 的预言因此成真了——股权转让变得非常困难，公司被牵入诸多严重的问题中，结果对股东一无是处。美国法因此变得令人困惑，公司为了确保不承担责任，必须在转让股份时采取各种预防措施。在公司证券转让方面以及股份被名义持有人持有的程度方面，英国法和美国法存在重大区别。在为证券提供流动性方面，美国法远远发达于英国法。因为通过在股份证书背书进行转

---

① 参见徐强胜：《股权转让限制规定的效力——〈公司法〉第 71 条的功能分析》，载《环球法律评论》2005 年第 1 期，第 149 页。

② 参见赵旭东：《股东优先购买权的性质和效力》，载《当代法学》2013 年第 5 期，第 25 页。

③ See Judge Taney in Lowry v. Commercial & Farmers Bank, Fed Cas No.8581, p.1047.

让的实践以及统一股份转让法，股份证书已经变成可流通证券（negotiable instruments）。在股份转让方面，美国在处理公司和转让代理人的责任方面面临着极大困难。这些责任主要有两种：一是受托人违反信托而进行的转让；二是无效转让，如未经授权的签字。对于第一种责任，早期英国法规定，公司有权将经登记的权利人视为绝对的受益权所有人。[①] 而因为 Taney 大法官1848 年的一个评论，美国法采纳了相反的规则，公司有义务保护受益人免受经登记的权利人违反信托。Taney 大法官的这一判决在后世的判例和立法中受到了很大质疑，并最终被抛弃。

在日本公司法上，其虽然采取股权变动的相对意思主义，即当事人就股权转让达成合意后即发生股权在当事人之间转移的效果，若未经公司同意，该股权转让合同仍为有效，但因受让人未载于股东名册，因此不得对抗公司及第三人。[②] 具体到同意程序的实施，通常由请求人（转让方股东或买受人，或者二者共同）向公司发出是否同意他人取得股份的请求，并载明相关交易信息，如买受人身份、转让股份数等；公司收到通知后，对是否同意对外进行股权转让应当依法召开股东会来讨论，并作出相应决议；公司不同意对外转让的，可以由公司收购拟转让股份（仅限于拟转让股东在通知中要求，在不同意他人取得股份时请求由公司收购的情形）或指定收购人购买，后者即系日本公司法上的优先购买权。

综观世界各国公司法，股权转让合同生效通常并不能直接导致股权转移至受让人。以美国为例，其奉行股权变动的修正主义模式，公司而非股东在该交易中居于中心地位，虽然股东是真正决定股权变动的主体；法律对公司在股权转让交易中施加了一系列义务和责任，尤其是在股东名册变更方面；其公司法、统一商法典第 8 编、受托证券转让统一简化法（Uniform Act for the Simplification of Fiduciary Security Transfers）均规定，公司股权转让涉及一系

---

① See L. C. B. Gower, Some Contrasts Between British and American Corporation Law, 69 Harv L Rev 1369 , 1398（1956）.

② 参见《日本公司法》第 130 条。

列需由履行相关职责的公司职员或转让代理处理的复杂问题。公司的重要内部作用之一就是为转让登记在其股东名册上的股权履行相应职责，并承担相应责任，尽管大多数人看来，这并不会引发什么法律责任。[1]当前美国公司法理论和实践认为，其一，公司并非股份的保管人，而只是股东名册的保管人，旨在便利股东将其股份登记在公司。当股份产生时，公司将其所有权登记于股东名册，并向每一个被登记的所有人签发证书（certificates），证书所代表的股份应当由被登记的所有权人通过股东名册进行转让。其二，在股东名册上的股份转让并非对公司的委托，公司也并非受托人。在此情境中并不存在信托的因素。根据在股权证书上体现的股权转让的内容，公司所做的仅仅是向被登记的股份所有人或其律师打开股东名册，并允许其将股份转让登记在上面。如果公司的工作人员或转让代理人登记了该股权转让，交出剩余的股份证书并向买受人签发新的股份证书，这其实与股权转让的实体权利义务没有任何关系。交出剩余的股份证书仅仅是遵守其签发时规定的条件，意即提交剩余的股份证书是向登记的股东打开股东名册的前置条件。当该股份转让被登记在股东名册上时，该股权转让即完全完成，经登记的新股东即可有权利要求公司向其签发载有其姓名的股份证书。[2]此即股权转让的基本理论，在此很难发现公司在哪个方面担任受托人。公司对于该转让没有任何控制权，除了其有权拒绝向未经登记的股东或无权代表被登记股东进行股权转让的人打开股东名册外。公司并未在通过其股东名册进行的股权转让中获得利益，与之非常类似的是银行对其储户的支付义务。公司对其股东负有义务，即承认其为股东的义务，将股权的转让登记在股东名册上被视为这种承认的终止或转移。

　　在股权转让中，公司并非股东的受托人，而仅仅是股东名册的保管人，

---

[1]　See Mark S. Rhodes, Transfer of Stock, Seventh Edition, §1: 2 Duty of corporation in transferring stock as established by courts, April 2017 Update.

[2]　See Mark S. Rhodes, Transfer of Stock, Seventh Edition, §1: 2. Duty of corporation in transferring stock as established by courts, April 2017 Update.

其义务包括：不管在审查股权转让时转让代理人的注意程度如何，若股权转让无效且不能免除公司承认原先的经登记股东的责任时，公司需对其将股权转让登记在股东名册的行为承担责任。这包括伪造签名的转让，未经授权的代理人所进行的转让，未经授权的公司职工所进行的转让，没有经过恰当任命或已经被解雇或开除的执行人、管理人、监护人或委员所进行的转让，以及无法律上行为能力人所进行的被宣告为无效的转让。公司的责任基于该事实，即其未经被登记的股东的授权而打开股东名册，并因此将其对该股东的承认转移至另外某些人。

　　公司不得被强制要求承认其股份上的受益权利益，并且不得因为需要调查在受托人所为的股权转让中该种利益是否得到保护而被要求承担任何责任。这意味着，当受托人违反信托转让股权且公司在股东名册上允许该转让时，其无须因为参与这一违反信托的行为而承担责任。根据这一被美国各州所普遍承认的法律规则，公司可以无须检验信托文件而允许受托人转让股票、可以无须检验遗嘱而允许遗嘱执行人转让股份，并且允许受托人和代表人将股份登记在其个人名下。受益权人并未因采纳该规则而丧失保护，因为在实践中，转让代理人的警惕和谨慎对他们益处不大。尽管转让代理人负有调查义务，在很多情况下，仅能向受托人做此种调查，如果受托人进行错误让与，则其对该调查的回复也将会是虚假的。在第二种情况下，不管转让代理人尽到多大程度的注意，受托人总是会绕着圈子损害受益权人的利益。简言之，只要受托人想采用不当手段，转让代理人是不可能避免的。①

　　对于转让有限责任公司的股权，公司除了接受股权转让通知之外，还可以审查合同的效力并提出对其效力上的异议。根据《公司法》第71条的规定，可以在有限责任公司的公司章程中对股权转让设定比《公司法》更为严苛的禁止与限制条款，只要其符合法律法规的要求，其限制规定约束全体股

---

① See Mark S. Rhodes,Transfer of Stock, Seventh Edition, § 1：3. Theoretical duty of a corporation in transferring stock,April 2017 Update.

东。而对不符合法律法规以及章程此类规定的股权转让合同，公司可以直接依据公司章程否认其效力，不承认受让人的股东资格，也拒绝为其办理股东名册的变更记载手续，因为公司乃当然的章程守护者。

公司负有向审批机关、登记机关报请审批或变更登记的义务。对于需要审批的股权转让和股权变更登记，申请人均为公司，而非转让方股东。在办理股权转让登记的具体业务中，相关行政法律关系在公司与审批和登记机关间形成，而股权转让双方则与这种行政法律关系没有直接关系，即使发生纠纷，公司系当然的行政诉讼主体，而非股权转让双方当事人，这也符合当前国家工商行政管理制度的现状。由此，足可证明，公司系股权转让交易中的当然主体，公司法应当预留公司发挥作用的制度空间。

3. 公司介入股权转让的方式

在立法上重建公司在股权转让交易中的主体地位很有必要，应允许公司作为独立主体介入股东与受让人之间的股转交易，并赋予其一定的积极权利。公司可以通过对股东名册或工商登记变更的掌控，来对股权变动的发生及实际进程形成实际控制。这既是对公司独立法人资格的尊重，也是对股权相对权属性的回归，有助于解决股权转让中的信息不对称、欺诈等问题，也有助于对原股东、受让人及公司三方利益的保护。综合现行立法及上述论述，本书认为可以从以下几个方面确认公司介入股权转让交易的方式和途径，但因涉及股权转让模式的重构，将在后文专章详细论述，在此仅做简单列举。

其一，明确公司在股权转让中的通知受领义务和对其他股东的通知义务。《公司法》将股权转让通知义务施与公司股东，第71条第2款规定，股东向外转让股权的，应当通知其他股东转让的事实；但对于强制执行中的通知受领义务又有不同处理，第72条规定，人民法院依强制执行程序对股东的股权进行转让时，应当通知公司及全体股东，似乎有将该受领义务施与公司的倾向。基于前文对公司及股权相关问题的分析论述，本书认为，恰当的做法应当是由公司作为一方主体承担受领股权转让通知，并将该股转事宜通知其他股东的义务。从权利义务的关系上看，股东与公司之间的关系比股东之间更加紧密，可以说，在公司法律关系中，股东之间实质并不存在任何权利义务关系，而多是以公司为主体一方建立起"股东—公司—其他股东"之间法律关系的基本逻辑，如此方符合公司的受托人地位。从通知义务履行的成本及可行性方面考虑，公司较股东个人更全面地掌握着公司股东的基本信息，且作为中立者，公司承担对其他股东的通知义务能够避免原股东差别化通知，更有利于对其他股东的平等保护。如前所述，由转让方通知公司，再由公司通知其他股东股权转让的相关内容，是平等保护全体股东和公司利益的最佳方式，可以有效防止由转让股东个人就当前股权转让的事实进行通知所存在的一系列弊病。应当注意到，《公司法》第72条已经初步确立了公司在强制执行程序中股权转让信息的受领主体地位，只不过仅限于依照强制执行程序转让股权的情形，对此不妨扩及一般的股权转让交易中。①

其二，重建同意权制度，将股权转让的同意权重新赋予公司，而非股东。1993年《公司法》曾将股权外转作为公司股东会决议事项。2005年《公司法》修订中，删除了第38条第（10）项，但保留了第35条"其他股东过半数同意"的规定。失去公司股东会决议的支撑，股权外转中的同意权制度急遽翻转，权利主体由公司转变为其他股东。股东有退出公司的权利，但没有确定谁进入公司的权利，而应当由公司确定新成员的加入，这才是妥当的规则。② 据此，应当重建股权外转的同意权制度，将其列为股东会特别决议事项，须经全体股东一致同意方得转让。公司同意权制度下，公司对股权外转负有审查义务，即在做出同意股权外转的决议前，公司应当对交易的内容做实质审查，包括受让人是否符合法律法规及公司章程的规定，交易的标的股权是否存在瑕疵，股权外转是否会损害公司、其他股东及公司债权人的利益等。

---

① 参见傅穹、尹航：《有限责任公司股权转让的同意权制度研究》，载《学术论坛》2016年第8期，第147页。

② 参见叶金强：《有限公司股权转让初探——兼论〈公司法〉第35条之修正》，载《河北法学》2005年第6期，第31页。

对于不符合上述要求的股权转让，公司得享拒绝权。未经公司决议通过的股转协议可以在转让股东与受让人之间成立并生效，但并不能约束公司，在后续的股权交付程序中公司即无须受其约束，得拒绝办理股权转让登记等，从而防止"不受欢迎的人"通过受让股权进入公司。对于符合条件的股权外转，则应当作出同意股权转让的决议，经公司决议同意的股转协议实质为转让股东、公司、受让人之间的三方协议，公司因其参与、同意而自然受其约束，在转让股东通知股权交付时，即应当对受让人的股东身份加以承认，并协助其办理股东名册、工商登记变更等程序性义务，以确认和公示受让股东及其股权。如此，既可以赋予公司以主动参与并控制股权外转的积极权利，同时也解决了公司承担的诸多程序性义务的义务来源问题，对于非经公司审查同意或拒绝的股权转让交易，在合同履行阶段，公司得拒绝办理股权交付并不承认受让人股东身份的权利，阻止其进入公司，交易双方则通过仅在双方之间（公司因拒绝而不受其约束）生效的股权转让合同得到救济或分担责任。

一般而言，公司在其日常的经营存续中掌握有其股东及其持股的全部信息，加之股权转让中转让股东对公司的通知义务，使得公司甚至是较交易双方更完整地了解交易信息的一方主体。公司作为独立主体参与到股权转让交易中，在赋予公司通知受领义务及审查权的基础上，应当赋予其以相应的信息披露义务，以解决股权转让交易中的信息不对称问题。公司对于交易双方负有披露其所获悉的所有有关该次交易信息的义务，包括但不限于转让股东及其持股情况、标的股权状况、交易是否经公司决议等，据此可以有效解决瑕疵股权转让中受让人不知股权瑕疵而受让后引发的股权转让纠纷、股权盗卖以及备受争议的股权善意取得问题，同时也将公司纳入股权转让交易安全维护的框架中。对于未及时、有效披露相关交易信息或者披露不当而致交易失败或交易双方受损的，公司应当负相应的侵权或违约责任。此外，为了防止公司拖延决议，应当规定视为同意转让的推定规则。如果公司未在请求之日起的规定时间内发出是否同意公司股权转让的决议通知，应当视为公司同意股权对外转让。

其三，公司的介入可以规范和便利公司其他股东行使其优先购买权。当公司其他股东决定行使优先购买权、购买拟转让股份时，可能存在多个股东同时行使优先购买权的情形，在此情况下，如何决定哪一个股东能够行使优先购买权将对股东间利益产生重大影响，尤其是拟行使优先购买权的股东在争夺公司控制权的时刻。一旦决定不当，将导致公司发生巨大动荡，引发股东间不可调和的矛盾。在此情况下，如果公司作为股权转让方的重要主体介入优先购买权的行使，如通过公司决议的方式决定由哪一股东获得优先购买权，将调和股东间就争夺优先购买权而产生的矛盾。由是之故，上海市高级人民法院规定，对于股东对内或对外转让股权，其他股东同时要求行使优先购买权的情况，公司如能够形成股东会议决议，从其决议；若如不能，则按股东的出资比例配售。[①] 此举有效地避免了因为股权转让所造成的股东间的对立和进一步的矛盾。由此可见，公司介入股权转让在实践中具有较强的实践支撑。

其四，公司在股权转让中的主体地位应当进一步得到细化，明确公司董事会及其他高级管理人员在股权转让中的权利义务。现行立法回避了公司在股权转让中的地位，但实务中普遍以公司为申请主体，在此并未引发实质的不利后果。[②] 在此基础上，应当考虑履行义务和享有权利的主体。股东（大）会和董事会在公司治理中发挥着重要作用，尤其是董事会在公司日常事务管理和执行经营策略方面，其有能力亦有动力参与公司股权转让交易，因为公司股权变动通常会带来公司管理层的变动。因此，公司董事会在公司治理中的地位决定了其可以根据公司股东会的决议承担《公司法》赋予公司的各项权利和义务，如前述的签发出资证明、变更股东名册以及进行工商登记变更。

---

① 参见《上海市高级人民法院关于审理涉及公司诉讼案件若干问题的处理意见（三）》（沪高法民二〔2004〕2号）。
② 参见叶林：《公司在股权转让中的法律地位》，载《当代法学》2013年第2期，第70~71页。

其五，可以允许公司回购拟转让股权。对于未经公司决议通过的股权转让，在股东优先购买权之后应当允许公司回购，这既是为了便利股东退出，保障拟退出股东的利益，同时也是出于维持公司人合性基础的考虑。《公司法》出于资本维持的考虑，禁止公司自持股权，但更合理的处理应当是限制，而非不加区分地禁止。现行立法对于公司自持股权已经出现松绑，允许公司出于异议股权回购、出于股权激励等目的而短期自持，股权转让交易中未必不能推广这种制度，允许公司在股东放弃优先购买权，且公司不同意股权外转的情形下回购该股权，只要公司在法定期间内完成减资或二次转出即可，并不违反公司资本确定、资本维持的要求。

综上所述，对于股权转让的模式，不管是从理论上的讨论还是从我国的实践出发，区分股权转让合同的生效与股权的实际变动具有可行性。将这两者分离，显然需要遵循某种程序和形式主义的要求。通过上文讨论，我们发现，公司在股权转让中具有发挥重大作用的空间，由公司遵循规定的程序、按照既定的形式履行公司法赋予其股权转让相关的义务，比股权转让当事人之间自行交割更加安全；公司天然作为股东间联合的实体，其在履行通知其他股东、征求股东同意、协助股东行使优先购买权等事项上具有天然的优势，公司董事等高管及其构成的董事会可以有效协助股权转让的具体操作，如签发出资证明、变更股东名册和工商登记变更等。

三、有限责任公司股权转让中股权变动效力的明确

（一）有限责任公司股东资格的确认

1.股东资格确认的一般问题：形式主义与实质主义之辩

股权归属确定的矛盾根源于财产权规则与外观主义规则在司法实践中的冲突。通常，出资是享有股权、获得股东资格的前提；股权转让虽然是一种

独立的民事法律行为，但其效力当然受到出资这一基础法律关系的影响和制约。在财产权利流转过程中，权利实际归属对于买受人利益的影响巨大，对其处理要么尊重实际的财产归属从而保护实际权利人的利益，要么保护交易安全而采纳外观主义规则以实现对买受人的保护。在《物权法》和《公司法》司法解释中，均构建了"善意取得"制度，当财产的实际归属与其权利外观不一致时，法院并不考虑出资财产的来源和归属，而是通过股权的外观表现即工商登记来判定股权的归属。因此这种冲突将集中表现在两个方面：（1）代理规则与登记规则产生的冲突，即司法实践中大量的隐名出资、股权代持；（2）共有规则与登记规则产生的冲突，如以夫妻共有财产出资登记在一方名下的股权。恰因如此，如何确认有限责任公司股权一直是司法实践中比较突出的问题。股权的归属，对于判断股权转让行为的效力极为重要，其决定了买受人能否以及何时成为公司股东。

股权的确认旨在通过对股权在法律上进行审查、判断，以确认公司真实股东，尤其是股东间对股权归属存在争议时。针对股权确认，存在实质主义和形式主义两种理论路径的分歧。实质主义认为股权是股东向公司出资的对价，因而应主要依据股东的实际出资行为确认股权的归属，而股东名册的记载、工商登记等均为形式证据，仅解决股东与公司之间及股权的对外公示问题，于股权确认无任何实质意义。[1] 只要股东实际上进行了出资，即使公司没有依法将其记载于股东名册，没有进行工商登记，出资人仍然是公司股东。[2] 但这种将股权关系简单化为出资关系的做法本身并不符合对股东与公司基本关系的认知，弱化了公司在股权取得和确认中的主体地位及对股东的"授权"

---

[1]　参见胡晓静、崔志伟：《有限责任公司隐名出资法律问题研究——对〈公司法解释（三）〉的解读》，载《当代法学》2012 年第 4 期。

[2]　如《北京市高级人民法院关于审理公司纠纷案件若干问题的指导意见（试行）》规定："有限责任公司股东资格的确认，涉及实际出资数额、股权转让合同、公司章程、股东名册、出资证明书、工商登记等。确认股东资格应当综合考虑多种因素，在具体案件中对事实证据的审查认定，应当根据当事人具体实施民事行为的真实意思表示，选择确认股东资格的标准。"

功能，也不符合股权取得生效的实际情况。发起人并非出资即自动成为公司股东，股权受让人也并非自股转协议生效或对价支付完成时自动取得标的股权，公司在其中应当享有某些至关重要的实质性权力。

而形式主义则认为股东与公司的关系不只是简单的出资和被出资的关系，股东若要取得公司股权，需同时具备实质条件和形式条件：实质条件即股东对公司的出资或股权转让款的缴付；而形式条件则是指股东资格为他人所知晓的形式，包括公司章程或股东名册的记载、公司向股东交付出资证明书或股票以及工商登记等。^①"公司法属于典型的法人团体法，应当优先适用团体法的一般规则。"因此，对"股东资格应考量表示主义的运用，赋予股东名册、公司登记材料等表示行为优先于内心意思的效力"。^②

如前文所述，从股权的内容和权能来看，股权是股东对公司的权利，仅关涉股东与公司之间的法律关系，性质上属于相对性权利，本身并无对外效力。与债权不同之处在于公司同时在股权关系中对股东施以一定的约束和限制，股权的取得和享有在出资基础上需满足公司关于股权取得和享有的要求，其目的在于使公司知悉和了解将要成为公司成员的股东，并对股权授予和新股东的进入有一定的控制权，防止"不受欢迎的人"进入公司，从而维持公司的人合性基础。

本书认为，在股权确认中应当尊重公司在股权关系中的特殊地位和权利，只要公司对股东身份及其享有股权之事宜"知悉并认可"，即可确认该股权。这种"知悉并认可"一般表现为形式上的公司章程记载、股东名册记载或公司工商登记，但也存在无任何外在形式上的表征，而只是公司"知悉并认可"，如出资人实际行使股东权利、参与股东会表决、直接参与公司分红、以股东名义参加诉讼等，只要该实际出资人作为公司股东并不违反法律、行政法规及公司章程的规定，即可在公司内部关系上确认其股东身份及持股。

---

① 参见周友苏：《试析股东资格认定中的若干法律问题》，载《法学》2006 年第 12 期，第 78 页。
② 参见蒋大兴：《公司法的展开与评判》，法律出版社 2001 年版，第 496~497 页。

重建公司在股权确认中的主体地位可以有效解决实质主义下公司缺位导致的股权关系的混乱和公司人合性的破坏，同时也能够有效缓解形式要件变更迟延以及各形式要件之间的混乱导致的股权关系混乱和股权纠纷。进言之，股权确认并不存在唯一特定的形式上要件，从股权单纯反映股东与公司内部法律关系的特性出发，只要公司对股东及股权"知悉并认可"，且该股东持股不违反法律法规及公司章程的规定，不论是否存在诸如股东名册、公司章程或工商登记等外在形式记载，均可确认该股东身份及其所享有的股权。从场景上看，一般情况下，即使股东没有被公司登记在股东名册，也没有进行工商登记，只要其被其他股东认可并事实上获得公司的股东待遇，就可以认定其股东资格。如果不具备这种场景，如实际生活中的隐名出资，隐名出资人尽管实际上进行了出资，但若其未经公司与其他股东知悉、认可，其股东资格仍然不为我国司法实践所认可。①

2. 股东资格确认的特别问题：夫妻共同财产出资形成的股权确认

随着公民个人财富的增加，股权逐渐成为某些家庭最重要的夫妻共同财产。涉婚姻诉讼的有限责任公司股权确权及其分割，虽然其表面上体现为普通的股东出资关系，但其在本质上却与夫妻财产关系之认定与分割密不可分。由于股权的特殊性质和缺乏具体明确的法律规则，司法实务中出现了大量"同案不同判"意见分歧现象，既影响了司法机关的公信力，也对夫妻财产关系的稳定和公司经营造成了严重影响。股权分割俨然已经成为离婚诉讼中频繁出现的争议焦点和难点。因此，夫妻一方是否有权处理作为夫妻共同财产的股权以及这种处分的效力如何，成为司法实践中必须要面对的问题。尤其是，当作为夫妻共同财产的股权被登记在夫妻一方名下，股权的单方处分往往会引发股权转让之诉，导致对股权转让的效力及买受人的交易安全形成

---

① 参见徐胜强：《股权转让限制规定的效力——〈公司法〉第 71 条的功能分析》，载《环球法律评论》2015 年第 1 期，第 148~149 页。

重大影响。在艾梅、张新田与刘小平、王鲜、武丕雄、张宏珍、折奋刚股权转让纠纷案中,丈夫张新田将登记在其个人名下但属于夫妻共同财产的某工贸公司 54.93% 的股权以 3.2 亿元的价格转让给刘小平等人。刘小平等买受人在支付前期部分股权转让款后,工贸公司为刘小平等买受人办理了股权变更登记。后张新田之妻艾梅发现此事,以涉案股权转让合同涉嫌无权处分夫妻共有的股权为由,请求法院判决涉案股权转让协议无效,并要求返还涉案股权。①

夫妻共有股权的转让,既涉及婚姻法及相关司法解释的适用,也涉及公司法股权转让规则的适用,然而到底适用两类规则中的哪一种将会对案件的最终审理结果产生重大影响。一方面,对于仅登记在夫妻一方名下的股权,夫妻另一方对该部分股权享有何种权利,需要澄清。即未被登记为股东的夫或妻一方享有的是公司法意义上的股权还是仅仅享有该股权所带来的财产利益和价值?另一方面,夫妻共有公司股权的现状是否以及在何种程度上影响到股权的转让及其效力?

首先,需要确认股权能否被认定为夫妻共同财产参与分割,进而确定可否介入股权转让的流程。《婚姻法》第 17 条并未将股权列为夫妻共同财产。如前所述,股权除具有一般财产的收益分红、剩余分配等财产权益内容外,股东同时拥有参与公司经营管理(主要是通过参与公司决议投票的行使)等具有人身属性的权利,而此类权利的享有和行使与股东个人的社会属性、特质、专业能力等要素密不可分。股权的共有不是夫妻双方对股东权的所有内容共有,也不是因为配偶系"潜在股东"而共有,而是夫妻双方对股东权的自益权或称财产权共有。在夫妻关系存续期取得的股权,非股东一方享有的应系股权所带来的财产性收益,即《婚姻法》第 17 条所列举的"生产、经营的收益",而非股权本身带给股东所固有的权利,并且不能被视为股东,即婚

---

① 参见艾梅、张新田与刘小平、王鲜、武丕雄、张宏珍、折奋刚股权转让纠纷案,最高人民法院(2014)民二终字第 48 号。

姻存续期间，夫或妻一方成为有限责任公司股东的，股东只能是该夫或妻一方。至于没有被登记为股东的配偶要想通过离婚导致的股权分割成为股东，其必须要经过公司其他股东过半数同意方能实现。《婚姻法司法解释（二）》第16条规定，在离婚分割夫妻共有股权时，若非股东配偶一方要成为公司股东，须经过半数股东同意、其他股东明确表示放弃优先购买权，该股东的配偶方可以成为该公司股东，否则只能就股权转让所得价款在离婚夫妻双方之间进行分割。因此，作为商法规范内的私权利，股权的各项权能只能由股东本人行使，不受股东以外的其他人干涉。

对于因夫妻离婚而导致的股权分割而言，针对一方主张夫妻另一方为实际出资人并要求分割财产权益的情形，人民法院可依据相关证据及利害关系人的意见，确认其实际出资人身份，并分割涉案财产性利益；对其实际出资人身份存在争议的，应先行确定其身份后再行权益分割，即可另案处理。而对于存在法律法规限制转让的股份，如当事人在公司内担任发起人或高管职务，根据证券法等法律规定，公司高管持有的股份在其任职期间不能自由转让；此外，如果公司章程规定，公司高管或职工在一定期限内不得抛售或转让其持有的股份及权益，则其只能等符合转让条件后再行分割。

其次，需要明确对于作为夫妻共同财产的有限责任公司股权之转让，应当适用《婚姻法》还是《公司法》的相关规定。根据《婚姻法》第17条之规定，婚姻关系存续期间取得财产（如公司股权）属于夫妻共同财产。同时，根据《最高人民法院关于适用〈中华人民共和国婚姻法〉若干问题的解释（一）》[以下简称《婚姻法司法解释（一）》]第17条之规定，股权转让属于"非因日常生活需要对夫妻共同财产做重要处理决定"，夫妻双方应当经取得一致意见后方能进行处分。因此，夫妻一方擅自转让其名下本属夫妻双方共同拥有的股权，另一方请求确认无效的纠纷，应当适用《婚姻法》及司法解释的相关规定。

但是，我国《公司法》认为，股权转让的主体系经过登记（于股东名册、章程或工商登记簿）的股东本人，而非夫妻双方或股东所在家庭。公司股权之转让，从程序讲，仅需征得其他股东过半数同意，并不要求征得股东配偶同意。此外，作为一种准物权，股权登记赋予了其公信力和对第三人的对抗效力。① 因此，即使是夫妻共同共有的股权，被登记的名义股东无须经过非股东配偶同意即可转让股权；与之相呼应的是，股权转让的买受方亦可主张股权的善意取得。根据我国《婚姻法司法解释（一）》第 17 条之规定，当股东一方转让其所持有的股权时，受让人根据股权的公示公信制度，以及我国婚姻法的相关规定，有理由相信股东转让股权的行为是夫妻双方的共同意思表示，退一步说，即便股权转让构成了无权处分，也不可以无权处分为由对抗第三人。而非股东配偶应当与股东共同享有股权所带来的收益。

综上，在构成夫妻共同财产的股权转让中，现行司法实践采纳了形式主义的解释路径，持"在股权流转方面，我国《公司法》确认的合法转让主体也是股东本人，而不是其所在的家庭"② 的观点。

（二）股权变动效力的始点

实际上，我国有限责任公司股权转让中所产生的一系列纠纷，其根源皆在我国股权转让模式和法律效力的规定缺乏系统性的统筹构建，对股权转让的实践缺乏理论上的提炼和总结，致使股权转让的法律效力缺乏明确规定，对当事人和股权交易市场形成了不利影响；对公司股权转让事宜完全交由合同规定，而缺乏严格正式的程序性要求；受公司契约主义影响过甚而将影响到公司治理结构稳定的股权转让事宜完全交由股东个人自行决定，架空了公司在股权转让中的地位。因此，对股权转让模式及其构成要素（程序、主体

---

① 《公司法》第 32 条第 3 款规定："公司应当将股东的姓名或者名称向公司登记机关登记；登记事项发生变更的，应当办理变更登记。未经登记或者变更登记的，不得对抗第三人。"
② 参见艾梅、张新田与刘小平、王鲜、武丕雄、张宏珍、折奋刚股权转让纠纷二审民事判决书，最高人民法院（2014）民二终字第 48 号；许毅与张桂民、陈金凤等股权转让协议效力确认纠纷民事判决书，南京市中级人民法院（2013）宁商终字第 655 号；金小雪上诉张弛等确认合同无效纠纷一案，北京市第一中级人民法院（2016）京 01 民终 3393 号等。

以及具体制度等）进行系统梳理尤为必要，也是本书的核心任务。

依据物权变动理论，不动产物权变动以登记为要件，动产以交付为要件；股权作为一种"准物权"，其变动类似物权变动，但因股权并非实物，难以直接交付，加上有限责任公司的特殊性，股东持有出资证明书以证明其股权，公司股东名册及工商登记机关的登记信息均登记有股东信息。那么此时参照物权变动理论，到底是按动产的交付出资证明书，还是按不动产的变更登记信息，在变更登记信息时又以股东名册还是工商登记机关的登记信息为准呢，此处就需要我们识别在股权转让过程中引起股权变动的行为。

依据本书前述关于股权变动的理论模式分析，在转让人和受让人达成股权转让一致意思表示时即成立了附生效条件的合同，在出让人将股权转让合同内容通知公司，取得其他股东的同意并放弃优先购买权后才能生效，产生股权变动的效果，此时公司负有变更股东名册和工商登记的义务：公司将股权转让受让方列入股东名册，其与公司的权利义务关系形成，而工商登记信息的变动对外产生对抗第三人的效力。接下来的内容，我们依照股权转让完成的具体环节来详细分析各阶段行为所产生的效力。

1. 股权转让合同生效

有学者认为，股权变动发生效力的时间为股权转让合同生效之时。这主要是从物权角度进行理解股权变动问题的，依照物权变动意思主义的模式，只要转让方与受让方达成一致的转让意思表示，物权即发生变动。以法国为例，依照《法国民法典》的相关规定，合同生效即发生权属与权能的完全转移，合同双方即产生交付标的物的义务。[①] 依照前文关于股权变动模式的理论分析，由于股权转让不仅涉及合同双方的利益，同时由于有限责任公司的人合性，在股权对外转让的情况下还需要经过其他股东过半数的同意，同意之

---

① 参见《法国民法典》第 1138 条之规定，"交付标的物之义务，仅依缔结契约之当事人同意，而完成"。

后还有优先购买权行使与否的问题，即使是在股东之间可以自由转让的情况下，也要在转让之后通知公司及其他股东。因此，有限责任公司的股权变动不能完全套用物权变动意思主义的模式，股权转让方与受让方签订的股权转让协议，仅表明双方受让股权的意思表示，而在其他股东表示同意并放弃优先购买权之前，该股权转让合同尚未生效，受让方尚不能成为公司股东。

本书认为，在公司内部，有限责任公司股权转让合同应以其他股东放弃优先购买权的时间作为生效时间。实际上，如果所转让的系国有企业股权、外商投资企业股权或出资份额、特定行业的企业股权，该合同尚需经过批准，在主管机关批准之前，该合同并不能发生当事人所期望的效力，尽管司法实践中以最高人民法院为代表的司法机关在某些案件中承认了此类合同交易的法律效力，但亦有很多地方法院不承认此类未经报批的合同的法律效力。此举给有限责任公司股权转让合同的法律效力判定蒙上了阴影，影响到了交易的安全。由是之故，不能贸然认定当事人意思表示一致，股权转让合同即生效力。股权转让合同被批准后，其效力仍然面临着其他股东是否行使优先购买权的效力的影响。

根据前文的分析，股权转让合同生效的条件是其他股东放弃行使其优先购买权。也就是说，只有在其他股东明确表示放弃优先购买权的情况下，股权转让合同才能生效，合同双方才能顺利转让和交割股权。按照本书的分析，既然股权转让取得其他过半数股东的同意并放弃优先购买权后，公司变更股东名册，从而使得受让方成为公司股东让各方知晓，那么为使受让股东能够顺利行使股东权利、履行股东义务，设定股权转让合同的生效时间应以其他股东过半数同意转让、放弃优先购买权为时间点，此时受让方才能要求公司配合其变更股东名册和工商登记。

2. 股东名册变更

股东名册在股权变更中的作用为不少国家所重视。即使在奉行股权转让意思主义原则的德国，其于 2008 年对《德国有限责任公司法》进行大规模修订后，股东名册也被进行了大量的技术性改造，使其在客观上成为令人信赖的"权利外观基础"。这些改造措施包括通过编制股权编号完善股东名册记载内容、规定股东名册须储存于商事登记法院才产生其法律效力、由公司执行人或公证人负责股东名册之制作与呈交以防止个别股东的不正当操控、引入真正权利人的异议登记制度。经过技术改造后的股东名册，成为公司章程之外最重要的公司文件，具有了股东资格证明功能和股权的"权利外观基础功能"，[①]并成为德国股权善意取得制度的基石。与之相类似，《日本公司法》第130条也确立了股东名册的法律地位，受让人名称未记载于股东名册的，不得对抗公司，无法向公司主张股东权利。

我国《公司法》对股东名册的定位并没有德国公司法上那么明晰。[②]根据我国《公司法》第32条的规定，依照股东名册，股东可以主张对股东权利的行使。"可以"的措辞意味着"股东名册的记载"仅是受让人"行使股东权利"的充分条件而非必要条件。[③]关于股东名册变更登记对股权转让的效力作用，学界有两种不同的说法。有些学者主张股东名册变更是股权转让的生效标志。旧股权消灭与新股权产生的节点为股东名册的变更，没有变更登记的，不发生股权变动的效果。我国香港特别行政区和澳门特别行政区的立法中，将股东名册的变更作为股权转让的要件。另外一些学者认为，股东名册变更应采用对抗主义。对抗主义认为股东名册变更产生对抗公司内部的效力，但不能对抗公司外部第三人。[④]此外，在实践中，买受人既未办理股东名册变更，也未进行工商登记变更，但却实际参与了公司经营管理且实际行使了股权（如领取分红），因此公司对其股东身份已经实际知晓。在此情形下，公司

---

① 参见张双根：《德国法上股权善意取得制度之评析》，载《环球法律评论》2014年第2期，第161~164页。
② 参见张双根：《论有限责任公司股东资格的认定》，载《法学论坛》2014年第5期，第70~72页。
③ 参见李建伟：《有限责任公司股权变动模式研究——以公司受通知与认可的程序构建为中心》，载《暨南学报（哲学社会科学版）》2012年第12期，第20页。
④ 参见郑艳丽：《论有限责任公司股权转让效力与相关文件记载的关系——新公司法视角下的理论与实践分析》，载《当代法学》2009年第1期，第153~157页。

不能在此之后以买受人未经登记为由否认买受人的股东资格。由此可见，我国《公司法》股东名册的法律效力以及相关的股东资格确认问题规定比较多元，这与我国股东名册制度的不完善、实践中股东名册缺位具有很大关系。本书认为，应当在完善股东名册制度建设的基础上，确立股东名册的对抗主义效力，即股东名册变更不能对抗外部第三人，但其经过变更登记之后，取得股东身份的受让人可对公司和内部股东主张权利。这种解释既方便了买方股权的取得和行使，也对善意第三人的保护有很大意义，同时在股权流转中，确认善意取得制度的应有地位。

笔者认为，股权转让合同所附条件成就时，合同当事人（转让方和买受人）应告知公司，公司收到通知后变更股东名册，如公司明知股权转让事项却怠于变更股东名册，双方应明确要求公司进行变更；如请求后仍不能变更，受让人有权要求公司承担相应民事责任。相应地，如果转让方因公司怠于变更股东名册而继续获得公司分红等利益，应向受让人承担赔偿责任。如果需要股权转让发生对外对抗第三人的效力，公司应进行工商登记变更。值得注意的是，股东名册的变更不仅是公司的一项义务，同时也是股权变动的重要步骤，其确立了买受人在公司内部的股东地位，得以对公司行使股东权利。但这一切都以设计完善的股东名册制度为前提。

3. 工商登记变更的完成

在物权变动理论上，一般来说，有形动产的权利公示状态为占有，不动产物权及无形的权利（如知识产权）等则需要通过特定的登记程序来进行权利公示。《公司法》第32条第2款、第3款分别规定了股东名册事实上的对抗力以及工商登记对抗第三人的效力，即工商登记对股东资格的确认没有设权性效果，作为公示性的登记其仅具有对抗第三人的宣示性效果，若买受人不对股东姓名或名称进行工商变更登记，会对其股权的享有和行使产生不利影响。因此，实践中出现了大量买受人要求变更工商登记的诉讼。

根据前述股权转让的环节可知，股权转让合同生效时，股权已经发生实质变动，变更股东名册及工商登记信息成为公司的义务。但没有变更工商登记的股权转让，不得对抗第三人，即公司外部的其他第三人仍可以依据工商登记信息来作为与公司相关的各项决策的判断依据，转让方不得以股权已经转让为由进行对抗。此原理是对股权变动关系的对外公示，虽不影响股权转让合同双方与公司的关系，但是保障经济秩序与交易安全的必要手段，也是商法的外观主义的客观要求。

综上，根据我国《公司法》的现行规定，股权向买受人的交割可以分为两步，即公司股东名册变更和工商登记的变更，前者使买受人的股东资格获得公司承认，其可以据此向公司行使相关股东权利；工商登记的变更则使其股东资格获得了对抗第三人的法律效力。如果股权转让模式构造得当，程序设计完善，则其交易流程不应有各种漏洞，从而保障公司股权转让交易的安全。但我国《公司法》对股权变动的决策程序设计有缺陷，纠纷频发，颇为遗憾。

（三）涉及公司资产转让的特殊股权变动

股权转让是指原公司股东向受让方转让其拥有的股权，受让者因继受取得股权而成为新股东的法律行为。而资产转让是指针对具体某项资产，转让方与受让方之间所做的买卖行为，涉及动产的交付转让以及不动产与无形资产的变动登记。

依据传统公司法的观点，公司股权转让与资产转让是有明显区别的：第一，转让行为的主体不同，股权转让是公司股东与内外部买受人之间的交易，转让股东将其所享有的股权转让给受让股东，而资产转让是公司作为一方市场主体与作为资产买受人的其他市场主体之间的资产买卖行为；第二，转让的标的不同，目标公司的股权作为股权转让的标的，是股东基于出资而享有的公司经营管理权、资产收益等复合性的权利，资产转让的标的是资产的所有权，即动产、不动产以及无形资产；第三，对所涉公司的影响不同，股权转让会引起公司股东成员甚至是股东会结构的变化，进而可能对公司管理层及发展战略带来影响，不直接引起企业的资产总额和结构的变化，而资产转让不会引起公司股东会的变动，只是会影响企业资产总额和资产负债的结构，其实资产转让往往是企业调整发展战略的结果，对某些退出领域的资产进行处置，购置某些看好领域的资产；第四，在转让价格的确定依据方面，转让股权的定价依据在标的公司的现状及盈利前景，而资产的转让则是以标的资产的净价值（一般为市价）为依据的；二者在转让程序、所适用的税收政策等方面也是不同的，此处不逐一列举。①

1. 特定行业企业的股权转让与资产转让

《矿产资源法》第 6 条规定，已取得采矿权的矿山企业需要变更采矿权主体的，经依法批准可以将采矿权转让他人采矿。在我国现行法律体系下，矿山法人企业股权转让与矿业权转让存在比较明显的区别。矿业权系典型的用益物权之一，虽然《物权法》并未对其予以详细规定，不具有人身因素，因此，矿业权转让主要适用《物权法》《矿产资源法》和国务院《探矿权采矿权转让管理办法》等相关规定，而后二者对矿业权的转让在转让方式、转让条件以及受让主体的资质条件等方面施加了诸多限制，通常需经国土资源主管部门的审查批准。对矿山企业探矿权及采矿权的转让条件方面，其要求享有该矿业权的矿山企业应当取得采矿权并生产满一年以上，因企业合并、分离而变更企业资产产权的，经过主管部门的批准可以变更采矿权主体。

承袭上述行政管理规定，实践中部分省份的矿政管理部门要求将矿业公司股权转让视为矿业权转让，并要求拟转股公司先行按照矿业权转让的审批程序办理矿业权转让审批手续，再行办理股权转让手续，从而对通过股权转让变相转让矿业权的行为施加较多的行政管制。例如，山东省国土厅关于转发《国土资源部关于进一步完善采矿权登记管理有关问题的通知》的通知规

---

① 参见殷华：《浅议股权转让与资产转让的区别》，载《现代商业》2009 年第 15 期，第 247 页。

定："采矿权人以出售、作价出资，引进他人资金、技术、管理等合作经营、企业重组改制等原因，只要采矿权人的股东、股比发生变化，均属采矿权转让行为，必须办理采矿权转让手续。"湖北省国土资源厅颁布的《关于进一步规范探矿权采矿权管理的暂行规定》要求，企业（事业）法人之间转移探矿权、采矿权导致矿业企业投资主体（控股人）发生变化的，应依法申请探矿权、采矿权转让，并逐级报经原审批登记机关批准。对于未经批准的矿业权转让合同的效力的认定，在实践中和理论上存在较多争议。

有实务界人士认为，通过转让公司控股股权或者全部股权变相转让矿业权的，属于《合同法》第52条规定的"以合法形式掩盖非法目的"的情形，应为无效合同；而相反意见则认为股权转让并不必然涉及矿业权主体的变更，其经营主体仍然保持一致，应当承认合同的法律效力。[①] 对于此类合同的效力，因为对股权转让合同本身没有审批要求，所以原则上应当承认其效力。根据《最高人民法院关于审理买卖合同纠纷案件适用法律问题的解释》第45条第1款的规定，矿山法人企业的股权转让合同，未变更矿业权主体的，可参照适用买卖合同的相关规定，自成立之日起生效，不应受国务院《探矿权采矿权转让管理办法》第10条第3款的限制，不因未经国土资源主管部门批准而产生效力瑕疵。因此，矿业企业股东的变化并不会导致矿业权主体的变更，企业的生产经营条件也未发生根本改变，不会对生产安全等公共利益形成太大影响，公司股权转让与矿业权转让系两类不同的交易。

要求合同必须经过主管部门批准，意味着行政公权力对特定法律行为的效力进行评价和相应的控制，虽然审批的范围必须严格控制和把握，以避免对商事交易构成过多的干预和阻碍。相比于严格僵化的行政管制，我国司法实践对该问题的认识相对开明，对股权转让和矿业权转让的区别持支持态度。对"办理批准手续才生效"的规定的具体把握，我国法院通常坚持严格的文

---

① 参见刘牧晗：《矿山法人企业股权转让合同的性质和效力认定》，载《人民法院报》2016年12月7日，第008版。

义解释，即只有在条文文义将合同效力直接系于批准手续时，才会判决其因未经批准而否定合同效力。因此，对于《探矿权采矿权转让管理办法》第 5 条和第 6 条关于矿业权转让条件的规定，其仅系矿产主管部门审批转让合同的依据，而非对转让合同效力作出评价的依据，因此不能以股权转让合同未经审批为由主张合同无效。[①] 即使当事人的真实目的是通过股权转让实现矿业权转让，其与"以合法形式掩盖非法目的"亦存在根本不同，因为后者中的合同形式通常是虚构的，而股权转让是现实的、真实发生的，并且有真实的对价作为依据。因此，传统民法通常将此种规避行为界定为脱法行为，而非对其法律效力应给予否定性评价的违法行为。除非矿业企业股权变化违反了国家产业政策，或者违反国家现行法律关于特定矿种勘查、开采主体资格限制，或违反关于外商投资的禁止性规定等，从而影响到了国家能源战略安全，否则不应轻易否定此类合同的法律效力。因此，矿业企业股权转让通常不会导致矿业权主体变更，其权利主体仍为原矿业企业，不属于矿业权转让，该转让合同无须经批准生效。

2. 涉及特殊资产的股权转让效力

从市场自由发展和公司股东对自己所有的股权的处分权角度看，股东的股权转让本应是一个自由的行为，所涉及的对象也仅仅是股权。但是，由于股权代表着对公司的所有权，因此，当股权转让涉及特殊资产时，股权的转让就失去了原本的自由，必须考虑其背后的实际目的，必须与资产转让进行严格区分。涉及特殊资产的股权转让行为较为敏感，稍有不慎就会触及"以合法形式掩盖非法目的"，导致股权转让行为违法。如我国对房地产行业进行了多次调控，其中涉及土地买卖的严厉调控措施，国土部门"严禁以股权转

---

① 参见申峻山、曹志杰与林锡聪、周泽辉、林柏清、周成金、张寿薪、李国光、项学元、王建新、卢福星、项洪元、陈朱华股权转让纠纷案，最高人民法院（2011）民二终字第 106 号民事判决书；李经春、陈培良、王大建诉浙江钱塘控股集团有限公司、安徽钱塘矿业有限公司采矿权纠纷案，浙江省高级人民法院（2017）浙民终 70 号民事判决书。

让为名，变相违规转让土地使用权"。对于此类股权转让合同的效力，有观点认为，其违反了《合同法》第 52 条的规定，以合法形式掩盖非法目的，使得《城市房地产管理法》第 39 条关于土地使用权转让限制的效力性强制性规定被架空，从而致使合同无效。[①] 甚至有地方司法机关将其定性为"非法倒卖土地使用权罪"，[②] 也有一些地方出台规范性文件对此作出禁止性规定。[③] 但实务中另有观点认为，上述《城市房地产管理法》的规定不是效力性强制性规定，当事人如果请求确认国有土地使用权转让合同无效的理由仅为案涉使用权没有达到规定的要求，一般不予支持。[④] 亦有观点认为，公司是企业法人，享有独立的财产权。股东的变化仅仅导致公司财产的资产收益者发生变化，并不直接导致其法人财产权发生变更，不应将法人的财产权混同于股东个人的财产。[⑤]

除房地产行业外，企业借股权转让之名进行资产转让之实的行为，在矿业公司股权转让中表现也比较典型。根据我国《探矿权采矿权转让管理办法》的规定，矿业企业矿业权的转让必须经过所在地国土资源部门的审批。此行政审批需要报送各项材料，审批也需要较长时间，且审批能否被通过具有相当大的不确定性。与之形成鲜明对比的是，矿业企业的股权转让只需遵循《公司法》完成股权转让并办理工商变更手续，受让方即可取得矿业公司股东地位，进而获得该公司所有的矿产资源的利益，由此产生了大量为规避矿产资源行政管控的矿业企业股权转让。

---

① 参见金剑锋：《公司诉讼的理论与实务问题研究》，人民法院出版社 2008 年版，第 372~373 页。

② 参见夏道勤、郭嘉：《供给侧改革背景下以股权转让方式实现土地使用权流转行为之法律规制》，载《法律适用》2017 年第 9 期，第 80 页。

③ 如，2010 年 1 月 22 日，海南省国土部门出台了《关于充分发挥土地调控作用促进房地产业平稳健康发展的通知》（琼土环资用字〔2010〕3 号），其中提到了"严禁以股权转让为名变相违规转让土地使用权"。

④ 参见《2015 年全国民事审判工作会议纪要》。

⑤ 参见申请人深圳 W 投资有限公司与被申请人周某、钟某、卢某关于《股权转让合同》的仲裁争议案，载北京仲裁委员会、北京国际仲裁中心编：《股权转让案例精读》，商务印书馆 2017 年版，第 137~146 页。

由于我国法律没有明确区分矿业公司的股权转让与矿业权本身的转让的关系，不同地方的主管机关和法院存在对法律规定的不同理解以及对矿业权管理的态度差异，在审查这类案件时，主要有以下四种观点。第一种观点认为，其系以合法形式掩盖非法目的，认定股权转让合同无效，其代表性文件为《贵州省国土资源厅关于规范矿业权转让行为的通知》①，其认为非法转让矿业权的情形是矿业公司股权转让没有经主管机关审批。第二种观点认为，转让矿业权的认定应当区分矿业企业的控股股东是否发生变动。如《青海省矿业权转让管理办法》，其明确规定的一种矿业权转让情形为在企业法人没有变化的情况下原控股股东发生变化。依照该文件，矿业公司控股股东发生变化时，需要先由矿业权人完成审批程序，凭主管部门的转让批准文件或矿业权变更登记文件办理相应的股权变动工商登记。相较于前一种贵州严格管控矿业公司股权的模式，此处的青海模式以是否处于控股地位为标准，对股权转让程序进行了区分对待。第三种观点认为，应当依据具体个案情况进行分析认定，云南省高级人民法院曾经出台《关于审理涉及探矿权采矿权相关纠纷案件的指导意见》②，其中专门规定了矿业企业股权变动的司法认定方案，即"综合审查"与"区别对待"相结合的原则，先综合考虑矿业企业股权转让合同的条文内容、履行情况以及争议的标的等方面，然后区别对待转让股权对矿业权的实际影响。③第四种观点认为，此类股权转让合同合法有效，其理由主要是以股权转让和资产转让的区别为起点，基于民商法的"法无禁止即自由"原则，认为没有法律明确规定此类股权转让时要经主管部门审批才生效，合同应为有效，如最高人民法院环境资源审判庭有法官认为，从合同本

---

① 该通知认为以有限责任公司名义申请的采矿权主体为该公司全体股东，并规定"未经部、省两级国土资源部门批准而擅自变更探矿权采矿权主体的行为"为非法转让矿业权。

② 云南省高级人民法院 2011 年第 35 次审判委员会形成的云高法（2011）266 号指导意见申明，《关于审理涉及探矿权、采矿权相关纠纷案件会议纪要》（云高法〔2009〕98号）不再适用。

③ 参见曹宇：《规避与管控：矿业权转让与矿股变动关系研究》，载《北京航空航天大学学报（社会科学版）》2014 年 3 月第 2 期，第 27 卷。

身来看，股权转让是真实发生的，并不是为掩盖非法目的的虚拟的合同，同时不好寻求客观标准来判定当事人订立合同时是否存在"非法目的"，另外针对矿业权的勘察、开采行为方面的监管，应该是行政机关的日常监管，不应该影响司法权对于股权转让合同效力的评价，除此之外，一般当事人主张此类股权转让合同无效的动机，多数是出于政策或市场的变动，用来转移风险，如果支持他们认定合同无效，可能会纵容鼓励此种违背诚实信用原则的行为，不利于市场经济良好秩序的建立维护。[①]

就当前实践来看，法院近年来多按照有效来认定矿山法人企业的股权转让合同的效力，前文提到的云南省高级人民法院也在 2011 年新出台的指导意见中将关于矿股交易的规制删除；从国土资源部门角度，全国范围内将股权转让视为矿业权转让的省份不足 1/5，且在实践中也是观点不一；从税务主管部门角度，现阶段已经基本统一观点，即对股权转让均不征收契税。究其原因，是法律对此类股权转让合同的效力没有明确规定，行政机关自己决定进行管制，多会引起行政复议或者行政诉讼，在加大管理成本的同时，导致法院在判定时也会因没有法律明确支持而依据民商法基本原理判决支持股权转让合同有效，这样很可能造成行政机关的败诉，进而引起其公信力的下降。[②]

因此，矿业权、土地使用权等资产的国家所有的特殊性，导致直接申请转让这类资产面临着行政主管部门的行政管制，以维护合理的交易秩序、保证市场安全有序运行，就此而言，通过公司股权转让的方式绕过资产转让的行政管制，不利于市场秩序的合理发展。由此，虽然当前法律并没有明确规定对此类股权转让强制管制，但我们可以从理论上主张，并对实践中如何规制该类型的股权转让给出合理的建议。首先，从基本法律理论看，股权转让与资产转让是不同的两个概念，股权转让遵循自由原则，而特定的资产转让

---

① 参见刘牧晗：《矿山法人企业股权转让合同的性质和效力认定》，载《人民法院报》2016 年 12 月 7 日，第 008 版。
② 参见陈静、陈从喜：《矿业公司股权转让法律规则思考》，载《国土资源情报》2013 年第 5 期。

需要经过审批。法律并不阻止正常的股权转让，但对涉及特殊资产的股权转让进行干预，因此应明确此类特殊资产的范围，比如探矿权采矿权等矿业权、土地使用权。其次，要确定能够影响到资产交易市场秩序的股权转让范围，并不是所有的有关公司股权转让都要接受此类干预，因此必须明确对特定资产流转施加特殊监管措施的正当性。在此基础上，可以对控股股东的变化进行特殊监管，因为新的控股股东会对公司资产产生较大影响，或者对社会公共利益具有重大影响（如矿山生产安全）。

3. 公司制基金的股权转让

随着金融创新产品的发展，投资者不再仅仅单纯地直接向公司投资，出现了很多的投资渠道，由专业化的机构为投资者做组合型的合理投资，基金产品就是这类投资产品的典型代表。从组织形态上来看，基金包括合伙型基金及公司制基金，其分类标准就是投资者组合是以合伙的形式对外投资，抑或是以公司的形式进行投资。此二类投资形态中，严格来说，被投资企业的股东并不是投资者，而是他们组成的合伙或者投资公司，此时，投资者如果想实现投资收益，要么等合伙或者投资公司取得分红再对他们进行分红，要么就要自行转让自己的投资份额，在转让投资份额时要区分其与被投资公司股权转让的差别。

对于合伙制基金，其基本结构是每个普通投资者均作为合伙的有限合伙人，投出固定资金，享受有限的收益，基金管理人作为普通合伙人，对基金资产进行管理。根据《合伙企业法》，投资者作为有限合伙人，在意欲转让其投资份额时，只需提前通知其他的合伙人即可。实践中，作为管理人的普通合伙人往往会和每个投资者签订份额转让协议，在投资者意欲转让其份额时由管理人将其购买。此种投资者投资份额的转让仅在合伙基金层面有影响，对于所投资的公司来说并无影响，其股东仍为该投资基金。

对于公司制基金，其基本结构是每个普通投资者均作为该基金公司的股东，对公司出资，享受股东权益，基金管理人作为该公司的管理层，对基金资产进行管理。此种情况下，投资者作为公司股东，在意欲转让其投资份额时，依照该基金公司具体是有限责任公司还是股份有限公司，按其股权转让程序进行，只需提前通知其他的合伙人即可。与合伙制基金类似，公司制基金的投资人转让其投资份额并不会对被投资的公司有影响，因为对于被投资公司来说，其股东仍为由该基金组成的公司，投资人股权变动在基金层面有影响，对于所投资的公司来说并无影响。

四、股权变动总体程序的构建和完善

有限责任公司股权转让制度是我国《公司法》的重要制度内容，也是我国当前公司法律实践中最具争议的问题之一。遍历我国《公司法》制定和改革的每一步历程，可以得知诸多国外立法例对我国公司股权转让制度的构造产生了重要影响。从目前的司法实践来看，这种借鉴在总体上是不完善的，原因在于我国的市场环境和制度环境毕竟迥异于国外，即使完整照搬其制度框架和规则，恐怕也不足以解决司法系统当前面临的海量公司股权转让纠纷。从另外一个角度上讲，公司股权转让并非一种纯粹的技术性规则，不同国家所具有的差异化的政治经济环境约束均给各国的公司法律制度打上了迥异于技术规则的社会烙印。因此，对股权转让制度的改造必须放在中国公司治理的大框架和大背景下进行。

（一）股权转让合同的生效

根据前文的分析，有限责任公司股权转让涉及的主体不仅包括出让股东和买受人，还涉及实际出资人、未被登记为股东的夫妻之一方以及公司自身，此外股权转让对公司其他股东的权益亦存在着重要影响。因此，股权转让合同是否如《民法总则》第 136 条、《合同法》第 44 条第 1 款所规定的那样在买卖双方当事人之间意思表示一致时即发生效力，是一个值得深入探讨的问题。

　　诚如本书所分析的股权转让合同效力受到影响的各种情形，如须经批准的合同、受其他股东优先购买权影响的合同等，该合同法律效力的界定对买卖双方之间、对公司其他股东的利益影响巨大。从我国当前有限责任公司股权转让的实践情况来看，这些对股权转让合同效力产生影响的因素均为双方当事人所能合理预见，尤其是对于富有经验的商主体来讲，其能够清楚地了解我国现行《公司法》及其他行政管理法规的规定。从这个角度来讲，贸然地仅仅根据意思表示一致合同即成立的规则赋予股权转让合同生效的效力，恐怕也不符合交易当事人的合理期待。如前所述，虽然德国的股权转让采意思主义，但股权权属在当事人之间的变动对于公司来说并不能立即生效。这实际上是一种非常矛盾的处理方式，试问买受人通过合同得到的是一个什么权利？如果说是股权但又不能对公司来行使，此种股权转让合同有何意义？

　　因此，本书基于前述讨论认为，股权转让合同在未经审批、其他股东未行使优先购买权之前，其应系附生效条件的合同，即如果主管机关批准并且其他股东决定放弃行使优先购买权，则此时该股权转让合同才能够生效，否则，即视为合同生效要件不成立，合同在买卖双方之间不发生法律效力。对此，买卖双方均应有清楚的认识，并且对此也有充分的心理准备。因此，我们应当抛弃那种简单地认为买卖双方意思表示一致股权转让合同即生效的股权转让意思主义模式，也不能认为其能在当事人之间产生股权转让的效果、只是不能对公司和第三人发生效力。

　　因此，必须坚持有限责任公司股权转让的形式主义，并在此基础上规范其股权变动的法律程序，从而确保公司和其他股东能够积极地行使自己的各类权利，如知情权、同意权和优先购买权，通过程序来规范有限责任公司股权转让的交易过程，将在最大程度上保障交易的安全，并且在实践中也不会影响到股权转让的交易效率和股权的市场流动性，从而加强股权的市场价值，同时使得股权转让纠纷减少。

（二）公司领受股权转让通知

如前所述，在有限责任公司中，对于拟转让股权的股东，其应当对其他股东履行通知义务并经其他股东过半数同意。然而，此种模式存在重大缺陷，因为股权转让对于公司具有现实利益，尤其是股权转让涉及公司治理结构稳定，所以公司有权介入；同时通知义务履行的不规范致使其他股东的同意权和优先购买权受到侵犯的情形屡有发生。更关键的是，在此种模式下，公司是股权变动最后一个知晓的主体，这样不利于维持公司经营管理的稳定。因此，股权转让通知的第一接收人应该是公司，由公司（具体可以是公司董事会或其他指定的内部机构）通知其他股东。这种通知程序，公司可以及时知道股东变动情况并为表达自己的意思提供了方便，从而维护股东之间、股东与公司之间的信赖关系。因此，我国《公司法》首先要对股权转让的通知程序作出明确具体规定，确保公司在股权转让交易发生之初即可介入。

鉴于通知对于股权转让的重要性，通知程序之构建必须缜密，本书认为，其应当包含以下四个方面的制度内容：（1）通知义务人。从股权转让的实践出发，合同双方当事人或其代理人都可以作为通知人。通常认为，股权转让合同双方当事人应当共同进行通知，在实践中更容易被公司接受。（2）通知的内容应当具体、明确，涵盖行使股权转让同意权和优先购买权的相关要素，实行"一次通知"主义。《公司法司法解释（四）》第17条区分了其他股东行使同意权和优先购买权，因而仍奉行了"二次分别通知"的做法，即分别就同意权和优先购买权的行使进行通知。但该解释第19条的规定却凸显出其在实践中奉行"一次通知"的做法。由此可见，不管是公司章程规定的行使期间内或通知确定的期间，其他股东均应在规定期间内同时决定是否行使优先购买权。事实上，最高人民法院曾经在《公司法司法解释（四）》（征求意见稿）[①]中尝试在同意规则中合并征求同意通知的内容，并以之作为其他股东行

---

① 参见《公司法司法解释（四）》（征求意见稿）第25条。

使优先购买权的依据。很明显，深刻了解中国有限责任公司股权转让纠纷实践的最高人民法院对征求同意通知制度没有实际内容以及二次通知带来的问题已经有所察觉，开始尝试将两个规则进行合并，只是这一做法因可能伤及其他股东的同意权而作罢。① 值得注意的是，《公司法》及相关司法解释均未规定股权转让通知的具体内容，鉴于本书提倡由公司接受通知并通过股东大会决议的方式行使同意权和优先购买权，本书认为通知内容应当包括拟受让人姓名或名称、股权转让的具体条件（数量、价格等）等基础信息，并附加相关交易文件。（3）通知人应当向公司提交证明股权转让的文件，如股权转让合同、出资证明书或无形式要求的声明。如英国要求通知人应向公司提交一份股份转让表格。因此，我国工商行政管理部门可以考虑提供此类示范模板供当事人使用。（4）《公司法》或公司章程应当指定公司接收股权变更通知的机关，从实践角度讲，董事会或执行董事是最佳的通知接受机关。公司收到通知后，应在合理期限内将股权转让事项通知其他股东。

综上，使公司知晓股权发生变动这一事实是通知的主要目的，以便于公司及时知晓影响公司治理和经营管理稳定的各种潜在因素。但可能有人会因此质疑构建通知程序的必要性，即受让人直接向公司主张行使股权，事实上也能起到"通知"公司的效果吗？如是，为何还要叠床架屋的另设通知程序？事实上，在我国现行的股权转让通知其他股东的模式下，确无必要通知公司。但如果同意权改由公司行使，则形式又有不同。对公司通知程序的构建，不仅使得公司介入股权转让的法律关系中，能够对合同效力提出异议等，还使得受让人股东权利的行使没有障碍。

现行《公司法》采用了由"拟转让股东通知其他股东模式"，即股东转让股权的，其应将转让事项及时通知其他股东；由此可知其并未采纳"通知公司"的模式。值得注意的是，根据《公司法》第72条的规定，在依照强制执

---

① 参见张其鉴：《我国股权转让限制模式的立法溯源与偏差校正——兼评〈公司法司法解释（四）〉第16-22条》，载《现代法学》2018年第4期，第180页。

行程序转让股东的股权中，已经初步确立了公司的信息受领的主体地位，可以将此规定的适用范围扩大到一般的股权对外转让当中。然而，该条仍要求法院通知公司和全体股东强制转让股权的事项，这并不符合现实情况。实际上，法院径可以采用通知公司并由公司通知股东的做法，毕竟通知公司的成本远远低于逐个通知股东的成本。

通知公司模式还有助于避免转让方股东向其他股东发出差异化的转让通知。实践中转让方股东向其他股东进行通知的方式多样、不一，关于股权转让的情况，其他股东无法确保及时知晓，可能最终没有足够的时间去考虑是否以及如何行使优先购买权，更没有足够的时间准备资金以满足行使优先购买权所要求的"同等条件"。鉴于《公司法》第71条规定的在30日内行使同意权的法定期间，因此，为了保证各股东行使权利的平等性，必须要考虑存在于通知发出及各股东收到的时间差等因素。

综上，本书认为《公司法》改变"通知其他股东模式"，应采用"通知公司模式"，即在对外转让股权时，股东应当事先以书面形式通知公司相关股权转让事项；公司收到书面通知后，应当同样以书面形式对全体其他股东进行统一通知，从而确保其同时获得相同的通知内容。此举是对公司的利益以及全体股东的平等保护，很大程度上避免了转让股东就转让事实通知其他股东的差异化。

（三）公司同意股权转让与股东行使优先购买权

在转让股东按照规定将股权对外转让的通知或申请向公司提出之后，公司即进入决定程序。股权转让系公司重大事项，应当由股东大会或者股东会作出决议，决定是否同意对外转让。该决议应为普通决议，即由过半数股东出席并经过半数股东同意才能做出有效的同意决定，且转让股东自身必须回避表决。此举与现行《公司法》第71条第2款规定在实质上保持一致。实际上，我国1993年《公司法》第38条第（10）项曾明确规定股东会要对股权对外转让的事宜进行决议，而其表决方式采用资本多数决而非人数多数决。

因此，建立由公司同意对外股权转让制度，并且采用人数多数决的表决方式，从大的方面来说可以维系有限责任公司人合性，从小的方面来说可以保证个别股东的持股比例。[①]

公司行使对外股权转让同意权，可以同意转让亦可以不同意转让。本书之所以将同意权和优先购买权的行使放在一起进行讨论，是为了对其进行更加清晰地区分。同意权的主体由公司行使，可以通过召开股东大会的方式实施，只要公司股东大会做出有效决议，同意股权对外转让，拟转让股东即可与第三人签署相关协议；同时，优先购买权系公司其他股东之固有权利，不管其是否同意股权对外转让，均可在公司同意股权转让之后，在同等条件下对拟转让股东主张其优先购买权。由此可见，股东优先购买权行使与否，并不必然包含其是否同意转让股权的意思，一种可能的情况是，在公司决议时股东同意对外股权转让，之后又主张行使优先购买权；毕竟优先购买权存在的意义仅在于确保公司其他股东在同等条件下享有优先购买公司拟转让股权的效果。此举将使得同意权和优先购买权的行使与法律效果截然区分，可以有效地避免规则之间的重复，避免同意权规则在程序上的空转。[②]但是，在两类权利的具体行使程序上，公司可以将股权转让同意权与优先购买权的行使时间重合在一起，即拟转让股东对公司进行一次通知即可，征询其是否同意对外转让股权；而后由公司通知其他股东参加会议进行表决，并同时征询其是否有意向行使优先购买权，此举将股权转让的交易决策效率和实施效率大大提高。事实上，《公司法》第71条仅仅规定了对其他股东进行通知时股东回复同意与否的法定期间，并未规定其主张行使优先购买权的期间，从解释上可以理解为其赞同其他内部股东的同意权与优先购买权同时行使，但在由股东单独行使此种权利的路径下，具有明显的缺陷，若改由公司行使上述权

[①] 参见段威：《有限责任公司股权转让时"其他股东同意权"制度研究》，载《法律科学》2013年第3期。

[②] 参见张其鉴：《我国股权转让限制模式的立法溯源与偏差校正——兼评〈公司法司法解释（四）〉第16–22条》，载《现代法学》2018年第4期，第179页。

利，则可以有效避免。事实上，我国《公司法》将其他股东同意权和优先购买权分别行使的制度构造模式深受我国台湾地区"公司法"的影响，后者虽然受日本公司法影响较大，但其并没有采用同意权吸收优先购买权的构造模式，而是将优先购买权从同意规则中独立出来，形成了"同意规则"之后另设"优先购买规则"的并列模式。

在公司行使同意权且股东主张行使优先购买权的情形下，在法定期间内（如 30 日内），若公司股东会决议对此转让行为表示同意，且其他股东未表示对优先购买权的行使，则转让股东的股权转让行为可以顺利实施。若在法定期间内，公司股东会明确通知转让股东，其对股权对外转让表示不同意，那么是否意味着该股东就彻底无法实现撤回投资以退出公司的目的？我国台湾地区"公司法"第 111 条仅仅规定如果半数以上的其他全体股东不同意，则转让股东确定的不能再进行股权转让。这种立法模式致使股东被"锁定"在公司当中而无法脱身，其正当性值得质疑。与之不同的是，多数国家制定了对转让股东的救济措施，用来救济在公司不同意股权对外转让时仍想退出公司的股东，即公司或在股东会决议中投票反对转让的其他股东负有强制购买拟转让股权的义务。但是这种义务并非严格意义上的法律义务，即公司或其他股东若不履行强制购买义务将会直接被视为其同意转让，而并不会产生法律责任。确立强制购买规则是对股东转让股权的极大保护，使其在对外转让无法实现时，仍可通过对内转让来收回投资。这一做法与我国《公司法》第 71 条第 2 款的规定有异曲同工之妙，同时体现了商法效率、便捷的原则。

但是公司在强制购买拟转让股权的情况下，会涉及许多烦琐的法律程序，比如回购公司股权等，在现行法律框架下仍有制度障碍，因此并不一定能够顺利实现。但是，其他股东购买或是由公司或其他股东均能接受的第三人购买，并不存在制度障碍。因此，可以考虑将第 71 条第 2 款中的"不同意的股东应当购买该转让的股权"，修改为"不同意的股东应当购买或者指定他人购买该转让的股权"，该指定购买人须为上述的外部第三人或公司本身，如此极大地将强制购买义务主体的范围扩大，以更好地保护公司的人合性。[①]

（四）股东名册变更——继受股东取得公司股东资格

股权转让中的受让人的最终目的是取得公司股东身份，行使其作为股东的各项权利。如前所述，就完整的股东权利而言，股东资格依赖于公司对受让人股东身份的承认，毕竟股权是股东相对于公司的权利。在公司其他股东不主张行使优先购买权的情形下，请求公司同意转让股权将为请求公司承认受让人为股东奠定坚实的基础，其可依据股权转让合同请求公司将其名称记载于公司股东名册。

基于股权的性质以及在股权转让中公司的主体地位，公司是否承认决定着买受人能否获得股东资格，而承认的最佳形式应该是公司股东名册的变更而非工商登记。以德国为例，2008 年 10 月修改之后的《德国有限责任公司法》第 16 条第 1 款规定公司承认受让股权方的股东身份是在股东名册变更登记之后。这一做法可以有效帮助公司实时掌握股东及其变动情况，使"公司与股东之间建立了清晰的关系"。《德国有限责任公司法》通过对股东名册进行技术性改造，使其成为公司股权的"权利外观基础"，推定记载于股东名册上的主体具有股东资格，[②] 并在股权转让中扮演了重要的角色。

法律中对于公司对内必备文件的股东名册其实早有规定。但是在司法实践中发现，一部分有限责任公司根本没有置备股东名册，从而很大程度上导致了公司股东权属不清，盗卖股权的事情的发生。公司规定股东名册为必须提交的文件，有助于其对股东名册的置备义务的落实。同时，记载于股东名册的内容应当加以格式化系统规定，从而能够全面反映公司股东资格的归属关系。第一，应当明确股东名册的制作格式，统一股东名册的制作格式，尤

---

① 参见秦琴：《法律的应然与诉讼的实然——以知识产权案件审理中个人独资企业诉讼为视角》，载《重庆理工大学学报（社会科学）》2014 年 28 卷第 12 期。

② 参见张双根：《论有限责任公司股东资格的认定——以股东名册制度的建构为中心》，载《华东政法大学学报》2014 年第 5 期，第 73 页。

其是股东信息，包括姓名、住址、身份信息以及出资信息等，对于落实公司
的通知制度、召集股东会会议等，都起到必不可少的作用；第二，规定股东
名册的变更程序，对于股东名册的变更程序，应当加以明确规定，包括公司
对于股东变更的同意程序，同意后的股东名册的变更程序、时间限制等；第
三，股东名册必须在行政管理部门登记，股东名册作为公司必备的文件，将
其规定在行政管理部门登记，可以赋予其更大的公信力，同时扩展其外观范
围，废除原有的工商登记制度，将股东名册和原有的工商登记制度合二为一，
从而提高和统一股东名册的地位。

　　我国公司股权转让实践中，也已存在此类做法，如《江苏省高级人民法
院关于审理适用公司法案件若干问题的意见（试行）》第 30 条规定，在现行
的登记制度体系下，无论是通知公司之时，还是股权转让合同生效或者是工
商登记等单纯地作为股权取得的节点，都难以成为股权转让过程中令当事人、
公司和外部第三人信任的客观基础。重建和明确股权转让模式及其节点，将
成为提高我国股权转让行为效率和安全性的必经之路。

　　股东的名册作为公司必备的法律文件，其在工商行政部门又加以登记，
其法律上应当是具有对内和对外的公示效力，且将其作为股权变动的生效要
件，统一了股东资格取得模式。由此，根据股东名册的记载，公司可以有效
地确认股东资格，或曰其仅根据股东名册的记载确认股东身份，进而决定其
是否能够享有股东的各项权利。但值得注意的是，股东名册"股东资格证明
功能"仅存在于股东与公司之间的法律关系中，[1]其仅在两者之间发生对抗效
力；至于股权的真实归属，应当取决于股东与受让人之间的基础法律关系。

　　基于前述分析，本书提出，股权转让模式的建立应当以股东名册为中
心和节点，即采取公司内部登记生效主义与公司外部登记对抗主义相结合做

---

[1]　参见张双根：《德国法上股权善意取得制度之评析》，载《环球法律评论》2014 年第 2
期，第 161 页。

法。① 在公司内部，股权交付以及股东身份确认的时间节点为公司股东名册的变更；而在公司外部，公司登记机关的股权变更登记行为具有对抗第三人的效力。这种以股东名册变更为中心的股权转让模式，可以充分发挥公司在股权转让中的监督者角色，有效防止股权的一股二卖等非法处分行为，既便利了买方取得和行使股权，也有助于确保其交易安全。

（五）工商登记变更——继受股东获得公示保护

商事登记具有设权和公示两种可能的法律效果。② 在现行《公司法》的框架下，工商登记对于公司设立、其主体资格之确定具有设权作用；而对于股权转让而言，则具有公示作用。《公司法》第 32 条所规定的股权转让登记对抗主义即为此种公示作用的集中体现。

工商登记的变更通常以受让人已经完成公司内部股东名册变更登记为前提。在此情形下，受让人已经取得公司股东身份且已被公司确认。鉴于公司开始介入股权转让，则公司可以通过对股东名册的变更，承认受让人的股东资格。此外，公司和转让方股东应当配合受让人完成工商登记变更。

公司依照现行法律承担的最主要义务是依受让人的申请，为其办理股权工商登记变更，系商事交易所强调与依赖的商事外观与公示主义的必然要求。工商登记同样负载较强的公信力，受让人信任出让人享有股权，很大程度上依据工商登记以及其他的股权证明（如出资证明书）。但值得注意的是，我国股权变更工商登记奉行的是形式审查主义，即工商部门只对申请材料是否符合法定形式、是否齐全负审查责任，因此如股东会决议、委托代理办理股权转让手续的协议等很多文件上的签字并非股东本人亲笔签名。这在很大程度上影响了工商登记的权威性。受让股权后，继受股东也只有在工商登记变更后才可以援用股权公示的规则对抗第三人对其股权的权利主张，因为外部

---

① 参见刘俊海：《论有限责任公司股权转让合同的效力》，载《法学家》2007 年第 6 期，第 76 页。

② ［德］C.W. 卡纳里斯：《德国商法》，杨继译，法律出版社 2006 年版，第 74 页。

第三人对公司股东身份及其出资额的判断，通常依据工商登记而不以股东名册为依据。《民法总则》第65条规定："法人的实际情况与登记的事项不一致的，不得对抗善意相对人"；而《公司法》第32条第3款却规定"未经登记或者变更登记的，不得对抗第三人"。根据最高人民法院的最新意见，《民法总则》与《公司法》是一般法与民商事特别法的关系，因此，应当根据特别规定优于一般规定的法律适用规则，适用《公司法》的规定。[①]

[①]　参见刘贵祥：《在全国法院民商事审判工作会议上的讲话》，载最高人民法院民事审判第二庭编著：《〈全国法院民商事审判工作会议纪要〉理解与适用》，人民法院出版社2019年版，第71页。

第四章 有限责任公司股权转让中的优先购买权问题

有限责任公司股权转让中其他股东的优先购买权问题是有限责任公司人合性和社团封闭性特征的体现之一，也是公司组织法性质的要求。对股权转让限制的理解，应当结合股权自由转让原则进行综合评判，在保护股权的组织属性的同时，亦应保护股权的转让自由与交易相对方的利益，由此，优先购买权的行使将如何影响股权交易的法律效力成为理论和实务研究必须面对的问题。在我国司法实践中，法院对于侵害其他股东优先购买权的股权转让合同的法律效力的判断比较混乱，无效、可撤销、成立未生效、有效但不能履行、效力待定等均有出现，导致法律适用无法统一，一定程度上损害了法律和司法裁判的权威。就此而言，其他股东优先购买权的法律性质、行使方式及其对股权转让合同的法律效力的影响必须予以重点关注。

一、股东优先购买权之性质及法律适用

（一）优先购买权的法律性质

股东优先购买权的法律性质不仅涉及股东优先购买权本身的行使方式和效力范围，还涉及对转让股东、其他股东以及股权买受人利益的保护，并进一步影响到股权转让模式的选择和重构。学界对于股东优先购买权的性质和效力主要存在"期待权说""形成权说"和"请求权说"三种理论主张。

期待权是与既得权相对的一个法律概念，指因具备取得权利的部分要件而具有受法律保护的法律地位，是一种"取得权利之权利"。就股东优先购买权而言，该权利能否实现是不确定的，法律只是赋予了股东相互之间对对方

所出售股权的某种期待，并在将来该股权对外转让时优先购买，在此之前，其他股东不得主张优先购买权。从对期待权的定义来看，期待权保护的是某种将来权利的取得利益，权利人期待的是对某种权利或利益的将来取得，而非既有权利的实现。但股东优先购买权系其股东权利的法定内容之一，自其取得股东资格之日起即自然享有，不存在将来期待取得一说。实质是几乎所有的权利，包括既得权，在权利取得和权利实现之间都存在一定的分离。将股东优先购买权定性为期待权，混淆了权利取得与权利实现之间的区别，将期待权之"期待"解释为对权利实现的"期待"，是对期待权概念的误读，削弱了股东优先购买权的法律效果，无法全面准确反映股东优先购买权的权利属性，不利于对其他股东的保护和公司治理的稳定。

"请求权说"认为其他股东优先购买权是公司其他股东对拟转让股权的股东享有的订立买卖合同的请求权。基于请求权的效力，在权利人行使优先购买权时，该股权转让合同的成立必须获得转让股东的承诺。与形成权和期待权不同，"请求权说"使得优先购买权人能否实现优先购买权取决于转让股东最终的承诺，若转让股东不予承诺，单纯凭优先购买权人单方的权利行使行为，并不能够在转让人和优先购买权人之间形成股权转让合同关系。在此情况下，优先购买权的行使在合同法上仅能产生要约的效果，而不能直接导致股权转让合同最终成立；其成立与否最终取决于转让人是否愿意转让其股权，以及转让人是否变更其股权转让的交易条件。[①] 因此，为了实现优先购买权的立法目的，法律还必须明确规定出卖人的强制缔约义务，否则，优先购买权在订约阶段即已落空。因而，在"请求权说"的法律框架下，必须辅以强制缔约"请求权说"才能实现优先购买权的制度目标。即使立法规定了出卖人的强制缔约义务，如果出卖人拒绝，契约的订立还必须经过必要的司法程序

---

① 　参见蒋大兴：《股东优先购买权行使中被忽略的价格形成机制》，载《法学》2012 年第 6 期，第 67 页。

才能实现。[①]

"形成权说"认为股东优先购买权系特别法上的形成权。所谓形成权是指权利人可仅依其意思表示而径行变动法律关系的权利，相对人并不负相对应的积极义务，只需受权利人意思表示的约束而容忍该法律效果。在此情形下，其他股东一经主张该权利，即可当然地与转让股东就拟转让之股权成立相同内容的合同法律关系，无须相对人（转让股东）承诺。德国学者梅迪库斯即持这一观点，他认为"先买权是一种形成权：权利人可以通过单方意思表示而与相对人成立买卖合同。此项权利以义务人向一个第三人出卖为前提条件"。[②] 根据"形成权说"，当行使优先购买权的条件具备时，优先权人只需通过向出卖人作出行使权利的单方意思表示，买卖契约即可在当事人之间成立。从法律效果上讲，"形成权说"避免了强制缔约"请求权说"情形下繁杂拖延的缔约程序，从而实现经济高效的缔约。

然而，依据合同自由的理念，出让人有选择交易相对人的自由，"形成权说"最大的缺陷是对转让股东这种合同自由的侵害，以法律的直接规定径行在行权股东与转让股东之间成立买卖合同法律关系。将股东优先购买权定性为形成权也与现行立法关于股东优先购买权的规定相冲突："形成权说"下，一经股东主张，其优先购买权即自动在行权股东与转让股东之间形成以同等条件购买该转让股权的合同关系，但当多个股东同时或先后主张股东优先购买权时，如何处理各行权股东与转让股东之间针对同一标的形成的"买卖合同关系"，《公司法》第 71 条第 3 款的规定又该如何实现。对此，《公司法》第 71 条允许多个股东之间通过协商确定各自购买的比例，协商不成的，按照转让时各自的出资比例行使优先购买权。这表明，优先购买权的行使无法像民法上的形成权一样能直接形成法律关系，因为此时行使优先购买权的购买

---

① 参见赵旭东：《股东优先购买权的性质和效力》，载《当代法学》2013 年第 5 期，第 19 页。
② 参见［德］迪特尔·梅迪库斯：《德国债法分论》，杜景林、卢谌译，法律出版社 2007 年版，第 128 页。

人、购买比例均存在较大的不确定性，只能通过"协商"的方式进行确定。由此可见，单纯的形成权的行使在此时无法形成有效的合同法律关系，"形成权说"存在理论缺陷。[①] 根据《公司法》第 71 条第 4 款之规定，股东优先购买权可因公司章程的另外规定而被剥夺或者限制，由此可见优先购买权并非一种强制性权利，因此其并非绝对的形成权。

同时，为防止股东滥用优先购买权侵害转让股东的股权转让自由和第三买受人的合法权益，《公司法》规定股东先买权行使须在"同等条件"下，该"同等条件"必然不是经行权股东主张而当然成立，妥当的做法应当是赋予转让股东在"同等条件"确认中的积极权利以保护其在股权转让中的正当利益，而股东优先购买权系形成权的主张实际是悬置了"同等条件"的前提条件，剥夺了转让股东在合同成立前谈判协商的权利。对此，赵旭东教授认为，从民法形成权的一般制度背景之下进行观察，转让人是在明知其他股东享有这种优先受让形成权的前提下与第三人签订股权转让合同的，转让人的行为已经蕴含了向行使优先购买权的股东转让的自愿，只要转让人启动了向第三人转让股权的交易，在其他股东欲优先受让时，必然转化为向其他股东转让股权的交易。[②] 这一逻辑也存在于民法其他形成权之中，因此，股权转让中的形成权并不构成对契约自由的破坏。[③] 此外，在实践中，亦存在为数不少的对"同等条件"确认的纠纷，尤其是当买卖双方已经签订转让合同，但其他股东并不认同合同中约定的转让价格，要求对公司净资产进行评估，然后确定股权出售的价格。在此情况下，法院通常不会支持其他股东的要求。

[①] 参见蒋大兴：《股东优先购买权行使中被忽略的价格形成机制》，载《法学》2012 年第 6 期，第 70 页。

[②] 参见赵旭东：《股东优先购买权的性质和效力》，载《当代法学》2013 年第 5 期，第 20 页。

[③] 值得注意的是，《公司法司法解释（四）》第 21 条对于转让股东"未就其股权转让事项征求其他股东意见，或者以欺诈、恶意串通等手段，损害其他股东优先购买权"时，其他股东如何行使优先购买权作了规定，即其他股东必须自知道或者应当知道行使优先购买权的同等条件之日起 30 日内，或者自股权变更登记之日起 1 年内主张按照同等条件行使优先购买权，否则人民法院不予支持。此处的 1 年，实质上就是形成权的除斥期间，体现了优先购买权的形成权色彩。

与民法制度中的先买权制度相比而言，股东优先购买权虽然由法律明文规定，但其并非准物权，而是一种仅在程序上具有限制股权外转效果的程序性权利而已。① 从股东优先购买权的立法目的来看，股东优先购买权是一种为维护封闭公司人合性而设计的被动防御措施，其行使的效果只是防止"不受欢迎的人"通过受让股权而进入公司，破坏公司人合性基础。因此，为维护有限责任公司的"人合性"而对股东对外转让股权加以限制，是股东优先购买权的正当性基础。这种基于有限责任公司"人合性维持"基础上的权利性质决定了保护和承认股东优先购买权的法律规则，均是旨在保护存续股东对于"股东权利"买受人的身份认同，而非保护存续方对拟对外转让股权的物权追逐。② 因为维护"人合性"而最终收购标的股权只是优先购买权行使的可能结果，可能的情况也包括转让股东放弃转让股权或通过提高转让条件而迫使其他股东放弃优先购买权。因此，优先购买权的行使并不必然导致股东之间成立股权转让关系并进而使行权股东取得标的股权。优先购买权行使的效果是转让股东对其他股东行权的"同等条件"享有审查和拒绝的权利，但在无正当理由时负有强制缔约义务，其优先购买权在于同等条件下"缔约"的优先，属于债权性质的优先，③ 行权股东若要最终取得拟转让之股权，仍需遵循双方合意的契约规则，取得转让股东对"同等条件"的认可，订立并履行股权转让协议，而非径行排除转让股东的意思表示和对名下股权的处分权，直接取得标的股权。在行使股东优先购买权时，享有此种权利的其他股东并非高高在上，而是试图"平等地"切断这一交易过程。据此而言，"请求权

---

① 参见曹兴权：《股东优先购买权对股权转让和合同效力的影响》，载《国家检察官学院学报》2012 年第 5 期，第 152 页。

② 参见郑彧：《股东优先购买权"穿透效力"的适用与限制》，载《中国法学》2015 年第 5 期，第 259 页。

③ 参见蒋大兴：《股东优先购买权行使中被忽略的价格形成机制》，载《法学》2012 年第 6 期，第 72 页。德国法上对优先购买权存在物权的优先购买权和债权的优先购买权的区分。物权性质的优先购买权也称为对物的先买权或物的先买权，针对的只能是不动产，依"合意＋登记"的原则而成立；债权的先买权也称为对人的先买权或人的先买权，是指合同约定或法律规定的对出卖人的处分权的限制，使得出卖人不能将指定标的以同样的条件出卖给第三人，而只能出卖给权利人。

说"实际更契合股东优先购买权的立法目的和公司法立法现状，相关司法解释已经突破了所谓的绝对形成权的立场，开始倾向于请求权说。因此有学者提出应当将其定性为"优先购买请求权"而非"优先购买形成权"，[①]而这也将决定股东优先购买权对股权转让合同效力的影响，作为一种利益平衡工具，其很好地平衡了转让股东、外部买受人和公司内部其他股东之间的利益关系，并非单纯地保护公司内部其他股东利益、维护相对封闭的公司股权结构的一种法律技术。

（二）优先购买权的穿透问题

随着我国公司法律制度的不断发展完善和商事交易的趋复杂化，以及近年来资本市场上活跃的投融资活动和公司之间的收购兼并，形成了实务中日益复杂的公司股权结构，呈现立体化、多层次的特征。股东因受到公司立法的严格监管而不断淡出公司法律关系，投资人通过特殊目的载体、离岸公司、项目子公司等形式间接参股，在规避公司法规定的同时实现对目标公司的实际控制。集团公司、母子公司、实际控制人等传统公司法未予重视的内容正不断凸显其在公司实践中的重要价值，同时也为公司法司法实务带来了诸多困惑，典型如通过收购母公司股权来间接完成对目标公司股权的收购，从而避免股东可能行使优先购买权。

优先购买权"穿透"的问题即是在传统的有限责任公司"股东优先购买权"语境下，探讨目标公司股东是否可以就其他法人股东控制权的变更而享有对该法人股东所持目标公司股权的优先购买权。[②]简言之，优先购买权的"穿透"在讨论股东优先购买权制度的适用范围问题：优先购买权能否约束公司实际控制人的变动？能否突破公司股东之间，约束目标公司法人股东股权

---

① 参见蒋大兴：《股东优先购买权行使中被忽略的价格形成机制》，载《法学》2012 年第 6 期，第 77 页。
② 参见郑彧：《股东优先购买权"穿透效力"的适用与限制》，载《中国法学》2015 年第 5 期，第 249 页。

的变动？ 2012 年的复星诉 SOHO 中国案引发了学界关于股东优先购买权法定边界的激烈讨论，尽管该案最终以复星放弃全部诉讼请求并撤诉终结，但该案却引发了对股东优先购买权穿透效力研究的深入。

股东优先购买权的行使需满足两个条件：标的股权对外转让和同等条件。本案中，复星集团所主张的合资公司 50% 的股权在法律上仍为公司原股东持有，并未对外转让，遑论同等条件。《公司法》要求的股东行权条件无一具备，原告所主张的股东优先购买权的权源实质并不存在，被告目的之非法性即缺乏法律基础。在标的额如此之大的股权买卖中，交易成本亦然不菲，在权源尚不明确的情况下断然否定交易的效力对被告来说同样不公。[1] 本案争议所在系合资公司实际控制人变更时，股东对实控人变更部分的股权是否享有优先购买权，即股东优先购买权能否穿透适用于目标公司实际控制人的变更。事实上，我国公司实务中大量存在通过股权收购完成资产收购目的、通过收购上层公司完成对目标公司股权收购的案例，现行公司立法并未就此问题作出任何规定。法院在没有法律规定的情况下对股东优先购买权的效力范围进行扩大解释，适用于间接收购，约束目标公司实际控制人的变更的做法实属欠妥，尤其在股东优先购买权是否存续或行权条件是否具备尚未明确时即不加分析地认定被告目的的非法性，适用合同无效理论，说服力欠佳。

从优先购买权保护公司人合性的制度目的来看，股东优先购买权应当仅限于目标公司直接股东之间，而非股东与实际控制人或实际控制人之间，股东优先购买权所维持者系公司成员（股东）之间的信赖关系，与公司实际控制人无关，但随着法人持股的普遍化以及公司股权结构的立体化，尤其项目子公司、特殊目的载体、离岸公司等持股形式的广泛运用，传统公司法下有限责任公司股东之间的"人合性"基础被大大削弱，实际控制人在公司实务中的价值越来越重要，甚至超过股东对公司经营存续的意义，股东之间的

---

[1] 参见陈姝：《股东优先购买权"穿透适用"制度初探》，载《黑河学刊》2016 年第 4 期，第 100 页。

"人合性"日益为实际控制人之间的"人合性"所替代，立法缺失的状态下，应当允许公司在自治权限内设计对实际控制人及其信赖关系的维持约束机制。从《公司法》第 71 条对股东优先购买权的规范内容来看，股东优先权仅约束目标公司股东的变更，并不具备穿透适用于目标公司实际控制人变更的效力，但在公司自治理念下，立法并不禁止公司或股东在其自治权限扩大股东优先权的适用范围，如实务中已经出现的"控制权转移条款"，即股东在公司章程或合作协议中约定，如果股东一方出现实际控制人发生变动的情形，则其他股东有权优先购买该股东所持目标公司股权的权利，由此保护原始股东之间合作的信赖基础。

（三）行使优先购买权的前提：同意权制度

为了平衡股东能够享有转让股权的自由与保障闭锁性公司人合性之间的关系，各国公司法规定了有限责任公司股权转让中的同意权制度，明确列举了同意权的行使主体、程序和法律效果。我国《公司法》第 71 条第 2 款规定了股权转让同意权的实质要件，即向股东以外的人转让股权的，应当经其他股东过半数同意，而且在形式上必须符合书面通知要求；为便利股权转让，还规定了自接到书面通知之日起 30 日的时效期间，以及期满未答复的默示同意认定。但该款规定相比于我国纷繁复杂的公司股权转让实践，仍然显得过于原则、抽象，并不能满足实践需要。

1. 同意权的权利主体

关于公司股权转让同意权的主体，各国公司法中存在公司机关决定与股东个人决定两种模式。[①] 在英美法系国家、德国、日本等国家，其公司法理论公司股权转让同意权的主体应当是公司机关——股东会或董事会，理由为股

---

① 　参见傅穹、尹航：《有限责任公司股权转让的同意权制度研究》，载《学术论坛》2016年第 8 期，第 145 页。

权转让属于公司的经营事项，如在德国，作为公司机关的公司股东大会必须对股权转让进行表决，通过与否遵从公司章程之规定，若无则可适用简单多数的方式。① 而在法国等国，则将同意权赋予公司的其他股东，由股东代表公司进行判断。② 实际上，法国有限责任公司法也是最早对股权对外转让进行限制的立法，其要求全体股东过半数且至少持有 3/4 股权的股东多数同意，但此后该限制被不断放松。在采用股东个人决定模式的国家，股东行使同意权的形式则比较灵活，既可以以主动方式也可以以被动方式表达意思，只需达到简单多数即可发生效力。而若是采用公司机关决定模式，其行使同意权就需要遵循公司法所规定的程序和形式要求，否则将可能产生决议无效或撤销之诉等不利后果。因为仅从效率的角度上来看，股东个人同意模式显然更具优势。

我国《公司法》第 71 条将股权转让同意权的主体界定为"其他股东"，奉行股东个人同意模式。然而，这种便捷的同意权行使模式并不符合公司股权的基本性质、公司股权转让制度的基本逻辑。我国《公司法》承认股东的优先购买权，但忽视了优先购买权的行使依赖于公司的事实，将本应由公司享有的对股权外转的同意权赋予股东个人，缺乏法理基础的同时造成公司在股权转让交易中的缺位。其一，基于股权的相对性，其由股东出资形成，实际上股权的转让就是股东对公司所享有的权利的转让，转让后公司的经营和治理结构必然会受到影响。其二，公司机关决定股权转让，虽然程序和形式要求比较严格，但恰恰可以综合各方面意见，结合公司各股东以及专业人士的丰富专业知识和经验，及其对公司的经营状况的了解，能够对新股东的加

---

① 参见［德］托马斯·莱塞尔、吕迪格·法伊尔：《德国资合公司法》，高旭军等译，法律出版社 2005 年版，第 25 页。

② 如《法国商法典》第 223-14 条规定：只有经过至少持有公司一半股份的股东多数同意，公司股份才能转让给公司以外的第三人，章程规定要求得到更高多数同意的情况除外。同时，转让人不得参加转让股份的投票表决。我国台湾地区亦采取股东个人决定模式，我国台湾地区"公司法"第 111 条规定："股东非得其他全体股东过半数之同意，不得以其出资之全部或一部，转让于他人。"

入是否有利于公司经营发展作出准确的判断。其三，将同意权和优先购买权同时赋予公司其他股东，造成了规则之间的重复，因为其他股东是否行使优先购买权本身即可包含其是否同意转让股权的意思，若其主张行使优先购买权则意味着不同意转让，反之则意味着同意转让。但因为《公司法》对同意权行使规则和优先购买权行使规则分别作出了规定，拟转让股权之股东必须分两次对其他股东进行通知，并在通知的期限内等待，一定程度上降低了交易效率。① 此外，就股权转让事项对其他股东进行通知，如何确保其他股东切实收到通知在实践中是一大疑难问题，实践中侵犯股东同意权和优先购买权的案例多以侵犯股东的知情权为前提。② 故而《公司法司法解释（四）》第 17条专门强调股权转让的通知必须确保其他股东能够确认收悉。

本书认为，拟转让之股权系公司有机体的一部分，所谓人合性也是更多地指向公司作为独立法人主体，而非作为公司成员的股东之间，人合性的维持更应当作为公司的义务，而非个别股东的义务，同意权的主体应当是作为人合性主体的公司。1993 年颁布的《公司法》第 38 条第（10）项规定了股权转让需经股东会决议，但在 2005 年《公司法》修订中，关于股东会职权的规定中删除了第（10）项，即股权外转不再需要公司的同意，而是新增"有限责任公司股权转让"一章，在规范股权转让时采用了股东个人决定模式，即向股东以外的人转让股权时，应当经其他股东过半数同意才能发生法律效力。同意的做出方式看似未做任何修改，同样要求其他股东过半数同意，但实质是将同意权从公司剥离，转授给转让股东之外的其他股东，此项规定实际上没有考虑到公司在股权转让交易中的特殊地位和利益，将股权转让视同股东之间简单的财产转让行为。《公司法》弃用股东会决议使公司失去了对股权转让的控制权，同意权的剥离使得公司在股权转让交易中不再享有任何积极参

---

① 参见张其鉴：《我国股权转让限制模式的立法溯源与偏差校正——兼评〈公司法司法解释（四）〉第 16–22 条》，载《现代法学》2018 年第 4 期，第 179~180 页。

② 参见冉崇高、陈璐：《侵犯股东同意权及优先购买权的股权转让协议的效力》，载《人民司法》2011 年第 14 期，第 77 页。

与股转交易的权利，不再对股权外转和新股东的进入享有任何控制权，公司人合性的维持和新股东的进入完全寄托于股东个人，公司本身对于股转交易无能为力，导致公司实务中股权盗卖事件频发，出现股权转让纠纷中公司无足插手处理等问题。现行同意权制度下，公司在股转交易中只是被动地协助股权交付，但何以作为第三方的公司未参与交易却应当承担上述义务，与公司毫无关联的受让人又如何保证公司有效履行生效的股转协议，公司怠于履行股权交付义务时股权受让人如何得到救济，股东之间相互串通规避同意权对股权外转的限制等，这些都是现行《公司法》同意权制度下面临的问题。

2. 同意权的行使程序

公司或者股东行使同意权以对股权转让的知情为前提，因此，《公司法》应当课以股东履行通知公司的义务。出卖人的通知虽然不是有效行使优先购买权的前提条件，但却可保障优先购买权人获悉优先购买权的行使条件，以便其能够决定是否行使优先购买权，并且会导致优先购买权的除斥期间开始计算，因而在优先购买权制度中具有重要意义。[1]《公司法》第71条第2款规定"股东应就其股权转让事项书面通知其他股东征求同意"，但对于具体的内容并未予以明确，可能导致拟转让股权股东仅将转让股权事项本身告知其他股东，而没有将详细信息告知，如受让人身份、转让价格、转让股权的数量、与受让人的谈判进度、股权转让协议文本或其草稿等。结合实践中的情形，股权转让的通知可能在不同场合发生多次，如初始阶段股东可能会仅将转让意向告知其他股东或公司，而嗣后若找到具体的受让人，仍需就具体的股权转让交易内容通知其他股东，最关键的信息包括拟出售股权的数量、价格和受让人身份，这些事项对于其他股东了解新股东进入公司对公司经营和公司治理的影响具有重要影响。对此，有学者认为，对公司股权转让的同意权将导致反对股权转让股东的强制购买义务和优先购买权的行使，而优先购买权

---

[1] 参见戴孟勇：《论优先购买权中的通知义务》，载《云南社会科学》2019年第4期。

的行使又涉及反对股东收购条件必须与第三人的收购条件相同，因此，股东欲转让股权时应当在向公司发出通知时将股权转让合同告知公司。①此外，在公司股权被强制执行的场合，根据《公司法》第72条的规定，法院依照法律规定的强制执行程序转让股东的股权时，应当通知公司及全体股东。此时，通知义务人并非被强制执行股权的股东，而是人民法院，被执行人不负有通知义务。

在现行法下，通知的对象和同意权的主体均为公司其他股东而非公司，使得公司在股权转让交易中的作用不能发挥，这是实践中股权转让纠纷频发的一个重要因素。若肯定公司在公司法律关系中的独立法律地位，重构股转交易中的公司同意权制度，公司在股转交易中的缺位导致的诸多问题将迎刃而解。在公司同意权制度下，公司作为一方独立主体，积极参与股权转让交易的各个步骤，享有一系列对股权转让的控制权，包括对股权转让交易的知情权、审查权、拒绝权、信息披露义务等。在此背景下，拟出售股权的股东应当通知公司而非公司其他股东。相对的，公司之知情权对应着转让股东的通知义务，因此，转让股东应当及时将股权转让的情况通知公司，保证公司在作出决议前对股转事宜有充分、完整的了解。公司需要知晓的与股权转让事宜有关的一切信息，主要包括转让股权的数量与价格、买受人姓名或名称、付款方式、条件及期限等。而这些信息也是人民法院在判断股东行使优先购买权时需要考量的一些因素。②要求股东对公司负担信息披露之义务，要求公司在其知情的范围内向交易双方无差别地披露交易相关的信息，有利于解决股转交易中的信息不对称问题，避免因交易中的信息不对称引发股转纠纷。公司"知情+披露"模式下，股权转让欺诈（如出资瑕疵等）、无权处分及股权善意取得等困扰法律实务进步的诸多问题将得到妥善解决：公司尽职履责则上述问题均可在实务中有效避免，公司失职引发纠纷则进一步将公司纳入

---

① 参见傅穹、尹航：《有限责任公司股权转让的同意权制度研究》，载《学术论坛》2016年第8期，第147页。
② 参见《公司法司法解释（四）》第18条。

责任机制中，尽可能充分地救济当事人。之所以将公司，而非交易双方作为同意权制度下的信息披露义务人，一是公司在其运营存续期间掌握着股东及其股权最完整的信息，加之知情权和转让股东通知义务下，公司最有可能掌握着最完整充分的有关股转交易的信息，二是作为股转交易中的独立第三方，公司基本与交易本身及交易的双方无实质的利害关系，披露不当责任机制下，基本可以保证公司无差别地向交易双方披露其掌握的相关信息，避免交易一方的恶意隐瞒、欺诈和不充分、选择性披露。

在公司获知股权转让交易信息的基础上，《公司法》可以考虑赋予公司对股权转让交易的实质审查权，包括公司股权转让是否违反法律及公司章程规定、是否已经征得公司或其他股东同意、是否侵害了其他股东的优先购买权、拟出售股权是否存在（出资或权利）瑕疵、相关信息是否已经向买受人进行了披露等，如此便解决了股转交易中的公司缺位问题，也确立了公司确保股权转让交易安全的制度基础。

3. 同意权行使的法律效果

不管是股东还是公司，其行使同意权的法律后果只有两种可能：同意或拒绝向股东以外的人转让股权。（1）若公司或公司其他股东同意向股东以外的人转让股权，则意味着在同意权行使的法定期间内，公司或股东应当按照法律规定的方式明确作出是否同意股权对外转让的决定，若公司其他股东表示不行使或者默认放弃行使优先购买权，则转让股东可以直接实施其股权对外转让行为。为了避免公司或股东拖延决策，各国公司法一般规定了同意权行使的法定期间，并且规定了法定期间内不明确反对即"默示同意"股权转让的规则。[①]（2）如果公司或其他股东在同意权行使的法定期间内，明确拒绝股东向股东外的第三人转让股权而赋予公司对股转交易的拒绝权则真正授予

[①] 我国《公司法》第71条第2款规定的"默示同意"期间为"其他股东自接到书面通知之日起满三十日"，英国为2个月、法国为3个月、日本为2周。参见《英国2006年公司法》第771条、《法国商法典》第223–14条、《日本公司法》第145条。

了公司对股权外转和新股东进入的控制权，公司拒绝股权外转使得公司无须受股转协议的约束，自然也无后续股权交付、变更股东名册和工商登记的义务，公司得拒绝承认其股东身份，使受让人仅能根据其与转让股东之间生效的股转协议享有对转让股东的债权，而无法在公司层面上享有对公司的股权。如此一来，即可将诸多诱发股权转让纠纷的风险隐患消除在萌芽状态，保障了公司股东和买受人的财产安全和交易安全。

将公司纳入股权转让的交易结构中，承认公司作为独立法人在股权转让交易中的特殊法律地位，并赋予其以审查权和拒绝权，使股权转让协议的效力得以及于公司，从合同义务的角度为公司在股权转让协议生效后履行股东名册和工商登记的变更义务提供了法律基础和义务来源，提供了因公司迟延或拒绝协助股权交付而导致的股权转让纠纷的合同法上的解决路径和救济方式，同时也为公司维护其人合性提供了法律基础和有效方式。而知情权基础上的信息披露义务则是在公司主体身份下保障股权转让交易安全的有效方式。

二、股东优先购买权对股权转让效力的影响

股东行使权利处分的表现方式之一是股东对外转让股权，有助于实现其投资价值和市场退出；但是，其他股东对拟转让股份的优先购买权同样是其他股东的重要权利，并且是《公司法》规定股东对外转让股权的重要制度要素，对股权转让行为的效力具有深远影响。然而，在实际操作中，不通知其他股东就进行股权的转让或通过与第三人恶意串通等手段损害优先购买权等行为时有发生，后者主要涉及对行使优先购买权中"同等条件"的认定。此外，在涉及国有股权的转让中，公司其他股东是否必须要在法律规定的产权交易中心行使优先购买权，也是值得深入探讨的问题。在其他股东行使对该股权的优先购买权的情形下，转让股东与外部买受人之间已经签订的股权转让合同势必要受到影响。

（一）损害优先购买权的股权转让合同的效力

对于侵害公司其他股东针对拟转让股权优先购买权的股权转让合同的效力，学界说法解释各异、意见并不统一，主要存在"无效说""有效说""可撤销说""附生效条件说"等不同学说，[①]众说纷纭，致使在司法审判实践中也难以保持统一的裁判标准。

"无效说"与"有效说"之间的显著区别是其对《公司法》第71条其他股东对股权转让的同意权和优先购买权是否为强制性规定（或曰效力性强制规范）的理解存在根本差异。"无效说"认为《公司法》第71条规定的股权转让合同是强制性规定，依据《合同法》第52条的规定，违反该条规定是无效的。同时，实践中有法院认为《公司法》第71条明确规定了股权转让时其他股东的同意权和优先购买权，而擅自向股东以外的人转让股权的行为首先侵犯了股东的上述法定权利，不应予以保护。违反《公司法》关于股东优先购买权的股权转让行为，一是构成对其他股东的侵权，二是转让股权的行为本身不应当受到保护，故股东擅自向第三人转让股权的合同应予认定无效。[②]无效说虽然会使法官面对相关纠纷时可以直接根据其他股东的同意权做出判断，但是这种直接判断却未必是正确的，因为其他股东是否真的有意愿或有能力会行使优先购买权是难以判断的，具有不确定性，简单地确认转让合同无效不利于转让股东自由地行使股东权利，也无法发挥公平市场下的效率原则。除了《公司法》第71条第2款、第3款规定的对外转让股权同意权、优先购买权之外，第4款规定了公司章程规定的例外规定，即公司章程具备优先于第2款、第3款的适用级别。值得注意的是，根据葛伟军教授的考察，在《公司法司法解释（四）》颁布之前，法院通常在股东对外转让股权、其他

---

① 参见刘应民、张鑫：《侵害优先购买权合同效力的认定与救济途径——兼评〈公司法司法解释（四）〉（征求意见稿）第27条》，载《证券法苑》2006年第2期，第228~246页。

② 参见王春玲与魏云武、石河子市市政工程养护管理处股权转让纠纷，新疆石河子市人民法院（2013）石民初字第1231号民事判决书。

股东优先购买权被侵害的情形下认定涉案股权转让的合同无效，有过错的各方据此承担相应的民事责任。[①] 但从反面来看，如果认为侵犯其他股东优先购买权的股权转让合同无效，当其他股东放弃行使优先购买权时，股权买卖双方需要重新订立合同以达成交易，"无效说"严重影响了交易效率。

"有效说"则据此认为第 71 条的规定系任意性规范，不能由于未经过其他股东的同意就否定股权转让合同的效力。《公司法司法解释（四）》第 21 条原则上采纳了有效说。此外，如果存在外部人与其他股东串通损害其他股东优先购买权的，属于违反《民法总则》第 154 条恶意串通损害他人合法权益的民事法律行为，应属无效。优先购买权制度虽然表面上由于法律规定拥有一定的强制性，但这不是内容上的强制规范，只能算是程序上的强制规范，也是公司内部的限制，不能扩张至公司外的第三人。只要股东与外部第三人签订的股权转让合同符合《合同法》的相关规定，就算其受到转让程序的限制，也不能影响转让股权中债权合同的效力。[②] 违反内容强制与程序强制的效果，显然应当有所区分。[③] 他们认为《公司法》赋予其他股东对股权转让的同意权和优先购买权，并不意味着其对股东对外转让股权的禁止。在我国的公司立法中，有关有限公司股东的优先购买权的规定，其先是一种法定权利，用来保护公共利益，之后渐渐转变为约定权利，用来保护个人利益；优先购买权只是一种仅在程序上具有限制股权转让效果的程序性权利而已。[④] 侵害其他股东优先购买权会产生公司股权的变动，而不会导致达成股权转让合意的合同失效。更重要的是，在违反《公司法》第 71 条与第三人签订股权转让合同的情况下，其他股东的优先购买权并未丧失，仍可以行使，因此，不能径

---

① 参见葛伟军：《股东优先购买权的新近发展与规则解析：兼议〈公司法司法解释四〉》，载《中国政法大学学报》2018 年第 4 期，第 99 页。

② 参见蒋华胜：《有限责任公司股权转让法律制度研究——基于我国〈公司法〉第 71 条规范之解释》，载《政治与法律》2017 年第 10 期，第 88 页。

③ 参见曹兴权：《股东优先购买权对股权转让合同效力的影响》，载《国家检察官学院学报》2012 年第 5 期，第 152 页。

④ 参见曹兴权：《认真对待商法的强制性：多维视角的诠释》，载《甘肃政法学院学报》2004 年第 5 期。

直认定侵犯其他股东优先购买权的合同应当归于无效。优先购买权的制度目的是要维系有限责任公司的人合性,以免未经其他股东同意的新股东加入后破坏股东之间的信任与合作;只要阻止股东以外的股权受让人成为新股东即可实现这一目的,亦即只要股权权利不予变动,而无须否定股东与股东以外的人之间的股权转让合同的效力。① 因为优先购买权的法律规则所否定的是非股东第三人优于公司其他股东取得公司股权的行为,而不是转让股东与非股东第三人之间转让协议。为保障股东优先购买权而直接否定转让股东与非股东第三人之间股权转让协议效力,已超越了优先的界限,过度限制了股东转让股权的处分权。② 有效说将股东权利与合同效力进行区分,为受让人提供了比较有利的权利救济依据,若其他股东行使优先受让权使得受让人合同权利目的落空,受让人可以依据股权转让合同向转让股东主张其违约责任和相应的损害赔偿。

2019 年最高人民法院颁布的《全国法院民商事审判工作会议纪要》第 9 条对"侵犯优先购买权的股权转让合同的效力"的规定采纳了"有效说",认为应准确理解《公司法司法解释(四)》第 21 条的规定,既要注意保护其他股东的优先购买权,也要注意保护股东以外的股权受让人的合法权益,正确认定有限责任公司的股东与股东以外的股权受让人订立的股权转让合同的效力。在依法保护其他股东依法享有并行使其优先购买权的同时,亦应当依法保护股东以外的股权受让人的合法权益,如无其他影响合同效力的事由,应当认定股权转让合同有效。若其他股东行使优先购买权的,股权受让人虽然不能请求继续履行股权转让合同,但不影响其依约请求转让股东承担相应的

---

① 参见刘春海与季玉珊股权转让纠纷案,江苏省高级人民法院(2015)苏商再提字第 00042 号民事判决书。
② 参见恩瑞集团有限公司与湖南省送变电工程公司、李景岗、湖南创高建设有限公司及第三人湖南新华盛房地产开发有限公司股权转让纠纷案,长沙市天心区人民法院(2015)天民初字第 05077 号民事判决书。

违约责任。[①] 这种学说对于受让人的保护是其他理论观点不可比拟的，但是这在一定程度上加重了转让股东的合同义务，使得股权转让需要经过长时间的考虑，不利于公司的发展和股东权利的自由行使。为此，有学者提出，应当赋予或肯定转让股东的"反悔权"。[②] 此外，作为经验相对丰富的商主体，转让股东可以将其他股东是否行使优先购买权作为合同是否生效的一个条件，即如果其他股东行使优先购买权，则股权转让合同不生效，若其他股东不行使优先购买权，则合同生效，从而避免因为其他股东行使优先购买权而可能产生的违约责任。但是，从实践中来看，如果转让股东未就其股权转让事项征求其他股东意见，或者以欺诈、恶意串通等手段损害其他股东优先购买权，转让股东未通知及隐瞒其他股东与第三方签订股权转让合同且办理了股权变更登记的，在这种情况下，其他股东唯一可以寻求的救济措施就是向有管辖权的人民法院诉请主张确认股权转让合同及股权变动无效，进而方能行使其优先购买权。[③] 就此而言，我们会发现"有效说"仅能有效应对转让股东侵害其他股东优先购买权且尚未将拟转让股权登记过户的情形，而对于已经登记过户的侵害其他股东优先购买权的股权转让行为无法实现对其他股东的有效保护。在此情形下，必须使已经生效的合同归于无效才能实现股权过户的回

①　如在周某某与姚某某股权转让纠纷一案中，上海市第一中级人民法院（2011）沪一中民四（商）终字第 883 号民事判决书，法院即认为"姚某某与周某某间的股权转让协议是双方当事人的真实意思表示，符合合同法有关合同效力的要件，应认定为有效，在合同相对方间产生法律约束力。但由于公司法的特殊规定，即其他股东姚某某享有优先购买权，一旦姚某某要求行使股东优先购买权，那么，姚某某与周某某间的股权转让协议将无法继续履行"。重庆市高级人民法院（2011）渝高法民终字第 266 号判决也认为，侵害其他股东优先购买权的股权转让合同的效力为有效，优先购买权并不影响该合同的效力，只是使得合同无法实际履行。类似的判决还有上海明艺园林景观有限公司与上海怡绿房地产有限公司买卖合同纠纷案，上海市第二中级人民法院（2010）沪二中民四（商）初字第 126 号民事判决书。

②　参见蒋大兴：《股东优先购买权行使中被忽略的价格形成机制》，载《法学》2012 年第 6 期，第 69 页。但值得注意的是，《公司法司法解释（四）》目前只承认了转让股东在其他股东主张行使优先购买权时的反悔权，没有规定对股东以外的第三人的反悔权。

③　参见《公司法司法解释（四）》第 21 条。值得注意的是，该条第 2 款对于请求确认股权转让合同及股权变动效力的请求施加了限制，即其他股东必须同时主张按照同等条件购买转让股权，否则人民法院不予支持。

转。有效说造成了司法实践的极大窘境。

"可撤销说"认为在未取得其他股东同意下径自对外转让股权的合同，是对其他股东的追认权和同意权的侵害，该情形下，其他股东可以行使撤销权来实现优先购买权。[①] 这种学说综合了"无效说"和"有效说"两种观点，一方面承认股东拥有对对外转让转让股权的同意权和优先购买权，另一方面认为其他股东是否行使自己的优先购买权是难以判断的事情，因此，没有直接否认转让合同的有效性，而是赋予有优先购买权的股东撤销权。[②] 我国《合同法》第 54 条规定了可撤销合同的情形，即（1）重大误解，（2）显失公平，（3）欺诈、胁迫，（4）乘人之危；《合同法》第 74 条规定了债权人撤销权的行使情形。在股权转让中，未经股东同意转让股权侵害优先购买权损害的是其他股东的权益而非股东债权人的权利，此时第三人购买股权往往基于双方的协商并会支付相应合理对价，不存在重大误解和显失公平情形，同时转让股东放弃的也不是自己的对外债权，这就使"可撤销说"在法理上缺少依据。但值得注意的是，在最高人民法院以及部分地方法院裁判的某些案件中，其认为侵犯股东优先购买权的合同属于可撤销合同而非无效合同，[③] 如贵州省高级人民法院在某判决中即认为，"公司法第七十二条只是程序上的限制，并非实体上的限制，不属于法律、行政法规的强制性规定，股东对自己的股权享有完全的处分权。如果转让人未履行上述程序，侵害的是其他内部股东的利益即优先购买权而非社会公共利益和国家利益，其他股东可以行使撤销权"。[④]

"附生效条件说"认为股权转让合同生效是以其他股东放弃其同意和优先

---

① 参见蒋华胜：《创设有限公司股权转让的公司法规则：立法表达与司法适用》，载《黑龙江省政法管理干部学院学报》2015 年第 6 期。

② 参见刘俊海：《论有限责任公司股权转让合同的效力》，载《法学家》2007 年第 6 期，第 74~82 页。

③ 参见北京新奥特公司诉华融公司股权转让合同纠纷案，最高人民法院（2003）民二终字第 143 号民事判决书；莫合特尔达吾提与喀什宏岳润丰棉业有限公司、和硕县清水河宏岳棉花加工有限责任公司、蒋新民、呼图壁县红柳塘棉业有限公司股权确认纠纷案，新疆维吾尔自治区高级人民法院（2013）新民二终字第 32 号民事判决书。

④ 参见贵州省高级人民法院（2013）黔高民申字第 540 号民事判决书。

购买权为条件，只要其他股东主张在同等条件下行使自己的优先购买权，则股权转让合同就不能生效。该种观点将合同效力的决定权赋予公司内部其他股东，转让股东和受让人只能签订转让合同，而其是否生效还不能确定，只有在其他股东做出放弃优先购买权的意思表示时，股权转让合同才能生效。附生效条件说最大的优势在于其可以有效避免转让股东对外部第三买受人承担可能的违约责任。[①]

在判断损害有限公司股东优先购买权的股权转让合同的效力时，司法机关已经达成了尽量避免其无效的共识，从而尽量避免国家意志过度干预经济，对市场效率和交易公平产生不利影响。[②] 综合以上各种学说的内涵和特点，本书认为，在其他股东没有表示放弃优先购买权时，股权转让合同的性质宜认定为附条件生效合同，即在其他股东对优先购买权没有放弃的意思表示时，案涉股权转让的合同成立，但未生效；而在其他股东明确放弃行使优先购买权时，则该合同确定生效。"人合性"是有限责任公司的一大特征，股东需要经过其他股东过半数同意方能对外转让股权，如果简单地将股权转让合同视为有效，则可能会导致股权的善意取得问题，第三人善意取得股权会侵害其他股东的股东权益，破坏公司的"人合性"，失去有限公司延续的基础。[③] 因此，在其他股东未确认放弃优先购买权前，股东与公司股东之外的第三人签订的股权买卖合同不能当然生效，从某种意义上讲，将合同生效的决定权赋予其他股东，是保障其他股东权益和公司"人合性"的底线。与"有效说"观点一致的是，《公司法》第 71 条对股东同意权和优先购买权的规定应系强制性的程序性规定，不管是转让方股东还是受让方应当清晰地知悉并

---

① 与之相类似的是，在司法实践中，部分法院认为"未经同意程序和优先购买权程序的股权转让合同不立即发生法律效力，未通知其他股东或者未征得同意侵犯股东同意权的股权转让合同应为效力待定合同"。参见解新势与烟台泰达铜材设备有限公司股东资格确认纠纷案，烟台市中级人民法院（2014）烟商二终字第 294 号民事判决书。

② 参见曹兴权：《股东优先购买权对股权转让合同效力的影响》，载《国家检察官学院学报》2012 年第 5 期，第 152 页。

③ 参见吕伯涛：《商事审判研究》，人民法院出版社 2007 年版，第 74 页。

遵守该程序要求，正因如此，使得股东是否坚持优先购买权成为不确定的事项，所以需要将股东是否放弃同等条件下的优先购买权作为股权转让合同生效的条件。将股权转让合同视为"附生效条件"的合同，一方面可以维护公司的"人合性"，尽量确保公司经营稳定，另一方面也可以保障转让股东转让股权的权利，有利于公司的持续发展。

其实，将股权转让合同视为"附生效条件"的合同，可以为股东提供较大的自治空间。法律规定本身即意味着市场交易的当事人应当知悉此类规则，并负有遵守此类规则以确保交易顺利完成的特定注意义务，关于有限公司股东优先购买权规则也不例外。既然法律对公司内部其他股东的优先购买权作了明确规定，那么股权的受让方就应当核实在合同签订的过程中，其他股东是否接到股权转让的通知、是否同意该笔转让交易、是否放弃优先购买权等基本情况，甚至其可以主动要求转让方股东提供上述信息或者通过其他途径向公司其他股东了解此类情况，如要求提供公司股东会同意其转让股权的决议或者其他股东同意股权转让的声明。即，在法律对其他股东的优先购买权有明确规定的前提下，如果双方签订合同是在没有明确其他股东放弃优先购买权的信息的情况下，受让人很难证明自己是善意的，因此缺乏继续维系股权转让合同的效力的正当性。按照《上海市高级人民法院关于审理涉及公司诉讼案件若干问题的处理意见（一）》第 3 条第 2 款之规定，可以推断出对于没有满足其他股东优先购买权的合同，在一般认可的基础上继续检索受让人是否明知的处理方案是相当合理的。[①] 根据善意受让人规则，意味着受让人需要知晓出售人股东的股权转让行为是否已经获得了其他股东的同意，并且需要要求出售人股东向其披露其他股东行使优先购买权的情况。对此，理性的买受人应当是有合理预期的。作为理性的商事主体，股权转让交易中的买受人会对相关法律法规、章程有所了解，所以不会存在第三人善意的情形，实

---

① 参见曹兴权：《股东优先购买权对股权转让合同效力的影响》，载《国家检察官学院学报》2012 年第 5 期，第 153 页。

践中，合同最终多以违反上述规定而作无效处理。[1] 但是，这种无效的法律基础是由于受让人的非善意使得合同正当性缺失，而不是因为对强制性规范的违反。

即使出于一些原因没有提前取得其他股东的同意，也不会直接导致合同不成立，转让方和受让方可以在等待生效期间充分协商，在合同所附条件发生时，最大限度地实现双方利益。但是，所附生效条件不可能无限期地被等待，其他股东做出决定的时间应该受到一定的期限限制。《公司法司法解释（四）》第 21 条为优先购买权被侵害的股东寻求救济明确规定了期限，并要求股东必须履行购买要求，这些规定可以防止股东滥用此救济权。值得注意的是，该条第 2 款拒绝支持其他股东提出的仅仅关于股权转让合同及股权变动效力等的诉讼请求，表明其内心拒绝对此类合同的效力进行判断；其仅仅在其他股东主张同等条件下的优先购买权时，才会否定已经签署的股权转让合同效力。同时，该规定的最后一款规定受让人可以要求转让股东承担"相应民事责任"，但"相应民事责任"显然不等同于"合同违约责任"，由此可见，最高人民法院没有赋予受让人法定的违约请求权，显然没有将股权转让合同确认为当然生效的合同。

（二）"同等条件"的认定与股权变动效力

《公司法》第 71 条第 2 款规定，股东行使优先购买权的前提是"同等条件"，该要求是行使优先购买权的实质条件，其目的在于协调公司内部股东和外部买受人之间的关系，既保护内部股东确保维持公司经营稳定，又避免对出售股东和买受人之间的交易造成不必要的损害。优先购买权从本质上讲，只是赋予了公司内部其他股东购买拟转让股权的交易机会，而其他股东并不能因此获得交易条件上的优惠。

---

[1]　参见刘康复：《论有限责任公司章程对股权转让的限制——〈公司法〉第 72 条之理解和适用》，载《湖南社会科学》2009 年第 4 期。

　　有限责任公司股权转让纠纷频发的一个重要原因是股东之间就行使优先购买权的"同等条件"的认定存在争议。对于"同等"的理解，理论上存在绝对同等和相对同等说。绝对同等说认为，公司其他股东与第三人所提供的收购条款完全相同。相对同等说认为，优先购买权人同意购买的条件与第三人的收购条件不完全相同，只要大体相同即可。根据"绝对同等说"，优先购买权恐怕在股权转让交易中根本无从实现。受制于实践中的各个因素，要求其他股东与转让股东订立的合同与第三人与转让股东订立的合同在各个条款上均完全一致是不可能的。① 相对而言，其要求低于绝对同等说。但在司法实践中，确有法院直接判决优先购买权人按照转让股东和第三人达成的合同履行的情形。

　　就股权转让交易而言，收购条件有以下四个重要因素：一是收购价格。其应系作为"同等条件"中的首要条件，因为其决定了转让股东的实际退出收益，若其他股东不接受转让股东与第三人达成的交易价格，其优先购买权必然丧失；但是由于对于公司的经营状况，内部其他股东和外部第三人的了解程度不一致，在判断是否购买拟转让股权、以何种价格水平购买时，双方作出的判断是不一致的，公司的内部股东对公司的经营状况以及股权价值最为了解，并对其有一个较为准确的定位，而外部第三人由于不易得到公司内部信息，可能会误判以较高的价格购买该股权。这对于公司的其他股东来说，确实不利于其行使优先购买权，因为其必须以高于其心理价位的较高价格购买标的股权。② 二是收购数量。这涉及标的股权是否需要进行分割转让的问题，

---

① 参见许尚豪、程思：《优先购买权制度中"同等条件"的法律思考》，载《山东警察学院学报》2017 年第 3 期，第 13 页。

② 值得注意的是，在涉及股权的强制执行程序中，优先购买权人也应当参与竞拍，并且可以与最高出价人相同的价格优先受让拍卖标的物。参见《最高人民法院关于人民法院民事执行中拍卖、变卖财产的规定》第 16 条、《最高人民法院关于人民法院网络司法拍卖若干问题的规定》第 21 条。但实务中有人认为，鉴于股东优先购买权的特殊性，不应当要求各股东直接参与股权竞价，但是拍卖前需要通知其他股东，只有在竞价产生最高价格并决定成交价格时才向其他股东询问是否愿意以该价格购买股权，这时候的"同等条件"才更加符合拍卖规则，同时也更有利于保护各方当事人的利益。参见张澎、张成军：《有限责任公司股权强制执行中优先购买权的保护——以公司法第七十二条为切入》，载《人民法院报》2019 年 1 月 3 日。

而这又将影响公司股权转让交易的复杂程度，《公司法》第71条第1款仅仅规定"有限责任公司的股东之间可以相互转让其全部或者部分股权"，但对对外转让股权时买受人可否部分受让没有作出明确规定。这是由于其他股东就转让股权行使部分的优先购买权会增加交易的复杂程度，并可能影响转让股东实现个人经济利益，尤其是当公司内部其他股东仅仅购买部分拟转让股权即可实现控制公司之目的时。因此，有学者认为，公司内部其他股东不能就部分待出售股权行使优先购买权，必须是对全部股权行使优先购买权。如若不是这样，即使其购买待出让的股权的其他条件相同，也不能认为其符合同等条件。三是支付条件。在实践中，收购款的支付存在全款支付、分期支付等方式，此外还有股权置换等手段，但股款的分期支付和股权置换引发了较多纠纷，因为分期次数越多，则付款时间就会越拖延，转让股东面临的不确定性因素就更多。因此支付条件应当系"同等条件"的重要考量因素，其将影响转让方股东的实际利益。四是付款期限。因为转让股东与第三人签订的合同在先成立，与内部行使优先购买权的股东签订的合同在后成立，在此情况下，如何确定付款期限的起始和终止时间对转让人更为有利殊为重要。对此，应当按照各自合同的起始时间分别进行计算，比较哪一个合同的付款时间更短。因此，履行期限应该采取绝对同等条件说，从而对转让股东的权利更好地保护。由此可见，《公司法司法解释（四）》第18条规定在判断"同等条件"时，也基本采纳了上述四个要素；但从整体上判断其是否符合"同等条件"时，其更倾向于相对同等说的标准。[①]

综上，对行使优先购买权"同等条件"的认定，不能机械地理解为转让股东与公司内部其他股东之间和与第三人之间的合同条款完全相同才符合其要求，而是应当综合考虑多种要素，全面地平衡各要素的绝对同等和相对同等，应当允许将股东的商业智慧融入这种考量之中。

[①]　参见唐玲玲：《有限公司股权转让优先购买权中同等条件的研究》，载《吉林工商学院学报》2018年第3期，第94页。

三、国有股权转让中的优先购买权问题

在股权转让实践中，对于同时存在国有企业股东和民营企业股东的混合所有制企业，若国有企业股东转让其所持股权，其必须在依法设立的产权交易场所公开进行，有关信息做到如实披露，征集两个以上的受让方，并采用公开竞价的交易方式。[①] 根据前述国有资产管理法规，国有产权转让必须遵守"进场交易制度"。对于企业未按照上述规定在依法设立的产权交易机构中公开进行企业国有产权转让，而是在产权交易所之外进行场外交易的，该行为违反了国有产权交易需遵循的公开、公平、公正的原则，损害了国家和社会公共利益，应依法认定该行为无效。[②] 因此，对于国有股权转让，进场交易系强制性程序规定，如若违反，则交易行为无效。

在具体的交易方式方面，其可采取协议转让、拍卖或招投标方式，相比协议转让，拍卖或者招投标更加公开、透明和规范，所以国有企业产权交易最常用的是拍卖和招投标等公开竞价方式，如 2012 年发生的较有影响的中静公司诉上海电力公司等股份转让纠纷案。[③] 在该案中，作为上海新能源环保工程有限公司国有企业股东的上海电力实业有限公司拟转让其持有的该公司 61.8% 的股份，其另一民营企业股东中静实业有限公司声明不放弃优先购买权。因拟转让股权系国有产权，故上海新能源环保工程有限公司将股权公开转让材料报送给上海联合产权交易所进行挂牌交易。在挂牌期间，中静实业有限公司向联交所发函请求暂停挂牌交易，称其享有优先购买权，要求重新披露信息。但联交所没有同意中静公司的相关申请，并积极促成了中国水利电力物资有限公司收购了上海电力公司所持有的股权。之后，上海新能源环保工程有限公司向中国水利电力物资有限公司出示出资证明书，并将其列入

---

① 参见《企业国有资产法》第 54 条。
② 参见巴菲特投资有限公司诉上海自来水投资建设有限公司股权转让纠纷案，载《最高人民法院公报》2010 年第 4 期。
③ 参见《最高人民法院公报》2016 年第 5 期（总第 235 期）。

公司股东名册，但并未办理工商变更登记。双方由此产生纠纷。

由此产生的问题是民营企业股东若行使优先购买权是否必须要参加产权交易所的竞拍？对于国有企业中的股权转让，是否要遵循《公司法》关于股东优先购买权的规定？拟行使优先购买权的股东不进场交易是否可以被视为放弃行使优先购买权？实际上，在涉及国有股权交易的实践中，各地交易所也存在不同的做法。如北京产权交易所认为公司内部其他股东行使优先购买权无须进入产权交易所，而上海联合产权交易所则坚持认为公司内部其他股东必须进入产权交易所才能行使优先购买权，并须提交产权受让申请。

对此，有学者认为，国有股权转让过程中其他股东行使优先购买权的同等条件不仅包括实体交易条件上的同等，其增加的"转让双方必须履行进场交易"的程序规定，也体现了交易程序上的同等，同时确保了交易国有资产不流失。《企业国有资产法》第54条关于"进场交易"的规定适用于任何有意向购买拟转让国有股权的意向受让方，亦应包括公司内部的其他股东。因此，拟行使优先购买权的其他内部股东应当履行上述规定的程序义务，遵守在产权交易场内优先购买权行使的相关交易规则等。① 反对者则认为，这样的规定不符合优先购买权的制度本质要求，并且强制要求行使优先购买权的场所在交易所，也是对优先购买权的不当限制。优先购买权系《公司法》赋予公司其他内部股东的法定权利，若其他内部股东通过参加产权交易所的竞价程序受让国有股权，其受让依据并非优先购买权，而是根据竞买而买受。因此，强制要求公司其他内部股东必须在产权交易所行使优先购买权损害了公司其他内部股东的权益，其实质是对其优先购买权的剥夺，毕竟优先购买权是在股权转让条件确定以后同等条件下的优先。

上述"中静实业公司"案件的特殊之处在于，民营企业股东已经明确表示不放弃行使优先购买权，但同时其亦并未参加进场交易。因此，如何界定

---

① 参见赵元松：《国有产权进场交易中其他股东优先购买权行使规则的司法认定——中静公司诉上海电力公司等股份转让纠纷案解析》，载《法制与经济》2018年第5期，第35页。

产权交易所的性质至关重要。该案主审法院认为，产权交易所的性质为经市政府批准设立，不以营利为目的的为产权交易提供市场服务和场所设施，并按照规定收取服务费的事业法人，其并非司法机构，不具有解决法律纠纷的职能，关于中静公司是否享有优先购买权等事项，其无权从法律意义上作出认定。因此，虽然国有产权转让应当进入产权交易所进行公开交易，但在股东没有明示放弃优先购买权且法律无明文规定的情况下，享有优先购买权的股东没有按照交易规则进场交易，并不能得出其优先购买权已经丧失的结论。同时，上海电力公司确定将股权转让给上诉人中国水利电力物资有限公司后，也没有及时如实告知中静实业公司拟受让人的相关情况，使得中静实业公司优先购买权的行使受到阻碍。在本案中，人民法院判决支持中静公司行使优先购买权的主张，平等地保护了混合所有制企业中的非公有制股东。

本书认为，应当结合有限责任公司和优先购买权的特征，来分析公司其他内部股东行使对拟转让国有股权的优先购买权。如本书所反复强调的，有限责任公司主要是人的联合而非资本的组合，其股东人数较少，彼此相互信赖，也正因如此，其无须过度僵硬的制度规制。优先购买权的行使建立在拟转让股东已经与其他外部第三人达成有效的股权转让协议的情况下，也恰恰是在此情况下，才得以确认股权转让的"同等条件"。如果公司内部其他股东决定按照与第三人确立的购买条件行使优先购买权收购拟转让股权，其即可在场外按照上述在产权交易所内形成的交易条件来进行交易。在公司内部其他股东声明行使优先购买权的情况下，通过公开竞拍所成立的合同，其性质为附生效条件的合同，只有在优先购买人放弃对权利的行使时才生效。一旦公司内部其他股东决定行使优先购买权，该合同即不生效力。

毕竟该交易条件是在交易所内部公开形成的，能够充分保证交易的公开、透明和公正，有效防范国有企业资产不当流失。因此，本书认为公司内部其他股东不进入交易所行使其优先购买权，具有正当的法理依据，不会损害国有资产转让交易法律规范体系的制度目标。

第五章　隐名持股中有限责任公司股权转让的效力

隐名股东又称实际投资人，虽然其通常实际出资认购了公司股权，但是在公司章程、股东名册以及工商管理部门的登记材料中却并未被登记为股东，而是将他人登记为股东，从而出现了代持股权的现象。在这种投资过程中，隐名股东实际出资，并享有投资收益，而名义享有股东资格并行使股东权利，进而导致登记公示的权利主体与实际出资和享受权益主体不同一。具体到股权转让的情况中，一般为显名股东未经隐名出资人同意将股权转让出去，或者是没有执行隐名出资人的转让股权指示而保留或者转让给他人，此时可能在显名股东和隐名出资人以及股权受让第三人之间产生纠纷。

一、有限责任公司隐名持股的基本法律问题

（一）隐名持股的概念和法律性质

所谓隐名持股，又称隐名出资，根据《公司法司法解释（三）》第 24 条第 1 款的规定，是指名义股东与实际出资人约定，由名义股东登记为公司股东，由实际出资人履行出资义务，并实际享有登记在名义股东名下的股权。在实践中，隐名持股的问题非常复杂，因收益权和管理权限的不同归属，可以分别构建不同的法律关系，如借贷关系、合伙关系、共有关系、信托关系、代理关系等。[①] 本书的讨论集中在隐名股东享有全部投资收益并保留对公司的

---

① 参见赵旭东、顾东伟：《隐名出资的法律关系及其效力认定》，载《国家检察官学院学报》2011 年第 2 期，第 142 页。

实质管理权的情形。在公司其他股东对股份代持协议不知情的情况下，隐名出资人与名义出资人以及公司其他股东之间形成被代理人身份不公开的代理关系；而在其他股东知晓股份代持协议或知晓实际出资人的身份或其存在的情况下，名义出资人与公司股东间形成隐名代理关系。根据赵旭东教授的论述，在隐名出资的情形下，实际上存在双重代理关系：名义出资人代隐名出资人以自己名义与其他股东实施法律行为，如完成出资、作出股东会决议等，构成隐名代理关系；而若名义出资人授权隐名出资人代理其具体签署公司相关法律文件，则又构成显名代理。[①]

在隐名持股中，其存在的最大问题在于如何确认股权归属以及股东资格，即名义股东与实际出资人究竟何者为公司股东而直接对公司享有权利并履行义务？对于应当适用形式要件还是实质要件认定隐名股东资格，学者之间存在较大争论。持实质要件说的学者认为，公司股东资格的确认应当探究当事人的真实意思表示以及是否对公司有真实出资，只要隐名出资人能够证明其真实出资，即可确认其股东资格。形式要件说则认为只有经出资证明书、股东名册、公司章程和工商登记等彰显的股东方为公司股东。对隐名出资中股东资格的确认，《公司法司法解释（三）》第 24 条第 3 款采取了形式要件说，认为享有股东资格的仅限于被记载于股东名册中的股东，实际投资人并非公司的股东，不能享有对公司的股权，只能依据合同来处理其与名义股东间的关系。[②]

事实上，隐名持股股权确认中形式主义和实质主义的区分模糊了股权的相对性特征，忽视了公司在股权关系中的主体地位，均存在不同程度的谬误：实质要件说关注外部实际出资人的真实意思对公司内部股权关系的决定作用，试图从公司内部对非公司成员进行股权上的保护，实质却是混淆了股东与公

---

① 参见赵旭东、顾东伟：《隐名出资的法律关系及其效力认定》，载《国家检察官学院学报》2011 年第 2 期，第 145 页。
② 参见张双根：《论隐名出资——对〈公司法解释（三）〉相关规定的批判与发展》，载《法学家》2014 年第 2 期，第 62 页。

司之间的法律关系和名义股东与实际出资人之间的法律关系，使得公司内部股权关系混乱不清，也不利于对实际出资人的保护；形式要件说关注并不属于股权应有之义的外部效力或公示性，一律将外在的公示形式作为股权确认的形式要件，也忽略了某些实际出资人表现为通过名义股东间接持股，但实际直接行使股权并为公司认可为股东的情形。

《公司法司法解释（三）》第24条第1款明确认可了隐名持股协议的效力，第2款则主要针对名义股东与实际出资人之间的合同关系，支持实际出资人向名义股东主张"投资权益"，并否认名义股东以公司股东名册记载、公司登记等否认实际出资人的权利。其逻辑在于实际出资人向名义股东主张权利的权利基础系双方的隐名持股协议约定，而非股权（因为股权的相对人系公司，而非名义出资人），股东名册记载、公司登记等股权的外部表现形式与实际出资人合同下权利并无关系，自然不能对抗其权利主张。针对股权确认，该条第3款规定，未经公司其他股东半数以上同意，实际出资人不得请求公司变更股东、签发出资证明书、记载于股东名册、记载于公司章程并办理公司登记机关登记，从而否定了实际出资人向公司的股权确认请求，将确认实际出资人股东资格与"股权转让"做同质化处理。

从上述规定来看，《公司法司法解释（三）》对隐名持股采取了比较复杂的多元态度。一方面，其承认了隐名持股协议的法律效力，并支持实际出资人根据该协议向名义股东主张其"投资权益"的权利；但同时，该解释否认了实际出资人直接向公司主张股东资格的权利，而是需要征得"公司其他股东半数以上同意"。其根本原因在于股权并非单纯的财产关系，而是包含复杂的人身关系属性在内，而第24条第3款恰恰没有对股权人身关系的变更作出规定。实际上，"投资权益"这一表述颇具迷惑性，在某种程度上其可以等同于股权，进而包含股权的人身和财产权内容。但是，实际出资人和名义股东之间仅系合同关系，其只能规范因隐名投资合同或股权代持合同中有关投资而产生的债权债务关系，并不能包含实际出资人股权变动的请求，因为已经突破了合同法的管辖范围，合同法不能调整实际出资人股份变动的身份关系。[①] 考虑到股权法律关系的相对性以及公司的主体地位，尤其其他股东在个别股权关系中可以视为外部第三人，"公司其他股东半数以上同意"更准确的表述应当是"公司同意"。另一方面，《公司法司法解释（三）》第24条第3款仅仅涵盖了公司其他股东不知晓代持股协议的情况，在实践中，也存在公司知悉且认可隐名的实际出资人直接行使股东权利的情形，如实际出资人将股权登记在名义股东名下，但实际出席股东大会行使表决权，直接从公司获取股权红利等。在此情况下，隐名出资人可以主张股东资格，但有确切证据证明该合同只约束受托人和第三人的除外。[②] 第24条第3款这种"粗暴地"否认一切实际出资人确认股权请求的做法值得商榷，从公司"知悉并认可"的角度应当确认该股权。第3款之所以出现上述缺漏的原因在于将股权定义为公司股东之间的一种法律关系，而非作为个体的股东与公司之间的法律关系，忽略了股权的相对权属性和公司在股权关系中的主体地位。

明确隐名持股关系中的股东身份及股权持有，正确处理名义股东与实际出资人之间的关系，首先应当恪守股权相对性的特征，严格区分股东与公司之间的股权投资关系和名义股东与实际出资人之间的合同关系。其次，应当重建公司在股权关系中的主体地位，明确公司在股权确认中的控制权，防止"不受欢迎的人"通过隐名持股进入公司。对公司而言，出资协议的相对人系名义股东，实际履行出资义务并享有股权的也应当是该名义股东，至于其用于出资之财产来源，公司在所不问，并不影响股东资格的取得及其持股。但在一种情形下，可以确认实际出资人的股东资格，即实际出资人尽管未登记在公司股东名册或工商登记簿上，但实际行使股东权利，如参与分红、参加股东会表决等，此时，因公司事实上对其股东行为的"知悉和认可"，应当认可实际出资人的股东身份。

---

① 参见钱玉林：《民法与商法适用关系的方法论诠释——以〈公司法〉司法解释（三）第24、25条为例》，载《法学》2017年第2期，第91页。

② 参见赵旭东、顾东伟：《隐名出资的法律关系及其效力认定》，载《国家检察官学院学报》2011年第2期，第146页。

（二）隐名出资和股权代持的法律关系结构

涉及隐名出资所形成的法律关系，一般包括隐名出资人与显名股东、公司及其他第三人之间的关系。一般来说，股东是以自己的资金出资和享受股东资格的，但基于各种原因或者限制，某些出资人不愿意外界知悉自己对公司的出资，不列入股东名册和工商登记资料中，因此就形成了比较广泛的隐名出资的问题。实际出资人与名义股东签订股权代持（或曰委托投资）合同，将出资交付名义股东，并由名义股东以自己的名义向公司完成出资，并记载于公司章程、股东名册和工商登记资料中。

从隐名出资的投资结构设计可以看出，虽然实质上是隐名出资人最终享有出资义务和投资收益，但是整个投资被分割成两次法律行为，分别是隐名出资人与显名股东的委托持股协议[①]和名义股东与公司的出资购买股权协议，由此决定其整个投资行为形成两个法律关系，分别是隐名出资人与显名股东的合同关系和显名股东与公司的出资关系。根据《公司法司法解释（三）》第24条第1款的规定，隐名出资人与显名股东所签订的合同，如不符合《合同法》第52条规定的情形，应当被认定有效，[②]尊重双方对权利义务的安排。但隐名出资人若要直接对显名股东所持股权进行处置，或者让公司承认其股东身份，进行股东名册和工商登记资料的变更则不能被支持，需要经过其他股东同意，并通过股权转让程序将标的股权转让到其名下。原因是商法的外观主义和公示公信原则以及有限责任公司的人合性，公司股东是对外登记在相关文件中的显名股东，对内显名股东也是符合有限责任公司的人合性的、与其他股东能够协力经营公司的股东。

[①] 实际上，最高人民法院不同的判决对隐名股东与显名股东之间的关系的认识也并不一致，有认为其系委托持股关系，如李奕基与福建东方艺术建筑设计工程有限公司合同纠纷案，参见最高人民法院（2014）民提字第217号民事判决书；有的则认为其系委托投资合同关系，如博智资本基金公司与鸿元控股集团有限公司其他合同纠纷案，参见最高人民法院（2013）民四终字第20号民事判决书。

[②] 参见《公司法司法解释（三）》第24条第1款规定。

隐名出资情形中的法律关系，通过对交易结构的分析可以得到明确。在名义股东和隐名出资人之间，系委托投资合同关系，二者对投资的权利义务作出协议安排；在公司及第三人层面，基于名义股东的投资和相关公示资料中的登记公示，名义股东享有股东资格，作为公司股东，履行股东的相关义务，而隐名股东不能直接享有股东资格，其投资决策需要通过委托投资协议由显名股东行使股东权利去实现。[①]但在一些例外情形中，隐名出资人可以享有一部分的权益，如名义股东、实际出资人与公司均确定知悉其中的股权代持关系，且共同约定"实际出资人在成为正式股东之前按照其出资比例分得股息、红利"，最高人民法院在其作出的判决中倾向于认定该投资利益分配的约定系各方真实意思表示的，合法有效，故可以支持隐名出资人依照约定获取收益。但笔者认为该类特殊情形只能在约定当事人之间发生效力，对不知悉其中关系的第三人来说仍然要依照商事外观主义去进行判断。

（三）隐名出资和股权代持的法律效力

如上所述，对于隐名出资的法律关系，通常法律对其法律效力持肯定态度，认为其既不违反法律、行政法规的强制性规定，也没有损害社会的公共利益，因而有效，并且在特定情形下承认隐名出资人的合法权益，并为其变为显名股东提供了制度通道。

然而，在有些特定行业中，因为对股东资格、出资资金的来源等有特定限制或监管措施，故而其对股权代持的效力持否定态度。本书试以最高人民法院审理的福建伟杰投资有限公司、福州天策实业有限公司营业信托纠纷案[②]进行深入分析。

在该案中，天策公司已经于 2011 年持有正德人寿保险股份有限公司（君康人寿保险股份有限公司前身）20% 的股份，为了规避现行《保险公司股权

---

① 参见胡晓静、崔志伟：《有限责任公司隐名出资法律问题研究——对〈公司法解释（三）〉的解读》，载《当代法学》2012 年第 4 期，第 32~38 页。

② 参见最高人民法院（2017）最高法民终 529 号民事判决书。

管理办法》"保险公司单个股东（包括关联方）出资或者持股比例不得超过保险公司注册资本的20%"的规定，2011年其与伟杰公司签署《信托持股协议》，约定将其拥有的2亿股君康人寿公司的股份资产信托委托给伟杰公司持有。2012年，君康人寿的股东进行同比例增资，伟杰公司持有4亿增资后的股份额。而后，天策公司与伟杰因《信托持股协议》而产生纠纷。然而，对于该信托持股协议的法律效力的判断却大大超乎当事人和业界的以往预期。

在一审判决中，主审的福建省高级人民法院认为，《信托持股协议》系当事人真实意思表示，二公司的往来函件均确认了该协议的存在及其真实性；同时，该协议内容并未违反法律禁止性规定，因此应为有效合同；并结合本案其他证据认定天策公司系讼争全部4亿股股份的实际持股人。然而在该案上诉至最高人民法院之后，其对天策公司、伟杰公司之间的《信托持股协议》效力认定上却发生了反转。最高人民法院认为，天策公司、伟杰公司签订的《信托持股协议》内容，违反了《保险公司股权管理办法》第8条关于任何人不得委托持有保险公司的股权的规定，因此该《信托持股协议》无效。之所以根据中国保险监督管理委员会的部门规章径直认定《信托持股协议》无效，是因为从《保险公司股权管理办法》的规范目的和内容实质，以及实践中代持保险公司股权出现的危害后果来看，该协议不仅违反了部门规章的行政管理规定，而且其行为发生了损害社会公共利益的后果。在确认保监会上述规章并不违宪、不与上位法存在冲突且具有实质上的正当性与合法性之后，主审法官认为代持保险公司股权加大了保险公司的经营风险、损害消费者权益并最终损害金融市场稳定，故而其作为损害社会公共利益的行为，应为无效。

本案判决作出后，理论界和实务界对此有较多评议。反对者认为，我国司法实践通常不将规章作为认定无效依据，而是作为司法审查的对象；并且此种做法在根本上否定了当事人之间的合同自由，不利于市场发展。而支持者则认为，此处之所以禁止股权代持，是因为保险作为受到特殊监管的行业，其对股东资格具有严格的门槛准入要求，因此禁止股权代持系行业自身的内在要求，是维持金融市场稳定、化解金融风险的重要组成部分。从这个角度讲，虽然信托或者代持系中性的制度工具，不能随便否认其法律效力，但如果其违反了社会公共利益、危及金融市场稳定，则必须取缔其法律效力。

关于最高人民法院判决的观点，本书表示赞同。尽管根据《合同法司法解释（一）》的规定，部门规章不能作为否定合同效力的依据，但是在银行、保险、证券等涉及金融秩序和社会稳定的领域，人民法院可以将监管部门颁布的部门规章或其他规范性文件作为认定合同无效的法律依据，原因即在于此种行为损害金融稳定，成为金融市场风险的来源，因而构成对社会公共利益的损害而导致合同无效。实际上，对于单个交易中的具体金融风险与金融市场的系统性风险之间的关系的认识，我国学界的认识尚显浅显，殊不知，恰恰是民事交易制度的细微漏洞，构成金融市场系统性风险的来源，毕竟此类交易并非单个主体从事，而是无数个微观主体同时从事，风险随着时间的演变而不断积聚，兼之金融环境的变化，同类型交易的普遍存在加上市场规模的扩大极易诱发系统性金融危机。[①] 从这个角度讲，最高人民法院的做法系防微杜渐，值得赞同。最高人民法院判决所涉案件虽然系针对股份有限公司的股权代持，但其对于有限责任公司亦具有相同的意义和效力。

二、隐名投资人转让投资权益与显名股东转让股权的效力

根据上述对法律关系的分析，隐名出资人并不能直接享有公司股东资格，其所有决策只能通过名义股东进行，而名义股东可以直接针对公司行使其股东权利，包括对所持有的股权进行转让或其他处分行为，如果名义股东转让股权的行为违背了隐名出资人的意愿，则需要明确股权转让合同的效力以及双方之间的责任。根据《公司法司法解释（三）》第 25 条规定可以得出处理

[①] 参见王乐兵：《金融创新中的隐性担保——兼论金融危机的私法根源》，载《法学评论》2016 年第 5 期，第 59~60 页。

此种名义股东与隐名出资人关于股权处分的纠纷的处理原则，即分别依据名义股东的股东资格处分股权的规定，来调整股权处分的问题，依隐名出资人和名义股东之间的协议调整双方的关系。此种理念也与我们前文所分析的两种相分离的法律关系相对应，即公司层面依名义股东资格处理为准，而实际出资人的投资权益应当尊重其与名义股东之间的投资合同约定安排。

对于实际出资人所持有部分股权的转让，因实际出资人系实际的权益的享有者和风险的承担者，因此，当实际出资人对内或者是对外转让股权时，该合同原则上不存在效力的问题。但是由于隐名股东的隐名特征，实际出资人在转让股权时，必然会出现与显名股东交涉的场景。当实际出资人要求转让股权时，受让人通常会要求受让股权后变更公司章程、股东名册等的股东登记，而此时，显名股东往往会违背股权代持协议，不愿承认代持或者不愿协助修改股东名册，从而引起股权转让合同的争端。首先对于隐名股东和显名股东之间股权代持协议，我国现行的法律和司法解释是予以认可的。根据我国《公司法司法解释（三）》第 24 条的相关规定，如果没有违背我国《合同法》第 52 条关于无效合同的规定，代持股协议有效。但是，我国《公司法司法解释（三）》同时也规定，在股权代持协议的合同下，隐名股东只能向显名股东主张其实际出资人的权利，而不能直接向公司主张。因此，隐名股东与受让人之间签订的股权转让协议并非《公司法》意义上的简单的股权转让协议。如果显名股东违背股权代持条款中约定，隐名股东在履行股权转让合同义务时，应当向公司要求变更股权登记人为实际投资人或者诉请确权之诉，确认股权的归属。在变更股东名册为实际出资人后，再由实际出资人履行股权转让合同的义务，将股东名册中的登记变更为受让人。

当然，隐名投资的过程中，还会出现显名股东违背代持协议约定，擅自处分隐名股东的股权，而第三人即受让人与显名股东签订股权转让协议的情况。因隐名股东与显名股东的股权代持本质上是一种委托关系，参考"债、物二分"原理，本书认为，显名股东擅自处分股权的行为应当认定为一种无权处分行为，根据《公司法司法解释（三）》第 25 条的规定，应参照《物权法》第 106 条关于善意取得的规定予以处理。因为在《公司法》中，章程、股东名册和工商管理部门的登记簿作为股东身份认定的外在依据，具有公信力。通常受让人只是在查阅公司的股东名册、章程以及工商登记后，与股东签订转让股权的协议，无须也没有能力进行更深层次的调查。因此，保护善意第三人的权利就会和保护隐名股东的权利之间发生冲突。但是，本书认为，应当优先保护善意第三人的权利，按照无权处分合同，对显名股东擅自签订的股权转让合同效力进行认定。因为一是隐名股东在签订股权代持协议时，就享有一定的收益，在享有收益的同时亦当承担股权代持而带来的违约风险；二是我国《公司法》确定的股权公示公信制度，如果随意加以破坏，有悖商法保护交易安全和交易便捷的原则。因此，显名股东擅自与善意第三人签订的股权转让合同应当属于无权处分合同，合同效力存有瑕疵。如果隐名股东即实际出资人对于此股权转让合同予以追认，则转让合同生效。如果第三人受让股权属于善意行为，则隐名股东不可以主张股权转让合同无效，因公司股东的外在公示公信制度，善意第三人有理由相信显名股东就是股权的真正拥有者，因此构成表见代理。但是隐名股东可以向显名股东主张赔偿，要求赔偿其所受到的损失。当然，如果第三人即受让人在签订股权转让合同时，即知道合同相对方仅仅是不经授权转让股权的显名股东，则不构成善意取得，合同效力有待实际出资人进行追认。如果第三人即受让人与显名股东恶意串谋，转让股权，则出现了《合同法》第 52 条规定的情形，应当认定为合同无效。

第六章　有限责任公司股权的善意取得

如前所述，有限责任公司的股权作为一种重要的财产权，其确认和变动均存在较大的不确定性，致使真实权利人的状况有可能被掩盖；股权变动模式的缺陷又进一步放大了股权被无权处分的可能。因此，在股权被无权处分的情况下，股权的归属应当如何确定，也是股权变动法律效力的重要内容。但是，本章的重点并非研究股权的善意取得，而是希望借此发现现行股权变动模式的缺陷，提出完善股权变动法律效力和交易模式的制度建议。

一、善意取得制度的法律适用与价值

（一）善意取得制度的基本理论与争议

动产善意取得制度肇始于日耳曼法的"以手护手"原则，[①]处理所有物所有和占有分离情形下财产流通产生的纠纷，通常认为所有人如果丧失占有即导致所有权效力减弱，通过限制所有权追及效力而限制原所有人的回复请求权，旨在平衡保护所有权人与善意买受人之间的利益冲突。在《物权法》颁布之前相当长的一段时间内，立法和司法实践中并无统一的"无权处分"概念，只有"非所有权人私卖他人财物""共有人私卖或抵押共有物""抵押他人财产"和"以他人房屋投资入股"等具体类型的案件，虽然法院也意识到了善意买受人保护的问题，但通常会认定相关买卖、抵押或入股合同无效，仅

[①]　参见王轶：《动产善意取得制度一般规定立法化研究——兼评〈中华人民共和国物权法〉（草案）第 111 条》，载《政治与法律》2005 年第 5 期，第 37 页。

仅对善意买受人予以"照顾"或"补偿";嗣后又将"处分权"作为判断合同效力的要件,将其认定为效力待定的合同。[①]1999 年《合同法》第 51 条第一次对"无权处分"作出了规定,但其并未区分负担行为与处分行为,甚至有学者认为,"在我国立法上,所谓处分行为就是指以发生权利的变动为目标,当事人之间所订立的买卖、互易等债权合同"。[②]由此衍生出对第 51 条的多种不同学说,如债权行为效力待定说、处分行为效力待定说[③]和债权行为有效说等。《物权法》颁布后,其第 16 条的规定更是进一步引发了处分行为在我国民法中是否存在的争议。之后,法院在司法实践中开始区分物权变动的原因行为与处分行为,并逐渐认可了无权处分合同的效力。如最高人民法院 2009年颁布的《合同法司法解释(二)》第 15 条规定,就同一标的物订立的多重买卖合同,各合同均有效;2012 年《最高人民法院关于审理买卖合同纠纷案件适用法律问题的解释》第 3 条规定,"当事人一方以出卖人在缔约时对标的物没有所有权或者处分权为由主张合同无效的,人民法院不予支持。出卖人因未取得所有权或者处分权致使标的物所有权不能转移,买受人要求出卖人承担违约责任或者要求解除合同并主张损害赔偿的,人民法院应予支持"。由此可见,我国法院的司法实践已经明确承认了负担行为与处分行为的区分,并承认了物权行为的独立性。但是,相关争议在《民法典》的起草中又一次引发争议,部分学者对处分行为仍持否定意见,[④]但亦有学者改变此前观点,认为无权处分合同应采用有效说,只是仍不承认应由处分行为作出解释。[⑤]由此可见该问题的复杂性。

---

① 参见黄泷一:《无权处分——理论实务总结与民法总则制订》,载《东方法学》2016 年第 6 期,第 28 页、第 32 页。

② 参见王轶:《动产善意取得制度一般规定立法化研究——兼评〈中华人民共和国物权法〉(草案)第 111 条》,载《政治与法律》2005 年第 5 期,第 42 页。

③ 参见孙宪忠:《物权变动的原因与结果的区分原则》,载《法学研究》1999 年第 5 期。

④ 参见崔建远:《处分行为理论真的那么美妙吗?——〈民法总则〉(草案)不宜采取负担行为与处分行为相区分的设计》,载《中国政法大学学报》2016 年第 5 期,第53 页。

⑤ 参见王利明:《关于无权处分的一点看法》,载中国民商法律网,最后访问时间:2019年 12 月 6 日。

在我国法律体系中，善意取得首见于我国《物权法》第106条的规定，若无权处分人将动产或者不动产转让给受让人，如果取得该财产时，该受让人处于善意状态，且完成了交付或者登记变更，则买受人将依法取得该财产所有权。[①]善意取得制度本质上乃解决利益冲突的一种法政策选择，其实质是以牺牲真正权利人的权利为代价，从而保护善意取得人之利益。出于对交易安全的确保和交易秩序之维系，买受人因其权利与公共利益相关，从而获得优待。若无善意取得制度，则买受人为确保其权利取得之安全性，在进行交易时须沿着权利变动链条追溯该权利之源头；否则极易遭遇真正权利人之追索，致使交易失败、蒙受损失。但此项权利来源调查，对交易当事人尤其是买受人施加了巨额交易成本，阻碍了交易的达成。交易安全不仅体现在使合同相对人有效取得物权，也可以体现在使相对人取得有效债权；通过确立有效的债权合同，可以为善意买受人提供法律上的保护。善意取得制度制定之宗旨，在于对交易相对人合理信赖的保护，个体的诚信行为和交易安全的保障，能够促进社会经济整体福祉的实现。

值得注意的是，我国《物权法》规定的不动产善意取得制度在理论上饱受争议。在立法上也经历了从立法空白、司法实践不予承认，到司法解释逐渐认可，再到立法和司法解释作出系统规定的一个制度变迁和发展过程。不动产善意取得主要适用于不动产登记簿登记错误，而善意第三人对该错误登记产生信赖并据此做出交易的情形；因为不动产登记簿具有权利人推定的客观效用，即被登记的权利人推定为法律上的权利人。[②]但是，在股权的善意取得适用中，股权的登记并不具有权利推定的效力，因此，股权善意取得面临较大的挑战和困难。

但在对物权的无权处分认定和第三买受人的善意认定方面，实践中和理论上仍存在诸多争议。如善意取得的前提是买受人基于对登记公示的权利外

---

① 参见王利明：《物权法研究》（上卷），中国人民大学出版社2012年版，第431~432页。
② 参见王利明：《解释论视野下的物权法》，载《政治与法律》2008年第10期，第4页。

观的信任而与无权处分人（如夫妻共有财产中之夫妻一方，其他共有财产中的一方共有人等）进行交易，但其很难适用于冒名处分的情况，因为买受人是对交易主体身份的误信而不存在对虚假权利外观的信赖保护的基础事实，因而不能适用不动产善意取得制度。[①] 此外，从当前的交易实践来看，不动产登记部门（如北京等地）加大了对处分不动产时的材料审核力度，对于自然人处分房产的，通常要求提交结婚证或者离婚证，并同时提交夫妻双方签字同意的声明文件，甚至直接要求夫妻双方同时到场签字，直接消除了夫妻共有房产被无权处分的可能性。由此，从实践中减少了善意取得制度的适用空间。

但对买受人交易安全的保护不是无限制的，意即善意取得制度之适用必须具有正当性前提，从而保护交易安全和平衡真正权利人的所有权安全，防止交易相对人不合理信赖之泛滥。由是之故，在客观上无权处分人拥有"权利外观基础或载体"能够引发买受人的合理信赖，这是善意取得制度上的另一个支柱。即在通常情形下，公示之权利的真实性与准确性可以依据权利外观基础之存在而推知。因此，善意取得制度内在的正当性源于权利外观基础，制约并决定着取得人方面善意要件的构成。因此，善意取得制度的构建需要两大支柱，一为交易安全保护和交易秩序维系的客观要求，在要件构成上体现为交易行为的核心——处分行为；二为合理的权利外观基础，此构成要件又决定着善意的要件。

值得注意的是，权利外观对于善意取得制度的适用范围具有重要的决定意义，如果一项权利的权利外观基础不明显，如普通债权，则其不适于构建善意取得制度；若要在此类权利上强行建构善意取得制度，亦无法实现善意取得制度的设计宗旨。因此，以德国公司法为例，其股权转让遵循债权让与的制度构成，其股权并无类似于物权的公示手段，从而欠缺善意取得之合理

---

① 参见程啸：《论不动产抵押权的善意取得——兼评最高人民法院物权法司法解释之规定》，载《财经法学》2017年第1期，第71页、第74页。

的权利外观基础。[1] 在商法中，登记毫无疑问可以成为股权的权利外观，尽管在某些情形其并不具有设权作用而仅具有公示作用。如《德国商法典》第 15 条第 1 款规定，应在商事登记簿登记的法律事实，如果没有登记和公告，就不得用来对抗第三人，但此种事实已为第三人知晓的除外。登记产生了可以信赖的、应予保护的权利外观，体现了对法律状态存续的信赖保护。[2] 而对于不动产，因为其奉行严格的登记生效要件，且登记机构对其进行严格的审查，此种审查虽难言实质审查，但绝非普通的形式审查，因此其能够适用善意取得的空间并不大。实际上，善意取得真正的适用领域应该是各类有形动产和权利动产，尤其是各种纯粹具有财产性质的权利。

　　善意取得制度不仅适用于物权，同时也适用于股权等其他财产性权利，[3] 概因其与不动产一样，可以通过登记构建其明确的权利外观，尽管两者适用不同的登记效力。《公司法司法解释（三）》第 25 条也规定了善意取得制度在有限责任公司股权转让中的适用。实际上，对于买受人善意的认定已经成为我国司法实践中的一项难题，即使在不动产领域也是如此。对于不动产善意取得中"善意"的认定，有学者认为适用不动产善意取得的前提条件是登记簿的权利事项错误登记。[4] 然而，相比于善意取得在不动产和动产物权中的适用，有限责任公司股权转让中的适用更加复杂和富有争议。

二、有限责任公司股权善意取得的适用

　　有限责任公司股权转让善意取得的规定主要源自《公司法司法解释（三）》第 25 条。但是，善意取得制度在有限责任公司的股权转让过程中的适用仍然

---

① 参见张双根：《德国法上股权善意取得制度之评析》，载《环球法律评论》2014 年第 2 期，第 158 页。

② 参见［德］C.W. 卡纳里斯：《德国商法》，杨继译，法律出版社 2006 年版，第 82 页。

③ 参见叶金强：《信赖原理的私法结构》，台湾地区元照出版社 2006 年版，第 221 页。

④ 参见程啸：《不动产登记簿的权利事项错误与不动产善意取得》，载《法学家》2017 年第 2 期，第 44 页。

存在制度上的冲突和矛盾，尤其是与当前股权转让模式的内在缺陷存在根本关联。

（一）股权转让适用善意取得制度的前提

《物权法》第 106 条的善意取得，以无权处分为前提，但当前立法和理论对于何为无权处分行为，规定并不清楚。2017 年颁布的《民法总则》也未对处分行为及其效力作出一般性规定；而《民法典·总则编》亦遵循此种做法，对无权处分行为未置一词。《民法典·合同编》（2019 年 12 月提交审议稿）第597 条规定，因出卖人未取得处分权致使标的物所有权不能转移的，买受人可以解除合同并请求出卖人承担违约责任。这种做法实际上仍然是在回避学界关于处分行为与负担行为之区分的问题，或曰处分行为在我国民法上是否存在的问题。

同时，对于有限责任公司股权转让适用《物权法》善意取得制度的规定的前提是，公司股权转让合同与股权转让的实际处分行为之间能够做出明确的界定和划分，但股权转让处分行为的识别是最大的问题，即因为股权的无体性，如何确定股权由转让方过渡至买受人。如前所述，股权变更的时点在不同的模式下有不同的规定和效力，如合同生效、变更股东名册、变更工商登记等。如果在合同成立时股权即发生变动，则实际上根本不存在股权处分行为的制度空间，因为在奉行物权变动意思主义和债权形式主义理论的国家和地区，并不承认处分行为之存在；只有在物权形式主义的变动模式下，才涉及股权之无权处分的问题。因此，在国内部门已经判决的案件中，主审法官提出，股权既非动产也非不动产，股权的变动与动产的交付公示及不动产的登记公示均有不同，故股权的善意取得并不能直接适用《物权法》第 106条之规定。①

---

① 参见四川京龙建设集团有限公司等与深圳市合众万家房地产投资顾问有限公司等股权确认纠纷上诉案，最高人民法院（2013）民二终字第 29 号。

综合前述对股权性质和股权变动模式的讨论，只有在股权变动形式主义或修正主义模式下，才会有适用股权无权处分的问题，进而有被善意取得的可能。但同时，《物权法》第 106 条的适用对象是各类动产和不动产，通常仅具有财产性质；而股权则同时兼具财产和组织特性，其权利义务的多重性导致司法机关不宜仅仅采取简单的财产法调整，更应考虑其组织性特征，以维持公司的人合性和治理结构的稳定。对此而言，无权处分适用于股权具有局限性，进而决定了股权善意取得制度存在根本性缺陷。

此外，鉴于股权不同于物权的法律性质及其自身的组织法特性，允许股东以外的人因善意取得成为公司股东，将会导致股东人数、持股比例、控制权的变化，尤其是股权善意取得极易与其他股东的同意权和优先购买权形成直接对立和冲突，会对公司及其他股东的利益产生重大影响。因此，股权善意取得制度的适用必须遵循股权转让制度的一般规定和程序，尊重其他股东的同意权和优先购买权。

（二）股权善意取得的适用情形

对于善意取得在有限责任公司股权中的适用，主要存在四种"无权处分"的情形：一是隐名股东代表名义股东持股，名义股东对所代持的股份进行处分；二是股权转让中的"一股二卖"；[①] 三是夫妻一方处分作为夫妻共有财产的股权；四是以其无处分权的财产出资所形成的股权。此外还包括侵害其他股东优先购买权产生的善意取得、出资人用自己并不享有处分权的财产进行出资所获得的股权、通过伪造签名将其他股东股权转让等情形。

1. 名义股东处分代持股权

对于第一种情形，名义股东具有股东身份，法律层面上属于合法股东，

---

① 参见张双根：《股权善意取得之质疑——基于解释论的分析》，载《法学家》2016 年第 1 期，第 132 页。

有权利行使股份的处分权。而名义股东与实际股东之间签署的代持协议或者其他合同，只是对股东权利中的财产性权利做了约定，且合同的效力仅限于合同当事人双方。因此，从外观表现来看，名义股东在股权转让时具有股东身份，是法律上承认的合法股东。根据《公司法》第 32 条的规定，股东名册记载的股东，有权利向公司行使股东权利。虽然从传统财产权法的逻辑出发，股权属性应该观察其出资来源的属性，但是由于公司出资的特殊性，公司并不深究其出资人的出资来源。因此，名义股东相对于公司具有合法的股东身份，对外相对于第三人也具有合法的股东身份，能够行使股东权利。根据《公司法司法解释（三）》第 25 条第 1 款的规定，"名义股东将登记于其名下的股权转让、质押或者以其他方式处分，实际出资人以其对于股权享有实际权利为由，请求认定处分股权行为无效的，人民法院可以参照物权法第一百零六条的规定处理"。实践中，名义股东处分代持股权引发的善意取得纠纷占比最高。但是，隐名股东虽为实际出资人，但其能否成为公司股东尚有不确定性，因为根据《公司法司法解释（三）》第 24 条第 4 款规定：实际出资人未经公司其他股东半数以上同意，请求公司变更股东、签发出资证明书、记载于股东名册、记载于公司章程并办理公司登记机关登记的，人民法院不予支持。由此可见，实际出资人未经其他股东过半数同意，无法取得股东资格。因此，名义股东处分股权是否为无权处分仍值得进一步探究。与之相类似的是转让人处分案外第三人股权的情况。对此，法院倾向认为应当区分合同与股权转让的法律效力，对二者进行分别处理。原则上，即使双方约定转让的股权系合同外的第三人所有，但股权转让合同只是使一方负有向对方转让股权的义务，而没有实际导致股权发生权利变动，不能以出让人对股权无处分权为由认定股权转让合同无效。①

---

① 参见广东达宝物业管理有限公司诉广东中岱企业集团有限公司、广东中岱电讯产业有限公司、广州市中珊实业有限公司股权转让合作纠纷申请再审案，最高人民法院（2010）民提字第 153 号。

2."一股二卖"

在第二种情况中，主要源自《公司法司法解释（三）》第 27 条第 1 款对于"一股二卖"的规定，即"股权转让后尚未向公司登记机关办理变更登记，原股东将仍登记于其名下的股权转让、质押或者以其他方式处分，受让股东以其对于股权享有实际权利为由，请求认定处分股权行为无效的，人民法院可以参照物权法第一百零六条的规定处理"。对于何种情况下构成"一股二卖"需要清晰界定，意即如何界定《公司法司法解释（三）》第 27 条所指的"股权转让后尚未向公司登记机关办理变更登记"的问题。从有限责任公司股权转让的实践来看，股权转让的步骤包括变更股东名册和变更工商登记，前者产生对公司的对抗效力，而后者则产生对第三人的对抗效力，因此没有办理工商变更登记可以分为两种情况：（1）买卖双方已经变更股东名册，但尚未进行工商登记变更；但因为根据《公司法》第 32 条第 2 款的规定，公司登记机关的记载的股东名单属于权利外观，是股东权利变动的对抗要件，记载的股权权属状态与真实权利状态不一致，从而构成适用股权善意取得的基本前提。（2）买卖双方既未变更股东名册，也未变更工商登记。因此，在股东名册已经变更而工商登记未变更的情况下，转让方实际上已经没有处分股权的能力，因为公司已经确认了先受让人的股东身份，此种处分应当构成《公司法司法解释（三）》第 28 条所指的无权处分；同时，《公司法》第 32 条未明确赋予股东名册记载以生效要件地位；相反，从该条第 2 款"记载于股东名册的股东"之措辞，可推断股东身份之取得与否并不直接受制于股东名册的记载。但若在赋予公司对股权转让的同意权和变更登记义务的情况下，此种无权处分在事实上已经不能发生；而在后一种情况下，原转让方仍然系公司股东，尤其是公司仍承认其为股东，因此属于有权处分，难以认定为无权处分。① 此时，股东向两个人或是多个人签订股权转让协议时，股权转让协议都是有效的，但因为股权变动奉行登记对抗主义，该受让者可以对抗其他未办理变更登记的受让者。因此，欲要认定股权的无权处分行为，须先要确立股权的处分行为，但我国现行《公司法》恰恰对股权变动的模式及其处分行为语焉不详，更不用说此种处分行为的效力。②

3. 处分夫妻共有股权未经另一方同意

在作为夫妻共同财产的股权未经另一方同意，一方擅自将其出售的情况下，其是否能够适用善意取得仍值得进一步考虑。《婚姻法司法解释（一）》第 17 条第（2）项规定："夫或妻非因日常生活需要对夫妻共同财产做重要处理决定，夫妻双方应当平等协商，取得一致意见。他人有理由相信其为夫妻双方共同意思表示的，另一方不得以不同意或不知道为由对抗善意第三人。"此即所谓的家事代理权。如前所述，股权并非单纯的财产权，股东配偶仅对其收益具有财产权利，而并不能直接享有股权自身。因此，股权是一种专属于股东的特殊权利，有限责任公司的股权转让应主要接受《公司法》的调整，而《婚姻法》就其性质而言无法直接与股权的价值以及流动性相关联，原则上也不能调整有限责任公司的股权转让关系。非持股的配偶须在其他股东同意并放弃其优先购买权的情况下才能取得股东地位。因此，遵守与公司相关的一系列程序才能实现股权的有效转让，经配偶同意不存在明文规定。但是，实践中常见的另外一种情况是夫妻双方以夫妻共同财产出资设立公司，此时，夫或妻名下的公司股份属于夫妻双方共同共有的财产，夫妻双方对公司股权享有平等的权利。而对股权的处分并非因日常生活需要处分共有财产，属于对夫妻共同财产做出重要处理，应当由夫妻双方协商一致并共同在股权转让

---

① 参见王涌：《股权如何善意取得？——关于〈公司法〉司法解释三第 28 条的疑问》，载《暨南学报（哲学社会科学版）》2012 年第 12 期（总第 167 期），第 31 页。

② 参见张双根：《股权善意取得之质疑——基于解释论的分析》，载《法学家》2016 年第 1 期，第 132 页。

协议、股东会决议和公司章程修正案上签名。夫妻双方共同共有公司股权的，夫或妻一方与他人订立股权转让协议的效力问题，应当根据案件事实，结合另一方对股权转让是否明知、受让人是否为善意等因素进行综合分析。如果能够认定另一方明知股权转让，且受让人是基于善意，则股权转让协议对于另一方具有约束力。[①] 因此，原则上，股东将作为夫妻共同财产的股权转让给第三人，所签订的转让合同应该有效。但是，在一些例外情形下，可以通过排除第三人的善意而否认该合同的效力。

在司法实践中，主要在以下几种情形中认定第三方为非善意：（1）夫妻双方中持有股权一方将股权转让给第三方的，其在该夫妻离婚诉讼前因支付了价款、办理了登记而合法取得股权，但在转让方离婚后，又将该股权转给原出让方。（2）若与第三人签订的转让股权协议不是转让方夫妻合意，而第三方对此知情或应当知情仍受让该股权，则不能被认定为善意。（3）在股权变更登记之前，第三人无视非持股配偶对股权购买行为的异议，仍然接受涉案股权并进行了工商登记。（4）夫妻关系处于严重恶化或离婚诉讼期间，第三方对此明知仍接受股权转让。（5）夫妻持股一方未经另一方的同意，擅自将股权转让给其除配偶以外的父母、子女等近亲属。此时，作为近亲属的第三人因与夫妻之间的亲密关系，对其感情状况以及非持股配偶的真实意思表示更容易得知。（6）持股之夫妻一方以不合理低价将股权转让给第三方。可以参照《合同法司法解释（二）》第 19 条的规定，来理解"不合理低价"。因此，通过上述分析，我们发现，股东未经其配偶同意转让其所持股权时，其对非持股方造成的损害仅限于其财产权益损失，能否构成对股权自身的无权处分尚有疑问。

[①] 参见彭丽静与梁喜平、王保山、河北金海岸房地产开发有限公司股权转让侵权纠纷案，最高人民法院（2007）民二终字第 219 号民事判决书。

4. 股东出资善意取得股权

在第四种情况中,《公司法司法解释(三)》规定了股权善意取得作为股权原始取得的一种新方式。值得注意的是,当前世界范围内仅有 2008 年修订的《德国有限责任公司法》采纳了股权善意取得制度,而且从法律条文的具体内容来,其股权善意取得的适用范围十分狭窄仅限缩于股权转让,同时在权利外观、真实权利人可归责性等问题上也有着极为严格的限定条件。① 如前所述,投资者获得股东身份的前提是其对公司交付出资。但从《公司法司法解释(三)》第 7 条的规定来看,其显然是将无处分权人对公司的出资行为和无处分权人转让公司股权的交易行为做了同等处理,从而将善意取得扩张适用到出资取得股权的行为。但实际上两者之间存在本质差异,最典型的区别是出资系基于公司发起协议而产生的股东单方行为,系股东内部之间的公司设立行为之组成部分,同时其虽然因出资获得公司支付的对价——公司股份,但其主要目的是参与公司经营管理而非获取这一对价本身,此外公司股东若以实物出资,则须接受其他股东的评估作价,并且股东的虚假出资、瑕疵出资以及抽逃出资等行为亦将影响其股权的获得和行使;而股权转让交易则系公司股东与外部人之间的买卖行为,其直接和唯一目的就是获取公司股份。出资人以无权处分的财产出资应当经过真实权利人的追认或者无处分权人事后取得处分权方生效力,否则真实权利人有权取回出资财产。至于其是否因此影响交易安全以及对公司资本制度造成破坏,须做综合衡量,事实上,若不允许真实权利人取回其财产,极易增加公司经营管理的不稳定因素,甚至导致公司僵局的出现。

实际上,在实践中还存在其他股权被无权处分的情形,但其能否适用善意取得制度不无疑问,或者说股权善意取得制度适用范围的扩张应当受到一

---

① 参见李辉:《无处分权人出资之股权善意取得否定》,载《判解研究》2017 年第 2 辑(总第 80 辑)。

定程度的限制。一方面，善意取得制度有其自身的适用前提，即所有人基于自己的意思将动产占有交付给相对人，而对于非基于所有人的意思而被他人占有的占有脱离物不适用"以手护手"。因此，若无处分权人的权利表象并非由真正股权人引发，如无处分权人伪造股东签名或股东会决议转让他人股权，此时若完全由真正股权人承担不利后果难谓适当。因此，有必要限制非可归因于真正股权人的无权处分适用股权善意取得。《德国有限责任公司法》第16条第1款即规定，股东名册的记载的正确性不如不动产登记簿严格，如果真实的权利人没有在3年内申请纠正错误的登记，则此种不正确状态可归咎于他。3年之后，股东名册记载是否正确对于是否可以归责于真实权利人便不再重要，立法者基于保护交易秩序的考虑，规定了（真实权利人）股权的丧失；[①] 此外，《德国有限责任公司法》第16条第3款规定"受让人知道权利瑕疵或者因重大过失不知道的，或者股东名单中附有异议登记的，不适用善意取得"。

综上，通过对上述几种情形的分析，很难认为存在股权的无权处分行为，公司法所奉行的商事外观主义、股权的特殊性质，致使对名义股东和持股配偶出售股权的行为很难认定为无权处分行为。这构成了股权善意取得制度的一大基础缺陷。

（三）股权善意取得的适用条件

上文详细分析了股权善意取得可能适用的几种情形及其存在的问题。参照《物权法》第106条第1款规定的所有权善意取得要件，股权善意取得的适用亦应遵循严格的适用条件，应符合"处分人为无权处分""受让人受让股权时为善意""以合理的价格转让""完成公示"四项构成要件。[②] 无权处分的

---

① 参见［德］托马斯·莱塞尔：《德国资合公司法》（第6版），高旭军等译，上海人民出版社2019年版，第627页。

② 参见王英州：《论有限责任公司股权的善意取得——以法律解释为中心》，载《中财法律评论》2019年第11卷。

各种情形已经在前面进行了分析，此处不再赘述。

而对于善意的认定，在实践中比《物权法》中的善意的认定要复杂。首先，对于善意的认定，《公司法司法解释（三）》第 27 条将其界定为对登记的股权状况的信赖。但是，善意的认定因为公司股权的特殊性又导致其有一些可能不被认定为善意的情形。采用不同方式界定第三人善意会得出截然相反的结论，即如果在订立转让合同时、变更股东名册时或工商登记时判断买受人是否善意，会导致完全不同的结果。如果认为第三人的善意应存在于变更工商登记时，则若开始了确定变更股东名册记载效力的诉讼，第三人便会知晓原股东无权处分的情形，故即使在诉讼中变更工商登记，也不构成善意，所以不存在变更股东名册的记载可能有效的情形。一方面，对于《公司法司法解释（三）》第 27 条第 1 款规定的"一股二卖"行为，因为公司负有协助变更登记的义务，事实上公司对此应该知情，因此，如果公司将无权处分的事实告知第三人，第三人不构成善意。如在最高人民法院审理的"四川京龙建设集团有限公司（以下简称京龙公司）与简阳三岔湖旅游快速通道投资有限公司（以下简称三岔湖公司）等及深圳市合众万家房地产投资顾问有限公司（以下简称合众公司）等股权确认纠纷案"[①] 中，在判断第二份股权转让协议的法律效力时，即三岔湖公司、刘贵良与合众公司签订的《股权转让协议》，因为受让人众合公司的股东刘贵涛，也是锦云和思珩公司的高管人员，其知道该股权在众合公司受让前已由京龙公司受让的事实，故而最高人民法院认为合众公司明知京龙公司受让目标公司股权在先，且未支付合理对价，故不能依据有关善意取得的法律规定取得目标公司股权。因此，受让人股东与拟转让公司之间存在的特殊关系会成为影响其是否善意的重要因素。与之形成鲜明对比的是，在判断第三份股权转让协议，即合众公司与华仁公司签订的《股权转让协议》的法律效力时，则认为无证据证明华仁公司在受让目标公司股权时系恶意，且华仁公司已支付了合理对价，标的股权也已由合众

---

① 参见最高人民法院（2013）民二终字第 29 号。

公司实际过户到华仁公司名下，华仁公司实际行使了股东权利，因此华仁公司已经合法取得了锦云公司、思珩公司的股权。另一方面，鉴于股权对外转让的通知和同意程序，公司其他股东通常会对受让人进行审查；但如果公司其他股东同意对外转让股权，且不行使优先购买权之后，公司其他股东实际上丧失了对买受人身份进行审查的机会，从而无从知晓原股东"一股二卖"的事实。因此，原股东出具其他股东的同意转让股权和放弃行使优先购买权的书面意见，应当认定第三人构成善意。[①] 值得注意的是，在上述"四川京龙建设集团有限公司（京龙公司）与简阳三岔湖旅游快速通道投资有限公司（三岔湖公司）等及深圳市合众万家房地产投资顾问有限公司（合众公司）等股权确认纠纷案"中，股东转让的是标的公司 100% 的股权，因此未牵涉优先购买权的行使。

在判断善意的基础上，受让人需要向转让股东支付合理的价格。而对于合理价格的判断，学界有不同观点：一种方法是根据公司净资产以及转让股权的比例确定其价格，即每股净资产的价值乘以拟转让的股权数量。尤其是通过对公司会计账目、资产负债的清理核实，能够较为准确地体现公司的资产状况。此种方法适用于普通企业问题不大，但对于盈利前景好、存在估值溢价的企业并不适用。因此通常根据企业所处行业和发展前景，对企业进行溢价估值，从而确定其合理的市场价值。就股权转让中的善意取得而言，另一种方法是根据其他股东决定是否行使优先购买权时"同等条件"中确定的价格，这也是"一股二卖"中前转让合同所约定的价格。

善意取得的最后一个条件是受让人已经完成股权变更的工商登记。有学者认为，不同于不动产的物权变动模式，股权工商登记"仅为宣示性登记，是否办理登记不影响已取得股权的认定"，工商登记不是股权变动的条件。但值得注意的是，在当前的股权变动模式下，合同生效和变更股东名册都无法

[①]　参见王英州：《论有限责任公司股权的善意取得——以法律解释为中心》，载《中财法律评论》2019 年第 11 卷。

起到股权变动的公示作用，公司法也未明确股东名册在股权转让中的法律地位和作用，从这个意义上讲，工商登记是唯一具有公信力的公示方式，因此，受让人必须完成工商登记变更的公示，方能确定的善意取得转让股权。《公司法司法解释（三）》第 27 条第 1 款规定"一股二卖"情形下的股权善意取得适用的前提为股权转让后尚未办理变更登记，未办理工商登记的股权无法受到公示的保护，其股权存在被第三人善意取得的可能。在股权转让中，唯一能够起到公示作用的为工商登记。

（四）股权善意取得制度在适用中的困难与解决

就股权而言，其权利外观的确定方面存在天然的缺陷。在现行《公司法》框架下，股东名册仅在对当事人关系上具有确认股东资格的效力，但并非唯一的标准，其基本标准是股东对公司的实际出资。就股权登记而言，有限责任公司股权登记仅具有对抗效力，不具有推定确权的效力，导致股权确认程序复杂。善意取得的基础是在于高效明晰的登记制度，因为经过登记的权利外观具有高度的盖然性，能够较为真实地反映权利关系，如《物权法》确立的不动产登记制度，其不仅确立了登记生效的模式，同时配套了预告登记、异议程序和更正登记等制度。但是反观公司登记，其作为《公司法》的信赖基础，无论是公司内部的股东名册登记还是公司外部登记即工商登记，都存在效力局限的问题。如前所述，公司股权和股东资格的确认以实际出资作为基本原则，但同时公司实务中亦存在大量的隐名股东，公司股权登记的对抗主义又进一步弱化了登记的效力。

虽然《公司法司法解释（三）》第 25 条规定依照工商登记作为参照适用善意取得的依据，然而股权变动与物权变动在公示效力上有着根本的区别。我国《公司法》关于有限责任公司的股权变动，采取的是双重公示程序，即股东名册和工商登记资料的变更，且此双重公示均只有对抗效力，并没有设权效力，股权的转让在公司及其他股东过半数同意转让并放弃优先购买权时即完成，之后公司对股东名册和工商登记资料负有变更的义务，公司内部股东名册产生对抗效力，工商登记资料产生对外的对抗效力。《公司法司法解释（三）》以工商登记作为参照适用善意取得制度的依据，可能是考虑到现实中大量公司不重视股东名册，甚至不置备股东名册的情况，但是过分地拔高了工商登记在股权转让中的作用，其并不如不动产登记簿一样，完成登记才完成权利变动，仅仅是权利变动后的效果公示。结合前文描述的股权转让的程序，公司和其他股东在股权转让过程中所负有的信息披露义务及出让股东的瑕疵担保责任，足以保证拟受让方了解标的股权的真实权利状态，而不是仅有通过查询工商资料一种渠道；再结合善意取得中要求受让人的善意，其要对交易有合理的注意义务，来自公司和其他股东的信息无疑比仅仅起对抗公示作用的工商登记资料更可靠，如果受让人不理会这些信息，而仅仅以工商登记为依据要求适用善意取得获得股权，则属于未尽基本的注意义务，与"善意"的本意相悖，也不适宜保护其交易利益。

同时，股东名册与工商登记的效力仍存在极大的不明确，虽然从现行《公司法》上看，公司对内效力有股东名册，而对外效力有工商登记，但是在实际案件中，往往是既牵扯到对内亦牵扯到对外的法律关系，法律规定的内容实操性较低。《公司法》第 32 条虽然规定了公司登记的对抗效力，但是相关制度并没有明确规定其要件构成与法律效果[1]，导致股东登记制度难以贯彻落实。因此，有学者已经对此提出疑问，即股权善意取得的制度基础，能否建立于股东登记之上，或者说股东工商登记能否充当股权的"权利外观基础"？[2]

物权的变动只需要交易双方之间达成合意即可，动产交付和不动产的变更登记均不需要第三方进行意思表示，这种交易模式下产生无权处分的空间和机会较多；而有限责任公司的股权转让不仅仅取决于转受让双方的意思表

---

[1]　参见姚明斌：《有限公司股权善意取得的法律构成》，载《政治与法律》2012 年第 8 期。

[2]　参见张双根：《德国法上股权善意取得制度之评析》，载《环球法律评论》2014 年第 2 期，第 157 页。

示，其还需要征得公司及其他股东过半数的同意并放弃优先购买权，即使是传统的股东名册变更时股权完成转让的观点，在完成通知公司及其他股东的过程中，除非转让方与公司及其他股东合谋欺骗，对于标的股权的瑕疵是很容易被受让方知道的，所以国外公司股权转让实务中股权被无权处分是很少出现的。在重构股东名册法律地位和公司在股权转让中的法律地位的整体制度架构下，股东名册的变更将成为公司承认受让人股东资格的要件，在公司作为股东名册保管人的背景下，股东名册一方面成为股权的权利外观基础，另一方面更加强化了对既有股东股权的保护，股权被无权处分的可能性被大大减少了。更进一步来说，依照本书关于股权转让完成时点的观点，在公司及其他股东过半数同意并放弃优先购买权的时刻，股权即完成实质转让，公司负有变更股东名册和工商登记资料的义务，如果在登记公示变更之前，出让股东意欲进行"一股多卖"，再次寻找到新的受让方，貌似符合《公司法司法解释（三）》第27条所述的在尚未办理变更登记时再次出让股权，但在具体实施中，其必须再次通过公司及其他股东过半数同意并放弃优先购买权的程序，而依据前文论述，对于此时的各方当事人的信息披露义务，即使出让股东故意隐瞒其权利瑕疵，但披露标的股权的真实情况是公司及其他股东的重要义务。在这样的程序中，原出让人无权处分已出让股权的难度是很大的了。

由此可见，《公司法司法解释（三）》第25条的规定本身存在一定不合理之处，司法实践中如果直接引用可能造成股权转让市场的混乱，加剧纠纷的产生。根据本书关于股权权利转让的交易模式和法律效力的分析，将股权转让效力定格在完成公司和其他股东同意及优先购买权妥善安排的程序时，公司和其他股东在股权转让中的作用被突出，尤其是明确各方在信息披露方面的义务，强化股东名册在股权转让中的效力和公司保管人的角色，可以从源头上阻止股权的无权处分，也就不会有勉强依据对抗效力的工商登记资料作为设权性的善意取得依据的尴尬了。

结 论

有限责任公司股权转让的法律效力，虽然学界讨论众多，但实际上缺乏真正系统的研究和分析，大多数研究均是"盲人摸象"，致使其所提出的解决方案只能部分解决相关问题，但却又因此导致更多的问题产生，这也是司法实践中股权转让纠纷始终居高不下、不能得到妥善根治的理论根源之所在。现行法学界对于公司股权转让交易模式和法律效力的研究不够具体和细致，或者支离破碎、不成系统，或者论证有待商榷、存有疑点。

本书从公司和股权的性质入手，将公司股权转让模式的问题全面、系统地看待，充分考虑到公司的"组织"性——不仅仅是涉及股东和外部第三人，更是关乎公司内部的组织结构的稳定与健康运营问题。因此，有限责任公司股权转让模式的问题，不仅仅是民商法的问题，更是商业组织法的问题。作为组织法的公司法，其为有限责任公司股权转让的限制性规则提供了正当性基础。唯一有争议的问题是当前《公司法》对股权转让的限制规则的法律性质是什么。2005 年《公司法》修改对股权转让制度的设计更多受到了公司契约理论的影响，而忽略了《公司法》自身对公司股权转让制度应当给予必要的规范和限制。这种契约自由主义的立法理念致使我国有限责任公司股权转让制度失去了有力的制度约束，引发实践中出现大量纠纷，司法裁判也无法给予统一的司法引导。从这个角度讲，应当赋予《公司法》限制公司股权转让的规范以更强的法律效力，甚至不排除将其界定为效力性强制性规范，在违反这些规范时，如对于应当批准但未经批准的股权转让的合同效力，可以径直否定其法律效力。但对于损害其他股东优先购买权的股权转让合同的效力，则要复杂得多。

在当前的有限责任公司股权转让法律框架下，《公司法》没有对股权转让合同与股权变动制度进行有效的区分，并且没有对转让股权合同的法律效力、股权变动时间、买受人取得股东资格时间的系统设计和规划；作为相类似的股权处分行为，股权转让和股权质押分别采取了登记对抗主义和登记生效主义两种截然不同的模式，有悖逻辑和法理。作为股东对公司的权利，股权转让意味着股东将其对公司的权利义务关系一并转让给新的买受人，并将对公司治理和经营产生新的影响，但现行《公司法》并未赋予公司在股权转让过程中任何法律地位，只是被动地根据股东与受让人之间股转协议的约定，要求公司协助股东完成标的股权的交付，承担变更股东名册并签发出资证明书、申请工商变更登记等程序性义务，而对于参与股权转让交易的实质性权利缺乏规定。在股权转让中，公司主体地位的缺失，虚化了公司及其董事和其他高级管理人员本应负的信义义务，这不利于股权的行使和对其他股东权益的保障。受公司契约理论的影响，当前《公司法》亦缺乏关于股权转让的程序性规范，致使交易秩序紊乱，滋生了诸多问题。

有鉴于此，本书通过系统地研究有限责任公司股权转让的法律效力问题，厘清我国频发股权转让纠纷的根本原因，从源头上纠正这一现象。本书认为，我国有限责任公司股权转让应当废弃现行的股权转让"意思主义"模式，建立基于新型股东名册的股权转让形式主义模式，具体而言可分为三步：一是原则上，原股东与受让人因签订的股权转让合同而产生合同上的约束力，但是在该合同须经主管部门审批或者其他股东行使优先购买权的情况下，其应当为附生效条件的合同，未经批准，则该合同不生效力；本书认为股权转让合同侵害股东优先购买权的，在其他股东没有表示放弃优先购买权时，其合同性质是附条件生效合同，即股权转让合同处于成立未生效状态。此种设计有助于协调平衡买受人和公司其他股东之间的利益关系，避免过多关于合同效力的纠纷发生。明确的规则有助于建立稳固的交易秩序和商业预期。二是受让人应当提交相关文件通知公司修改股东名册，从而相对于公司取得股东资格，在此，新型股东名册制度的构建成为一个核心要素，因为其将成为买受人向公司主张股东权利的依据，因此，《公司法》应当确立股东名册的法律地位，尤其应当明确其与股东资格取得之间的法律关系。三是变更工商登记，进而取得对抗第三人的效力。

与之相配套，《公司法》应当完善公司股权转让的程序，尤其是确立公司在股权转让中的核心地位，因为公司作为独立的商事主体，有其自身的意思形成机构和执行机构，系协调各股东之间利益的制度平台，具有区别于股东个人意志的公司团体意志，应当对股权转让施加必要的影响。借助于公司在股权转让中的地位，可以强化股东名册在公司转让中的作用，构建新型的股权转让模式。对于限制股权转让行为的形式审查义务应当由公司作为主体完成最为合适，因为公司作为股权行使的对象，有义务收集和公示其股东的信息，同时对于新股东是否具备进入公司的条件负有审查义务。确立公司在股权转让中的主体地位，应当同时明确公司董事会、监事会以及相关高级管理人员在股权转让中的具体角色和义务，如保存股东名册、协助办理股权变更以及保存公司相关文件等。通过对公司高管课加相关义务，使相对独立的第三方介入股权转让交易，确保交易顺利完成。

有鉴于此，应当构建股权转让对公司的通知程序而非对其他股东的通知程序。由公司接受通知，是规范整个股权转让流程的前提。公司接受通知后，应当在规定时间内通知公司其他股东，这样可以有效避免股东个人通知模式下的诸多纠纷，有助于及时接受通知的公司其他股东安排行使其优先购买权。行使其他股东对股权转让的同意权限应当以公司股东大会的形式，而非由股东个人行使同意权，若同意转让，即可申请变更股东名册和变更工商登记，其他股东可以据此行使优先购买权；若不同意转让，则应当由不同意转让的股东或者公司回购股份，从而确保转让方能够及时退出公司，保持有限责任公司股权的流动性。本书认为，在确立公司在股权转让中的主体地位并构建新型股东名册制度的背景下，股权转让交易将变得更加有序、安全，股权被善意取得的可能性将大大降低甚至消失。

综上，本书通过系统分析股权转让的相关制度和司法实践，对我国《公司法》有限责任公司股权转让法律效力问题进行了理论分析和探讨，希望能够对我国公司股权转让的理论研究和司法裁判实践提供有益的借鉴。

参考文献

一、中文著作

1. 施天涛：《公司法论》，法律出版社 2006 年版。

2. 安建主编：《中华人民共和国公司法释义》，法律出版社 2005 年版。

3. 刘清波编著：《商事法》，台湾地区商务印书馆 1995 年版。

4. 赵旭东主编：《公司法学》，高等教育出版社 2015 年版。

5. 孙晓洁主编：《公司法基本原理》，中国检察出版社 2006 年版。

6. 孙彬、王燕军主编：《公司法》，中国检察出版社 2006 年版。

7. 刘俊海：《现代公司法》，法律出版社 2011 年版。

8. 肖海军：《商法学》，法律出版社 2009 年版。

9. 刘俊海：《新公司法的制度创新：立法争点与解释难点》，法律出版社 2006 年版。

10. 周友苏：《新公司法论》，法律出版社 2006 年版。

11. 范健、王建文：《公司法》，法律出版社 2015 年版。

12. 叶金强：《信赖原理的私法结构》，台湾地区元照出版社 2006 年版。

13. 王利明：《物权法研究》(上卷)，中国人民大学出版社 2012 年版。

14. 王乐兵：《担保法专论》，对外经济贸易大学出版社 2018 年版。

二、中文期刊论文

1. 董洪辰：《论有限公司股权变动模式的选择——立足司法实践中"中国式"问题》，载《长江大学学报(社科版)》2013 年第 2 期。

2. 徐浩：《公司法股权转让与股东资格取得关系探讨——以(2009)皖民

二终字第 0011 号判决为素材》，载《北方法学》2013 年第 2 期。

3. 刘俊海：《论有限责任公司股权转让合同的效力》，载《法学家》2007 年第 6 期。

4. 周友苏：《试析股东资格认定中的若干法律问题》，载《法学》2006 年第 12 期。

5. 张双根：《论有限责任公司股东资格的认定——以股东名册制度的建构为中心》，载《华东政法大学学报》2014 年第 5 期。

6. 李建伟：《有限责任公司股权变动模式研究——以公司受通知与认可的程序构建为中心》，载《暨南学报（哲学社会科学版）》2012 年第 12 期。

7. 叶林：《公司在股权转让中的法律地位》，载《当代法学》2013 年第 2 期。

8. 王琴：《有限责任公司股权善意取得探析》，载《法制与社会》2012 年第 4 期。

9. 傅穹、尹航：《有限责任公司股权转让的同意权制度研究》，载《学术论坛》2016 年第 8 期。

10. 叶金强：《有限公司股权转让初探——兼论〈公司法〉第 35 条之修正》，载《河北法学》2005 年第 6 期。

11. 邓峰：《作为社团的法人：重构公司理论的一个框架》，载《中外法学》2004 年第 6 期。

12. 李诗鸿：《公司契约理论新发展及其缺陷的反思》，载《华东政法大学学报》2014 年第 5 期。

13. 郑彧：《股东优先购买权"穿透效力"的适用与限制》，载《中国法学》2015 年第 5 期。

14. 冯果、段丙华：《公司法中的契约自由——以股权处分抑制条款为视角》，载《中国社会科学》2017 年第 4 期。

15. 侯东德：《封闭公司股权转让限制的契约解释》，载《西南民族大学学报》2009 年第 8 期。

16. 蔡立东：《公司本质论纲——公司法理论体系逻辑起点解读》，载《法制与社会发展》2004 年第 1 期。

17. 庞春祥：《公司人格源流特征考析》，载《学术交流》2011 年第 10 期。

18. 张旻昊：《公司本质属性的动态分析》，载《山东大学学报（哲学社会科学版）》2004 年第 4 期。

19. 黄燕、周雅：《论公司的本质》，载《法制与社会》2006 年第 22 期。

20. 王利明：《论股份制企业所有权的二重结构——与郭锋同志商榷》，载《中国法学》1989 年第 1 期。

21. 郭富青：《论股权善意取得的依据与法律适用》，载《甘肃政法学院学报》2013 年第 4 期。

22. 江平等：《论股权》，载《中国法学》1994 年第 1 期。

23. 张双根：《股权善意取得之质疑——基于解释论的分析》，载《法学家》2016 年第 1 期。

24. 王乐兵：《法典化背景下的应收账款质押：现实困境与未来改革》，载《法学杂志》2016 年第 4 期。

25. 徐胜强：《股权转让限制规定的效力——〈公司法〉第 71 条的功能分析》，载《环球法律评论》2015 年第 1 期。

26. 张双根：《论隐名出资——对〈公司法解释（三）〉相关规定的批判与发展》，载《法学家》2014 年第 2 期。

27. 柳经纬、黄洵：《导致股份归于一人的股权转让合同效力问题探讨——厦门鼓浪屿食品厂工业有限公司股权转让侵权纠纷案评析》，载《理论与改革》2005 年第 4 期。

28. 段威：《有限责任公司股权转让时"其他股东同意权"制度研究》，载《法律科学》2013 年第 3 期。

29. 曹兴权：《股东优先购买权对股权转让合同效力的影响》，载《国家检察官学院学报》2012 年第 5 期。

30. 刘应民、张鑫：《侵害优先购买权合同效力的认定及救济途径——兼评〈公司法司法解释（四）〉（征求意见稿）第 27 条》，载《证券法苑》2016 年第 1 期。

31. 朱庆：《股权变动模式的再梳理》，载《法学杂志》2009 年第 12 期。

32. 肖海军：《瑕疵出资股权转让的法律效力》，载《政法论坛》2013 年 3 月第 2 期。

33. 葛伟军：《股东优先购买权的新近发展与规则解析：兼议〈公司法司法解释四〉》，载《中国政法大学学报》2018 年第 4 期。

34. 蒋大兴：《股东优先购买权行使中被忽略的价格形成机制》，载《法学》2012 年第 6 期。

35. 陈姝：《股东优先购买权"穿透适用"制度初探》，载《黑河学刊》2016 年第 4 期。

36. 王乐兵：《金融创新中的隐性担保——兼论金融危机的私法根源》，载《法学评论》2016 年第 5 期。

37. 吴光荣：《规避与管控：矿业权转让与矿股变动关系研究》，载《法学家》2013 年第 1 期。

38. 蔡立东：《行政审批与权利转让合同的效力》，载《中国法学》2013 年第 1 期。

39. 刘贵祥：《论行政审批与合同效力——以外商投资企业股权转让为线索》，载《中国法学》2011 年第 2 期。

40. 胡晓静、崔志伟：《有限责任公司隐名出资法律问题研究——对〈公司法解释（三）〉的解读》，载《当代法学》2012 年第 4 期。

41. 黄占山、杨力：《附"对赌协议"时股东承诺回购约定的效力》，载《人民司法》2014 年第 10 期。

42. 刘燕、楼建波：《金融衍生交易的法律解释——以合同为中心》，载《法学研究》2012 年第 1 期。

43. 俞秋玮：《以上市为条件的"对赌"协议的效力评价》，载《人民法院报》2015 年 3 月 25 日。

44. 殷华：《浅议股权转让与资产转让的区别》，载《现代商业》2009 年第 15 期。

45. 刘牧晗：《矿山法人企业股权转让合同的性质和效力认定》，载《人民法院报》2016 年 12 月 7 日，第 008 版。

46. 陈静、陈从喜：《矿业公司股权转让法律规则思考》，载《国土资源情报》2013 年第 5 期。

47. 程啸：《不动产登记簿的权利事项错误与不动产善意取得》，载《法学家》2017 年第 2 期。

48. 王涌：《股权如何善意取得？——关于〈公司法〉司法解释三第 28 条的疑问》，载《暨南学报（哲学社会科学版）》2012 年第 12 期（总第 167 期）。

49. 张其鉴：《我国股权转让限制模式的立法溯源与偏差校正——兼评〈公司法司法解释（四）〉第 16—22 条》，载《现代法学》2018 年第 4 期。

50. 姚明斌：《有限公司股权善意取得的法律构成》，载《政治与法律》2012 年第 8 期。

51. 秦琴：《法律的应然与诉讼的实然——以知识产权案件审理中个人独资企业诉讼为视角》，载《重庆理工大学学报（社会科学）》2014 年 28 卷第 12 期。

52. 王军：《实践重塑规则：有限公司股权转让限制规范检讨》，载《中国政法大学学报》2017 年第 6 期。

53. 夏道勤、郭嘉：《供给侧改革背景下以股权转让方式实现土地使用权流转行为之法律规制》，载《法律适用》2017 年第 9 期。

54. 李辉：《无处分权人出资之股权善意取得否定》，载《判解研究》2017 年第 2 辑（总第 80 辑）。

55. 戴孟勇：《论优先购买权中的通知义务》，载《云南社会科学》2019 年第 4 期。

三、外国译著

1.［日］近藤光男:《最新日本公司法》(第7版)，梁爽译，法律出版社2016年版。

2.［德］托马斯·莱塞尔、吕迪格·法伊尔:《德国资合公司法》，高旭军等译，法律出版社2005年版。

3.［德］托马斯·莱塞尔、吕迪格·法伊尔:《德国资合公司法》(第6版)，高旭军等译，上海人民出版社2019年版。

4. 费安玲等译:《意大利民法典》，中国政法大学出版社2004年版。

5. 罗结珍译:《法国民法典》，北京大学出版社2010年版。

6. 吴建斌编译:《日本公司法:附经典判例》，法律出版社2017年版。

7. 陈卫佐译注:《德国民法典》(第4版)，法律出版社2015年版。

四、中文学位论文

1. 张彬:《有限责任公司股权转让效力研究》，吉林大学2010年博士学位论文。

2. 尹航:《有限责任公司股权转让效力研究》，吉林大学2016年博士学位论文。

五、英文著作

1. Fletcher Cyclopedia of the Law of Corporations,1 Fletcher Cyc. Corp, September 2017 Update.

2. Mark S. Rhodes, Transfer of Stock, Seventh Edition, April 2017 Update.

3. David Frisch, Lawrence's Anderson on the Uniform Commercial Code, Article 8［Rev］Investment Securities, December 2017 Update.

4. See Paul L. Davies and Sarah Worthington, Principles of Modern Company Law, 10th edition, Sweet & Maxwell, 2016.

六、英文论文

1. Lars-Gorran Sund, Jan Andersson and Edward Humphreys, A European Private Company and Share Transfer Restrictions, European Business Law Review, 2012, vol.4.

2. Louis Lafili, Nicole Van Crombrugghe, Counselling of Closely Held Business Enterprises: Ownership Changes in Belgium, 14 Int'l Legal Prac. 104 (1989).

3. P. A. Agabin, Duty and liability of closely held corporation, its directors, officers, or majority stockholders, in acquiring stock of minority shareholder, American Law Reports, 7 A.L.R.3d 500 (Originally published in 1966).

4. Nikhil Suresh Pareek & Soham Banerjee, Enforceability of Share Transfer Restrictions in India: Momentous Regulatory Shift, International Company Law [35-3]BULA 105.

5. Suren Gomtsian, Exit in Non-Listed Firms: When and How to Use Share Transfer Restrictions? [2016]EBLR.

6. Thomas Gasteyer, II: Ownership Changes: Federal Republic of Germany, 14 Int'l Legal Prac. 107 (1989).

7. Misao Tatsuta, Patterns of Restricting Share Reacquisitions by Corporations, 6 Law Japan 128 (1973).

8. See L. C. B. Gower, Some Contrasts Between British and American Corporation Law, 69 Harv L Rev 1369 (1956).

9. G. Blair Cowper-Smith, III: Private Companies: Interpretation and Implementation of Ownership Transfer Provisions in Canada, 14 Int'l Legal Prac. 110 (1989).

10. Suren Gomtsian, Private Ordering Of Exit In Limited Liability Companies: Theory And Evidence From Business Organization Contracts, 53 Am. Bus. L.J. 677

（2016）.

11. Francis T. Christy, Responsibilities in the Transfer of Stock（continued）, 72 Banking L. J. 837（1955）.

12. Joseph T. Bockrath, J.D., Restrictions on transfer of corporate stock as applicable to testmentary dispositions thereof, 61 A.L.R.3d 1090（Originally published in 1975）.

13. F. Hodge O'Neal, Restrictions On Transfer Of Stock In Closely Held Corporations：Planning And Drafting, 65 Harv. L. Rev. 773（1952）.